本书的出版得到"出土文献与中国古代文明研究"协同创新中心项目资助

出土文献与中国古代文明研究

王子今 孙家洲◎主编

马利清◎执行主编

Essays on the Excavated Documents
and the Ancient Chinese Civilization

论文集

中国社会科学出版社

图书在版编目（CIP）数据

出土文献与中国古代文明研究论文集/王子今，孙家洲主编.—北京：
中国社会科学出版社，2017.12
ISBN 978 - 7 - 5203 - 1661 - 3

Ⅰ.①出…　Ⅱ.①王…②孙…　Ⅲ.①文化史—中国—古代—文集
Ⅳ.①K203 - 53

中国版本图书馆 CIP 数据核字（2017）第 299472 号

出 版 人　赵剑英
责任编辑　宋燕鹏
责任校对　郝阳洋
责任印制　李寡寡

出　　版　中国社会科学出版社
社　　址　北京鼓楼西大街甲 158 号
邮　　编　100720
网　　址　http://www.csspw.cn
发 行 部　010 - 84083685
门 市 部　010 - 84029450
经　　销　新华书店及其他书店

印刷装订　北京明恒达印务有限公司
版　　次　2017 年 12 月第 1 版
印　　次　2017 年 12 月第 1 次印刷

开　　本　710×1000　1/16
印　　张　17
插　　页　2
字　　数　262 千字
定　　价　69.00 元

目　　录

"出土文献与中国古代文明研究"学术研讨会综述之一 ……… 孙兆华（1）

"出土文献与中国古代文明研究"学术研讨会综述

　　之二 …………………………………………………… 田家溧　刘自稳（4）

"出土文献与中国古代文明研究"学术研讨会综述

　　之三 ……………………………………………………… 山　珊　孙思贤（12）

论清华简《厚父》应为《夏书》之一篇 ………………………… 郭永秉（22）

读放马滩秦简《志怪故事》札记 ………………………………… 邬文玲（41）

里耶秦简所见迁陵三乡补论 ……………………………………… 鲁家亮（51）

里耶秦简中"以吏为师"的实物证据 …………………………… 赵瑞民（72）

睡虎地秦简《编年记》中"喜"的宦历 ………………………… 陈侃理（77）

兔子山遗址出土《秦二世元年文告》与《史记》纪事抵牾

　　释解 ……………………………………………………………… 孙家洲（85）

睡虎地秦简《效律》考释一则 …………………………………… 山　珊（92）

湖南益阳兔子山遗址九号井出土简牍概述 ……… 张春龙　张兴国（106）

悬泉汉简整理研究的若干问题 …………………………………… 张德芳（111）

西汉简牍文书所见职官长史识小 ………………………………… 张俊民（130）

汉代河西市场的织品

　　——出土汉简资料与遗址发掘收获相结合的丝绸之路

　　　考察 …………………………………………………………… 王子今（142）

说"銒庭" ……………………………………………………………… 孙兆华（169）

说书楄 ………………………………………………………………… 马　怡（181）

先秦巫者的祝诅放蛊活动 …………………………………… ［韩国］赵荣俊（190）

论秦汉时期户籍概念与户籍实体的对应关系 ………………… 韩树峰（205）

二十等爵确立与秦汉爵制分层的发展 ……………………… 孙闻博(226)

《汉书·景帝纪》"訾算十""訾算四"新诠

　　——关于西汉前期一条经济史料的辩证 ……………… 石　洋(239)

匈奴与拓跋鲜卑毁镜习俗之比较研究 ……………………… 马利清(246)

也说"伊循" ………………………………………………… 陈晓露(260)

"出土文献与中国古代文明研究"学术研讨会综述之一

孙兆华

由出土文献与中国古代文明研究协同创新中心（中国人民大学中心）主办，中国人民大学书报资料中心协办的"出土文献与中国古代文明"学术研讨会于 2015 年 6 月 6—7 日在北京召开。来自中国人民大学、北京师范大学、北京大学、清华大学、武汉大学等高校和中国社会科学院、山东省考古研究所、湖南省文物考古研究所、甘肃省简牍博物馆、陕西省秦始皇帝陵博物院等科研机构的 40 多位专家学者，参加了此次会议。充分利用出土文献来加深对中国古代文明的研究，是此次研讨会的主旨。

出土文献与遗址发掘收获对于中国古代文明研究意义重大。王子今指出士卒赍卖衣财物是中原织品流向河西的特殊形式，西域"贾胡"可能对这些商品向西转运发挥了积极作用，河西毛织品的发现可增进对丝路贸易的认识。张春龙介绍了益阳兔子山遗址的发掘和保护，概述了九号井楚简等的情况。郑同修介绍了定陶汉墓的发掘和保护，特别指出了墓葬封护用砖上和黄肠木上两类文字资料的学术重要性。张德芳揭示了悬泉遗址所出汉简对于研究两汉丝绸之路和中西文化交流的重要性。

清华简的刊布对于古史重建和古文献解读学术价值巨大。李均明、赵平安分别对《殷高宗问于三寿》《汤在啻门》展开讨论。曹峰认为要判断前者的文献性质，既重神事又重人事，强调天人感应，应是一条重要线索。杨振红对《蟋蟀》及《鸤鸠》、郭永秉对《厚父》与传世文献的关系，进行了深入探讨。史党社通过《系年》等材料对秦人来源问题提出了自己的看法。此外，梁涛对荀子"其善者伪"的见解、李锐对古史系统的新探索和董珊对新见吴王剑铭的考证，也颇具新意。

传世文献所涉及的户籍、赋役、职官等制度，多有缺略。学者们基于出土文献，对中国古代制度进行了新的考察。张荣强讨论了目前所见最早纸本户籍《前秦建元二十年籍》里的"丁中"标准问题。孙闻博利用里耶秦简等材料认为，"吏徭"以受差使而外出从事吏务为多；徒隶"行徭"，亦主要涉及临时征调而外出服"正役"，以及地方官府役使而外出服各种供奉、差使类杂役。秦及汉初或存在以"傅"划分大、小的方式。李力、石洋讨论了"稍入钱"、秦汉算赋演变的问题。此外，刘乐贤、张俊民、赵凯、李迎春和孙占宇等多位学者利用西北汉简进行了有益的研究。

利用最新的出土文献资料，可以在新的视野中探讨中国古代政治、行政与法律诸方面的问题。孙家洲指出秦简牍《秦二世元年文书》、北大竹简《赵政书》与《史记》对于秦二世记事的抵牾之处。陈侃理考察了睡虎地秦简《编年记》中小吏"喜"的仕宦经历。鲁家亮利用里耶秦简探讨了迁陵县三个乡的自然环境和空间位置。宋杰、刘太祥和刘庆则对秦汉法律的相关问题进行了讨论。此外，韩树峰认为汉吴户籍只能指一种簿籍，是名数的组成部分，但名数不是户籍。汪华龙考察了晋辟雍碑碑阴的"凉州散生"相关问题。

在名物、数术与学术史方面，马怡考证了简牍时代的"书橐"这种用来借承与收装书籍用具的形制与用法。邬文玲对放马滩秦简《志怪故事》释文提出新的解读意见。刘瑞对超长纪年的最新探讨，冯玉对于岁首七日俗信的新见，赵容俊对秦汉中国医学基础理论确立的考察，张倩茹对古代选择术"上朔"日演变过程的研究，也值得关注。还有，赵宠亮考察了西汉《杨量买山石刻》的发现史和研究史。森谷一树则回顾了日本对中国西北出土简牍的研究史。蔡万进就出土文献概念的形成与界定、出土文献与历史学等方面问题提出了自己的意见。张忠炜除了讨论墓葬出土律令文献的性质，还提出要关注简牍在墓葬埋藏空间中的位置等问题。

总之，此次研讨会为研究中国古代文明提供了新的视野和平台。利用出土文献来研究古史与古文献、中国古代制度史、政治与法律史、学术史等方面在会议中取得了一定的学术成果。今后这种立足于学术前沿的研究路径必将得到继续发扬。

（首都师范大学历史学院，出土文献与中国古代文明研究协同创新中心）

"出土文献与中国古代文明研究"
学术研讨会综述之二

田家溧　　刘自稳

2015 年 6 月 6—7 日，由出土文献与中国古代文明研究协同创新中心中国人民大学中心主办，中国人民大学书报资料中心协办的"出土文献与中国古代文明"学术研讨会在北京顺利召开。中国人民大学历史学院孙家洲教授主持开幕式，来自北京、上海、湖北、甘肃、陕西、湖南、河南等地高校及相关研究机构的专家学者参与了此次会议，并做相关学术报告。

进入 20 世纪以来，随着数量巨大的出土文献资料相继面世，为我们了解古代社会规章制度、民众日常生活、社会精神风貌等诸多方面提供了丰富资料，也为中国古代史研究注入了新活力。如何更好地运用出土文献资料以深入了解中国古代文明，是本次会议的主题。会议先由王子今、张春龙、郑同修、张德芳四位先生做了主题发言。王子今《汉代河西市场的织品——出土汉简资料与遗址发掘收获相结合的丝绸之路考察》，结合出土汉简资料与遗址发掘，认为河西地区民间市场的中原织品多与士卒赍卖衣财物相关，是中原织品流向河西的特殊形式。活跃的西域"贾胡"可能也对这些商品继续向西转运，发挥了积极作用。如此可增进对丝绸之路经济与文化功能的认识。张春龙《湖南益阳兔子山遗址九号井出土简牍概述》介绍了益阳兔子山遗址简牍发掘和整理情况，概述了益阳古城的历史地位以及出土简牍和砖瓦、陶瓷等其他遗物遗迹的研究价值，特别是首次展示了七号井和九号井部分简牍图版和释文。郑同修《定陶汉墓与古文字发现》介绍了定陶汉墓发掘的主要情况，并认为墓葬为西汉晚期，属于汉王朝国家储备即"预作寿藏"产品。故墓葬主人不会是定陶王，最有可能是汉哀帝为其母丁太后所建。张德芳《悬泉汉简中的丝绸之路和中西关系》关注悬泉简中与丝绸之路和中西交通相关的记载，根据其中的里程简恢复了丝绸之路东段从长安到敦煌的具体路线，并分析了悬泉简中反映的丝绸之路中段、西段西域诸国情况。"丝绸之路"很早便进入研究者的视域范围，但对其经济功能及文化交流的考察，仍有待进一步加强。王子今先生和张德芳先生的研究，或可为今后该方向的研究提供一种参考。

本次会议采取分组报告与讨论的形式进行，现将主要内容综述于下。

一　古史与古文献研究

新的出土文献对解读传世文献文本及内容很有帮助，同时对传世文献记载所缺乏的古史系统的梳理也大有裨益。李均明《清华简〈殷高宗问于三寿〉"利"说解析——与荀子义利观的比较》认为《三寿》"利"说是追求利益平衡的纲要，是其行事原则"揆中水衡"思想在利益分配中的体现。虽然《三寿》"利"说内涵与孟荀观点并不完全一致，但趋向相同，应是当时利益观主流。杨振红《清华简〈鸱鸮〉〈蟋蟀〉的解读及〈诗经〉相关问题探讨》认为根据简本《金滕》看，《鸱鸮》显然是周公怨诗而非周公东征后报成王之诗，汉代四家诗解读皆不得其旨。简本《蟋蟀》的主旨是"康乐而毋荒"，与《左传》时代相吻合，但汉以后《蟋蟀》则旨在刺君俭。由此可推汉代《诗》《书》大约来源于一个相同的祖本，只是在传承过程中产生若干的小差异。这个祖本与简本时代的文本已有相当的距离。赵平安《"地真"、"女真"与"真人"》一文，结合清华简《汤在啻门》的"地真"，将《楚帛书》中的"女填"解读为"女真"。《楚帛书》既然有"女真"这类道家特色的表述，折射出的也可能正是它的学派倾向。史党社《新出文字资料与秦人早期历史》结合清华简《系年》篇与传统考古材料，对学界传统的秦人来源"东来说"提出了一些疑问。清华简《系年》与《秦本纪》之间尚有矛盾存在，呼吁学界对此问题进一步深入研究。曹峰《读〈殷高宗问于三寿〉上半篇一些心得》对《三寿》上半篇文意做了详细解读，并认为该篇是在探讨长治久安之道，其内容既接近《老子》也接近《易传》，属于居安思危、趋吉避凶之道。郭永秉《论清华简〈厚父〉应为〈夏书〉之一篇》认为，《厚父》完全有可能是在西周流传的夏代传说基础之上编写出来以顺应周朝统治的一篇文章，《厚父》应为《夏书》之一篇。董珊《新见吴王馀眜剑铭考证》梳理了馀眜剑铭上所记载的王馀祭在位期间的四次征伐事件，虽然与传世文献记载不甚相合，但这正是出土文献解读中不应趋同传世文献而应立异的典型。李锐《古史系统的新探索》认为从西周到战国时期至少有四次古史系统转变，其主要转变由周人完成。周人在拉长自己的祖先之同时，尽可能把各区系、各氏族的祖先纳入古史系统中，使之时空合一。梁涛《荀子"其善者伪"为"其善者愍"说——论荀子的性恶、心善说》认为荀子《性恶》篇实际揭示了人生中以"性"为代表的向下堕失和以"心"为代表的向上提升的两种力量，并通过善恶的对立对人性做出考察，实际就是"性恶、心善"说。荀子学说中的心是道德智虑心，具有好善、知善、为善的能力。

文献释读无疑是出土文献研究的基础性工作，李均明、曹峰、郭永秉先生的研究便是代表。在通读文本的基础上，我们才能将出土文本同传世相关文献做对比研究，发现问题并解决问题。这其中杨振红、梁涛两位先生的研究比较有代表性：用出土文献纠正我们原本依靠传世文本而形成的对某些问题的错误认知，对于思想史的重新梳理也大有裨益。但对出土文献我们也需要避免盲目的认同，这正是史党社、董珊先生在文中所强调的：要对出土文献材料有一个理性审慎的态度。

二 制度创新研究

出土文献中也有大量关于经济、政治、军事等反映国家制度方面的资料。李力《关于秦汉简所见"稍入钱"含义的讨论——以新见岳麓秦简的资料为契机》结合居延简、里耶简以及新见岳麓简中"稍入"文例，将"稍入""稍入钱"理解为汉代会计账面中所列的常规收支，是汉代社会通行术语。"稍入钱"是政府每月定期收入的固定款项。孙闻博《秦及汉初"徭"涵义新诠——兼论年龄分层"小"的所指》强调"徭"这一词语在秦汉社会的具体使用颇为宽泛，包含劳役、屯戍、兵役和罚作，应对"徒隶行徭"以及"吏徭"现象予以关注。又秦及汉初或存在以"傅"划分大、小的方式，"小"包括15岁以上的未傅籍群体。石洋《〈汉书·景帝纪〉"訾算十""訾算四"新诠——关于西汉前期一条经济史料的辩证》结合新见岳麓秦简认为《景帝纪》中的"訾算若干"的"算"应理解为财产税征收单位，"算"后数字视为该单位的计量额度更为合理。从秦简"訾税若干钱"到《景帝纪》中"訾算若干"的演变很可能是以汉初"初为算赋"为契机发生的。张荣强《再谈〈前秦建元二十年籍〉录文问题》主要对作者此前《〈前秦建元籍〉与汉唐间籍帐制度的变化》一文中张宴一户丁中统计情况进行了部分修订。张俊民《西汉简牍文书所见职官长史识小》依托简牍文书所见的长史资料，探讨简牍与史书所见长史名称的差异、长史官秩、长史如何行太守事、内郡长史及长史人名等，对史书所记汉代职官长史作了一定程度的补充。李迎春《居延汉简所见广陵王临终歌诗及相关问题研究》认为肩水金关241·10号简是关于刘胥临终歌诗早期传抄本，可能是当地人在接受广陵王谋反信息的同时获得的文化副产品。《汉书》中称为"自歌"的广陵王刘胥临终歌诗并非原创，其流传应是朝廷有意传播的结果。并通过梳理《汉书·武五子传》所引刘胥歌诗的可能性来源及其文本流变，加深了理解"缀辑所闻"在班固创作《汉书》中的作用。孙占宇《重读居延新建札记（一）》是"甘肃秦汉简牍集释"项目成果之一，利用最新拍摄的红外线数码照片重新研读居延新简，对该批简牍的部分旧有释文进行了较为系统的修订。刘乐贤《也谈金关汉简中一种与〈孝经〉有关的文献》推测金关简中与《孝经》有关的8条简文可能是出自王莽的《戒子书》八篇。赵凯《西北汉简中的"请诏"与汉代的"请诏"使者》认为"请诏"乃是皇帝派出使者的重要程序，因"请诏"外出的皇帝使者，或可称为"请诏使者"。虽传世文献"请诏使者"案例寡少，但汉代行政运作的特点决定了"请诏使者"的普遍性。

因许多出土文献并不全面系统，所以涉及国家制度方面的研究与考证，则相对困难。在本组讨论中，李力、石洋先生关注会计、税收制度，孙闻博、张荣强先生关注国家徭役、户籍制度，张俊民、赵凯先生关注职官问题。诸位先生从片段的出土文献材料中发现有价值的研究视角并做出相关解读，对学界相关问题研究多有裨益。又李迎春先生通过将肩水金关简中有关广陵王歌诗的片段同《汉书》相关记载进行对读,从中展示了汉代政府的信息传播方式与效率。这种关注国家文化信息传播相关政策的研究视角,很新颖也非常有启发性。但本组研究大多瞩目于经济、政治制度领域,实则出土文献中有很丰富的反映国家军事制度的相关资料,也应该予以相关关注。

三　政治、行政与法律研究

出土文献中反映国家政治、行政与法律的相关文献也非常丰富。孙家洲《兔子山遗址出土〈秦二世元年文告〉与〈史记〉纪事抵牾解释》分析了兔子山遗址出土《秦二世元年文告》与《史记》就秦二世篡位记载出现的抵牾现象,认为《史记》中所记载的秦始皇——秦二世之际的基本历史叙事框架还不能轻言改写。在政治"铁幕"时代,统治者官方文告中越刻意强调的,大多要从其反面加以思考和诠释。汪华龙《晋辟雍碑碑阴"凉州散生"考——兼谈辟雍碑碑阴的二次添改》对晋辟雍碑碑文作了重新校释,并认为碑文集中出现的凉州散生反映了晋初凉州政策:征召凉州豪右弟子入太学以借此解决凉州问题、重建国家统一。此外推测碑阴题名的二次添改现象与司马伦篡位有关。鲁家亮《里耶秦简所见迁陵三乡补论》论证了启陵津与二春津存在的可能性,考察了迁陵三乡的水路交通情况,以及分析 8—145＋9—2294 所见三乡次序中暗含的三乡、各官署以及县城之间空间位置关系的蛛丝马迹。陈侃理《睡虎地秦简〈编年纪〉中"喜"的宦历》借助新近出现的材料和研究补正《编年纪》简牍释文,复原喜的宦历,使得我们能够重新思考其与同墓所出简册的关系,同时也为研究秦代基层官吏的升迁途径提供了一个完整的案例。山珊《睡虎地秦简〈效律〉考释一则》考证了睡虎地秦简和张家山汉简效律中关于会计账目失误处罚规定的两则相似简文,厘清了这两则看似相类实则是针对不同适用对象的律文。宋杰《汉代军法中的死刑》系统考察了汉代军法死刑的判决过程、执行地点、处决方式与徇众的做法,认为汉朝军法中的死刑规定与审判机构及程序已经相当完备,对于维持军队的纪律、保证战斗行动的正常进行有积极促进作用。刘太祥《简牍所见秦汉行政法的基本特点》总结了秦汉行政法的八个基本特点:

体系完整；内容全面；成熟且可操作性强；注意行政的规范性、系统性和时效性；注重政治体制机制建设；注重"治吏"；严格"理财"；注重礼制。刘庆《也论秦汉司法中的"状"文书》认为"状"文书侧重举劾者对案情的交代，且需要对被劾者身份进行详细说明。在"以文书御天下"的秦汉帝国体制下，文书成为上级实施司法管辖，掌控司法程序的重要手段。故通过对这些司法文书的考察，可以更深入地了解秦汉司法程序及其运行实态。韩树峰《论汉吴简牍中所见的户籍》认为汉代可能根本不存在所谓的"宅园户籍"，"年细籍"也不属于户籍，故以汉制推测孙吴户籍有两种簿籍并不妥当。汉吴户籍只能指一种簿籍，不可能是多种簿籍的概称，目前尚没有任何证据可以证明吴简中登录人口的资料均是户籍。

相关出土文献可以帮助我们了解政府的政务运行以及具体政策，尤其是传世文献记载相对薄弱的地方政府行政与相关政策。韩树峰、鲁家亮、陈侃理三位先生的研究便为我们很好地展示了如何利用出土文献分析解读国家政策和地方政务。但是当出土文献记载的文告同传世文献记载相抵牾的时候，不能盲从出土文献。孙家洲先生的研究为我们提供了一种理解政府官方文告的思路。法律研究在出土文献研究中起步相对较早，学界已经积累了非常丰硕的研究成果。但是宋杰先生的研究关注汉代的军法领域，这是以往出土文献法律研究关注较少的部分，研究视野较为新颖，值得借鉴。最后也希望在这些单篇研究的基础上，未来会有更多更系统的关于国家机构政务运行及法律研究的成果出现。

四 名物、数术与学术史研究

出土文献同传世文献相比，最明显的一个优势，便是其中含有大量生动的关于当时社会生活方面的记载，这为我们了解古代社会的日常生活提供了非常便利的材料。马怡《说书楬》认为书楬是简牍时代用来籍承与收装书籍的用具，多用木材制成，由于使用的范围和时间有限，故而在史籍中的记载不多见。结合简书的形制和后世帛书挂壁存放方式，认为山东临沂白庄东汉墓出土的一块画像砖中间的竖向悬挂物可能是一空书楬。蔡万进《也谈出土文献》系统梳理了出土文献概念的最终形成

与科学界定，指出出土文献作为文献的一种具有一般文献的属性，同时
又丰富发展了传统文献学研究的内容、理论和方法；而出土文献作为史
料，对于整个历史学科又具有证史、补史、纠史、撰史等方面的功用和
价值。张忠炜《墓葬出土律令文献的性质及其他》从学界对随葬书籍的
认识出发，回顾了出土文献性质的"镇墓说"和"明器说"。在"名"
和"实"两个层面上否定了出土简帛文献明器性质的认识，提出今所见
墓葬出土律令文献是战国晚期随葬"镇墓兽"风气骤止后兴起的一种新
的镇墓形式，应当是特定时代特定区域下镇墓器的一种。指出出土简牍
文献研究应进一步关注简牍墓葬位置、文本抄录和出土文献史料批判等
问题。赵宠亮《西汉〈杨亮买山石刻〉的发现与研究》辨析了相关研究
论著有关《杨亮买山石刻》发现和流传记述的分歧，在此基础上认为该
石刻在清道光年间出土于重庆府巴县官廨之东，道光十一年被钱安父携
至湖州，后归平湖吴重光，咸丰十年石毁。刘瑞《汉代"超长纪年"问
题研究》梳理了现有的汉简、钱范中超出史籍所载长度年号的研究情况，
总结了学界对超长纪年产生原因的意见，并依据在西安新出土汉代"地
节五年"钱范、汉未央宫骨签中的"地节五年""五凤五年"等超长纪
年资料，从逻辑上否定了超长纪年为改元通知未达而产生的可能。森谷
一树《日本西北边境出土简牍研究的新动态》介绍近一两年在日本发表
的有关居延、敦煌汉简的最新研究成果。文章扼要回顾了日本西北出土
简牍研究的历史，介绍了自 1990 年新简公布以来日本学界的研究旨趣和
取得的进展，指出在简牍资料大量公布的时代，日本学界呈现专注于简
牍文字信息归纳和简牍文字以外信息解读的两个研究方向。赵容俊《秦
汉中国医学基础理论确立的考察》探讨了秦汉时期中国医学基础理论确
立的情形。文章认为秦汉的医学虽专门化，但未摆脱巫医杂糅的形态，
医疗知识古朴幼稚。通过梳理这一时期的文献材料，经脉学说、脏腑学
说、本草之学、针灸疗法、养生之论五方面作为中国医学的基础理论在
这一时期逐渐确立。邬文玲《读放马滩秦简〈志怪故事〉札记》在前人
研究基础上对放马滩秦简《志怪故事》部分释文提出新见，认为原简当
断为"丹所以得复生者，吾（俉/牾）犀武舍人。犀武论，其舍人尚命者
以丹未当死……"意即丹所以复生因为遇到犀武的舍人，犀武审判丹之
案，其掌管死生判决的舍人认为丹罪不当死。张倩茹《"上朔不会众，沽

舍不触殃"——传世文献与出土文献视野中的上朔》考察了出土文献与传世文献所见"上朔"的异同，认为两者在确定依据、相邻依据、运行模式及与临近日期关系等方面存在不同，但是上朔日的干支、运行顺序及凶日性质反映了传世文献对出土文献的继承关系，这种上朔观念不应当孤立对待而应看作不同时代的总和。冯玉《岁首七日俗信源起新考》总结了当代对岁首七日俗信阐释的三种观点，结合放马滩秦简乙种《矦（候）岁篇》认为岁首七日俗信至晚源起于秦时的占卜，用以预测新年人畜的康健与兴旺，与创世传说没有关系。

在出土文献面世之前，仅借助传世文献的研究，我们很难对古代社会民俗、名物制度以及普通民众的信仰有一个清晰直观并且全面的了解。随着出土文献的发现与应用，给这方面的历史研究注入了新活力。马怡先生借助画像石来推测汉代书櫎的形制与用法，以及张忠炜先生对墓葬简牍功用的考察，便是借助出土文献材料探讨名物制度的范例。邬文玲先生通过点读秦简中的《志怪故事》，则为我们了解当时普通民众的生死观提供了一种新资料。刘瑞先生以及张倩茹同学关注的社会纪年与择日问题，也是欲了解古代中国社会生活所不能忽略的重要问题。同时要了解出土文献研究的历史，我们不能只把视野局限在国内的研究，森谷一树先生介绍日本学界简牍学研究的新动态，为我们提供了新的学术资讯。

出土文献研究工作自 20 世纪以来已达一个世纪之多，积累了丰厚的研究成果。但是新的考古发掘与研究技术仍在继续，所以学界出土文献研究相关工作仍是任重而道远。本次会议汇集了国内出土文献研究领域众多优秀的专家学者，一起深入探讨了出土文献领域各方向的最新成果与发现，为出土文献研究提供了多种研究方法与视角，同时也有助于鼓励后进青年学者继续加入出土文献研究这一工作中来。本次会议获得了圆满成功，相信这些学术研究成果会对学界研究大有裨益。

（郑州大学历史学院；中国人民大学历史学院）

"出土文献与中国古代文明研究"
学术研讨会综述之三

山　珊　孙思贤

　　由出土文献与中国古代文明研究协同创新中心中国人民大学中心主办、中国人民大学书报资料中心协办的"出土文献与中国古代文明"学术研讨会于 2015 年 6 月 6—7 日在北京召开，来自中国大陆、日本、韩国等地的 50 多名学者参与了这次盛会。本次会议共收到学术论文 40 余篇，涉及先秦至魏晋的考古、历史与出土文献研究的方方面面。会议共分为"古史与文献""制度新探""政治、行政与法律""名物、数术与学术"四个单元进行，与会专家进行了热烈的讨论。为方便叙述，本文主要根据论文所关注的时段及材料重新归类，分为四组，兹作综述如下。

一　先秦历史与文献

　　作为近年来先秦史研究领域重要的出土文献，清华简毋庸置疑是与会专家关注的焦点。清华大学的李均明在《清华简〈殷高宗问于三寿〉"利"说解析》一文中，结合传世文献对《三寿》篇中关于"利"的七句话进行注释和解析，尤其是与该文本形成前后孔子、孟子、荀子的观点相比较，认为这种关于"利益"的观点和荀子之说更加接近，也是儒家思想中重要的一部分；从时间顺序上看，《三寿》篇中关于"利"的观念更侧重于调整利益，该篇只是一个类似提纲的文本，并未详细展开，而其后的荀子则从人性角度阐发如何调整利益，可以说反映了战国末期儒家思想的发展。关注荀子思想的还有中国人民大学梁涛的《荀子"其善者伪"为"其善者憼"说》一文，该文在比较孟、荀对人性理解的基础上，辨析荀子"性恶"说的内涵，进而认为"其善者伪也"的"伪"字应如郭店简作"憼"，因为此"憼"字与人的心相对应，表示故意而为之，而传世的"伪"字未能表达此义；随后探讨了荀子"心"的特点、其与孟子学说的不同以及"心"如何产生出善等重要问题，破除了人们对荀子学说的误读。

同样针对《殷高宗问于三寿》，中国人民大学曹峰的《读〈殷高宗问于三寿〉上半篇一些心得》一文对《三寿》上半篇个别字词的训诂及断句提出了不同于整理者的看法，如作者认为从"苟我与尔相念相谋"开始应当是彭祖所说之话，并非如整理小组的分段。该文还指出殷高宗与三寿的讨论层次应当是逐步深入的，"三寿"的三个人物即代表了讨论的三个不同境界；《三寿》篇的内容和《老子》《易经》的思想内容相近，天人感应味道也比较浓厚，这对理解全文基调十分重要。

清华大学的赵平安同样关注清华简中所反映先秦诸子思想的复杂问题，在《"地真"、"女真"与"真人"》一文中对《汤在啻门》中的"地真"一词作了辨析，揭示了"真人"语义的演变，即从养生得道之人引申为圣人、至人或帝王，且借伊尹之口说出，体现了道家特色。

与前述训诂考证不同，中国社会科学院历史研究所的杨振红在《清华简〈鸱鸮〉〈蟋蟀〉的解读及〈诗经〉相关问题探讨》一文中通过解读清华简的《鸱鸮》《蟋蟀》两篇，重新审视周初历史。该文首先根据《金縢》否认周公"居东"是因为"东征"，进而指出汉代四家诗关于《鸱鸮》篇的解读均未反映当时的实态，只有郑玄对《鸱鸮》篇的解读接近古意，一方面说明郑玄博通今古文，另一方面也证明了今本《古文尚书》并非汉代传本。其次，该文还对比简本《蟋蟀》的"今夫君子，不喜不乐"与传本的"今我不乐"，认为简本与《左传》引《诗》的主旨相吻合，而至汉代简本不传，汉儒对其解说遂失去原意。

同样从古文献的性质出发，复旦大学郭永秉的《论清华简〈厚父〉应为〈夏书〉之一篇》一文将厚父的身份坐实，对之前的讨论文章逐条辨析，从几个主要的关键词句如"后王""永叙在服"出发，认为厚父应当是夏代的大臣，而非夏人后裔，从而将该篇定性为《夏书》之一。

清华简之外的研究也值得关注。北京大学的董珊在《新见吴王馀眜剑铭考证》一文中对苏州博物馆藏吴王剑铭作了释读，通过剑铭补充了馀昧在位期间不见诸传世文献的史实"伐麻""御楚""御越"，进而指出此剑与 1997 年鲁迅路出土的馀昧剑铭在史实方面并无重合之处，与传世文献的呼应亦有限。本文还反复强调需要谨慎对待出土文献，对其解读需要建立在理解文本及充分尊重语言现象的基础之上，这样才能既不被传世文献所限制，又不轻易据出土文献擅改传世文献。

秦始皇帝陵博物馆史党社的《新出文字资料与秦人早期历史》一文由考古材料出发，梳理了秦人早期历史研究的现状，通过分析早期秦人墓葬中体现出的商人乃至周人的风格，认为早期秦文化的来源具有相当的复杂性，进而指出目前学术界较为流行的早期秦文化"东来说"存在一些问题；同时又从清华简《系年》出发，指出《系年》中记载的早期秦人历史与考古所见的秦人活动轨迹两相抵牾，而上博简中有关早期秦人的记载似乎表明早期秦文化与犬戎族群有密切的联系。总之，该文认为早期秦文化有着复杂的来源，考古材料与文献记载并不能十分吻合，故而不宜对早期秦文化来源做定论，而应从事实出发做更为深入细致的研究。

北京师范大学的李锐在《古史系统的新探索》一文中回顾了对商以前古史系统看法的变迁，目的在于反思顾颉刚以来对于上古史的疑古态度，试图回归商周，复原当时的古史系统，该文认为商周时期至少有四次对古史的"建构"，一为《洪范》所体现的商人系统；二为成王以后为了适应当时的分封而对古史系统所做的重构；三为东周时期的再次整理；因为是战国以后部分上古氏族后裔消亡，于是构建了以炎黄为中心的多元古史系统。

以上讨论反映了清华简仍是研究先秦史的重要出土文献之一，但是清华简之外的议题也值得关注与进一步发掘。在方法上，文字训诂、篇章释读是研究先秦文献的重要手段，当研究进一步深入，特别是在讨论文本差异、经典形成等论题时，不可避免要与传世文献发生联系，因此，对二者矛盾的处理尤其需要谨慎，语言现象与文本形成的情况都是必须加以考虑与尊重的。

二 秦汉考古与简牍

不仅先秦历史与出土文献紧密结合，秦汉史亦与考古发现密不可分，尤其是简牍材料的出土与公布，大大推进了相关问题的研究。因此，秦汉考古与简牍自然成为本次会议研讨的重点之一，四场主题发言也都与此有关。湖南省文物考古研究所的张春龙介绍了湖南益阳兔子山遗址 9 号井的地理位置、遗址状况和出土的简牍，并应与会学者要求，披露了 7 号井出土部分简牍的内容，其中西汉早期律名简引人注目。山东省考古研究所的郑同修展示了 2012 年度全国十大考古新发现之一——山东定陶汉墓考古工作和研究的最新进展，特别对墓内发现的封护青砖和黄肠木上的文字进行了考释，并据文字内容认定该墓葬的建筑材料并非为某一位死者临时加工，而应属于汉王朝国家储备的"预作寿藏"产品，从而推断该墓葬为"亚帝王级"，墓主很大可能是汉哀帝生母丁太后，精彩的报告引起了与会学者的浓厚兴趣。另外两场主题发言都是利用西北汉塞的考古成果对汉代历史的研究。中国人民大学的王子今结合出土汉简和汉代遗址发掘的实物资料，分析了汉代河西民间市场中丝、毛制品的使用、流通、转运情况，并对"匈奴好汉缯絮""戍卒赍卖衣财物"与"吏民""赍卖""商胡""贾胡"的活跃等现象作了特别说明，有助于增进对当时丝绸之路贸易及其经济、文化功能的认识。甘肃省简牍博物馆的张德芳以悬泉汉简为主要材料，梳理了西北汉简中对丝绸之路东、中、西三段道路及沿途诸国的记载，弥补了传世文献的不足，为研究两汉丝绸之路、中西交通与文化交流提供了新材料。

涉及这一方面的会议论文亦不胜枚举。西北师范大学李迎春的《居延汉简所见广陵王临终歌诗及相关问题研究》一文通过重新考释出土于肩水金关遗址的居延旧简 241·10，发现其可能是《汉书·武五子传》记载的广陵厉王刘胥临终诗歌的早期传抄本，并进一步分析了汉代信息传播的方式、效率和朝廷在其中所处的地位，认为该简所记之事的流传非常迅速，很有可能是国家的有意传播，民众通过这种高效率的信息传播方式，不仅可以获知朝廷中的政治信息，而且可以根据个人情感需要汲取文化信息、获得情感熏陶，十分富有新意。这篇文章还根据该简与

《汉书》文本的不同,对《汉书》的史料来源进行了新思考,加深了研究者对"缀辑所闻"在班固创作《汉书》中作用的理解。兰州城市学院孙占宇的《重读居延新简札记(一)》一文利用最新红外线图版,对破城子探方2—3所出16枚居延新简中50余处文字、符号提出了新的释读意见,所做工作十分细致,为日后学者利用居延新简进行研究提供了帮助。不过有些改释在会议现场遭到了部分与会学者的质疑,也有学者提出不同意见,某些结论在确定和日后被使用时也许还需更为审慎。首都师范大学刘乐贤的《也谈金关汉简中一种与〈孝经〉有关的文献》一文分析了肩水金关汉简中一篇与现存《孝经》文字相关的简册,认为这篇简册的8条简文可能出自王莽于始元三年撰写并颁发的《戒子书》,为重新认识西北汉塞遗址出土简牍中所见典籍的性质提供了一种思路。北京大学陈侃理的《睡虎地秦简〈编年记〉中"喜"的宦历》一文重新释读了睡虎地秦简《编年记》中两个漶漫不清的文字,复原了墓主喜的仕宦经历,为研究秦代基层行政制度和低级官吏的升迁提供了一个更为合理的案例;并以此改释为据,对《编年记》与同墓所出其他简册的关系、秦统一前夕若干重要史实等问题都提出了独到的见解。虽然有的与会学者不同意将"御史"改释为"乡史",但其补释并改读"昌平君居其处。有死口属"为"昌平君居其处,有(又)死。为属",以及由此引发的对其他问题的思考,还是颇有意义。中国社会科学院历史研究所马怡的《说书檓》一文结合文献、简牍、画像资料,考证了古人收装书籍的用具——书檓的具体实物形态,指出山东临沂白庄东汉墓画像石中传统被认为是悬挂之简册的图案应当是书檓,并对文献中以"挂壁"来存放书籍的方式做了探讨,对重新认识秦汉书写史、文化史和名物研究都大有裨益。中国社会科学院历史研究所邬文玲的《读放马滩秦简〈志怪故事〉札记》一文梳理了目前学界对放马滩秦简《志怪故事》的研究成果,并以此为基础重新考释了整篇文献,对"吾犀武舍人"之"吾"字和"犀武论其舍人尚命者以丹未当死"一句的含义提出了新解,对日后的研究具有很大的参考价值。中国社会科学院考古研究所刘瑞的《汉代"超长纪年"问题新研》一文分析了汉代出土文献中的"超长纪年"现象,归纳了学界对此问题的四种意见,并结合汉都城长安内及附近发现的钱范、骨签等文物上出现的超长纪年,排除了过去基于西北汉简得出的超长纪年为改元通知未达而产生的可能，认为这些超长纪年反映的就是当时实际纪年状况，后世史书的纪年与改元年号完全相对应，只是经过后人加工的结果。

除了上述对具体问题的讨论，也有论文对出土文献的性质及其与传世文献的关系进行思考。首都师范大学的蔡万进在《也谈出土文献》一文中，从史学理论的角度出发，就出土文献概念的形成与界定、出土文献与文献学的关系、出土文献对历史学研究的推动三个方面，对出土文献的内涵与作用进行了解说，指出出土文献概念的四个方面及其与传世文献的关系，它具有认识文献早期面貌和性质、辨别文献真伪、校读古籍、解读古籍词义文义等文献学的意义，以及证史、纠史、补史、撰史等历史学的价值，有助于我国出土文献学的构建和古史研究者树立对待出土文献的正确态度。无独有偶，中国人民大学孙家洲的《兔子山遗址出土〈秦二世元年文告〉与〈史记〉纪事抵牾释解》一文也就出土文献与传世文献的关系提出了自己的见解。该文关注兔子山遗址出土的《秦二世元年文告》、北京大学藏西汉简牍《赵政书》与《史记》记载抵牾的现象，尝试对其原因进行解读，认为《秦二世元年文告》或许是出于政治需要而编造、曲说的，《赵政书》似乎归属于"小说家言"的可能性更高，二者的史料价值都不足以推翻《史记》所载秦始皇—秦二世之际的基本历史叙事框架。

此外，还有部分学者对一些问题的研究现状进行了整理和述评。四川省文物考古研究院赵宠亮的《西汉〈杨量买山石刻〉的发现与研究》一文总结了西汉《杨量买山石刻》的著录与研究概况，对各家关于其出土时间、地点、流传过程及最终命运的分歧一一辨析，得出了较为接近历史实际的结论，该文最后还思考了传统金石学在碑刻研究上的不足，对建立现代、科学的碑刻文献学十分富有启发性。中国人民大学森谷一树的《日本西北边境出土简牍研究的新动态》一文介绍了20世纪中叶以来日本学界对居延、敦煌汉简等西北边塞出土汉代简牍的研究，加深了国内学者对日本同行的了解与交流。

三　制度与法律

近年来出土文献中大量行政与法律文书的发现，带动了制度史与法律史研究的高潮。本次会议也有不少论文的议题涉及秦汉魏晋的行政、制度与法律方面。甘肃省文物考古研究所张俊民的《西汉简牍文书所见职官长史识小》一文整理了西汉简牍中所见的长史材料，发现简牍文书中的长史和文献记载不同，探究了长史一职在汉代的产生、演变，为认识汉代职官制度提供了很好的补充。本文的主要贡献在于确认了汉代长史官秩曾存在由八百石到六百石的演变过程，这一观点也被大部分与会学者所赞同，然文章其他方面的论述则稍显简略，说服力恐略欠佳。中国社会科学院历史研究所赵凯的《西北汉简中的"请诏"与汉代的"请诏"使者》一文梳理了传世文献和出土简牍中的"请诏"或"清（请）诏使"，对汉代"请诏"使者的身份及皇帝派出使者的程序做了考察，有助于深入了解汉代行政制度的特点。该文还关注到悬泉汉简的传信类文书中，有些性质基本相同的事由，在录副抄件上却有"有诏请"和"制诏御史"两种不同记录的现象，对其发生的原因进行了几种推测，倾向于"有诏请"文书是传抄环节省略了"制可"等程序化表述的可能。

在法律方面，中国人民大学山珊的《睡虎地秦简〈效律〉考释一则》一文通过分析出土秦汉法律文书的相关规定，指出睡虎地秦简《效律》简58—60中的"计脱实""出实多于律程"和"不当出而出之"三种行为分别指在会计中故意漏记、少记财物，支出物资时超过法律规定的标准，支出不应支出的物资；并将该条律文与内容类似的《二年律令·效律》简352进行了对比，认为二者并不相同，提出了不同于学界以往认识的新观点，富有创见性。这种不盲目追求新购简牍、重新研读早年经过科学发掘所获材料的方法和态度，得到了与会学者的肯定。首都师范大学的宋杰在《汉代军法中的死刑》一文中，首先概括了汉代军法的含义与形式，随后从秦汉史籍、兵书、简牍中辑佚整理资料，考辨汉代军事刑法系列中的最高等级——死刑的具体罪名及其审讯、判决、执行、循示等一系列制度，表明汉代军法中的死刑制度已相当完备，这对维持军纪、保持战斗力起到了积极的促进作用，是汉朝疆域迅速扩张的保障。

陕西师范大学刘庆的《也论秦汉司法中的"状"文书》一文则探讨了作为文书的"状"在秦汉时代的应用，该文通过分析传世及出土文献中关于"状"的记载，以及劾状、"为狱状""为乞鞫奏状""为覆奏状"等出土文献中所见秦汉"状"文书的具体内容，得出"状"是秦汉行政、司法中一种向上级详细陈述事实状况的文书这一结论，加深了学界对秦汉司法程序及其运行实态的了解。

相比上述比较具体细致的研究，也有几篇论文从整体上考察出土法律文献与早期中国法律制度的特点。南阳师范学院的刘太祥在《简牍所见秦汉行政法的基本特点》一文中以简牍所见的秦汉法律文献为主要材料，归纳了秦汉行政法的基本特点，认为秦汉行政法规体现出当时依法治国的法律精神，秦汉时代是中国律令制国家行政法的确立时期。中国人民大学张忠炜的《墓葬出土律令文献的性质及其他（重订本）》梳理了目前学界对墓葬出土文献性质所持的"镇墓说"与"明器说"两种观点，结合考古学、社会史等研究成果，分别进行了辨析，主张"明器说"似乎存在问题，而"镇墓说"或不无一定道理；并提出了认识出土文献时需要关注的几个方面，与本次会议中董珊、蔡万进、孙家洲等几位学者对相关问题的思考相呼应，非常值得注意。

四 社会与经济

这一话题一直以来都是学界研究的热点，成果也较为丰硕，而新材料的不断涌现，让研究者们对老问题有了新看法，又带动了近年来对相关问题的重新关注。部分论文聚焦社会经济史研究的传统议题，比如在户籍、赋役方面，韩树峰、张荣强、石洋和孙闻博等的探讨当引起注意。还有不少年轻学者就地方社会、数术文化等方面提出了自己的见解，展现了扎实的学术功力，十分值得鼓励。

华中科技大学李力的《关于秦汉简所见"稍入钱"含义的讨论》一文从新刊布的岳麓秦简《金布律》出发，在对简文进行重新断读后发现其中所见"稍入钱"是一个独立的专门术语，进而确定秦律中已有"稍入钱"一词，表明汉律中之"稍入钱"实有秦律之渊源。该文还重点考释了秦汉简牍中所见"稍入钱"及与"稍入"相关的文例，探讨"稍入钱"的含义,将"稍入钱"定性为"渐入之钱",是秦汉政府的一项定期收入。该文的贡献在于判定了"稍入钱"这项财政收入的性质,但是并未讨论"稍入钱"究竟是一种什么收入,也没有说明其运作机制。

中国人民大学孙闻博的《秦及汉初"徭"涵义新诠》一文在细致地梳理了学术史的基础上,利用新出里耶和岳麓秦简,指出徒隶有"行徭"、吏有"吏徭"等诸名目,扩大了徭的内涵;又指出秦汉年龄的"大""小"之别是根据"傅"来区别的,对学界一直争论不休的"大""小"含义又提出了新见。

中国政法大学石洋的《〈汉书·景帝纪〉"訾算十""訾算四"新诠》一文敏锐地发现应劭和服虔对"算"的定义不同,由此来审视似已成定论的关于"算"的含义,该文指出岳麓秦简显示早在秦代已有财产税,所以"算"极有可能是财产税的征收单位,但是具体税额不明确,秦简中的"算"远没有汉简或典籍中记载得多,到了汉代"初为算赋"意味着汉人首次以"算"为税收单位征收,故"算"进入税收领域实则是汉人的发明。

在户籍方面,中国人民大学韩树峰的《论汉吴简牍中所见的户籍》一文当引起重视,往者学界对于户籍定义的使用较为随意,未作辨析,所讨论之对象往往不在一个层面上,故该文首先探讨汉吴户籍的定义,认为户籍只能指一种簿籍,是一种实体簿籍的专称,户籍的内容应当比较简单,可能只记录了"名"与"数",而其他的簿籍类文书并不能归入户籍的定义之下。北京师范大学张荣强的《再谈〈前秦建元二十年籍〉录文问题》则探讨了一个具体的户籍实物。该文主要针对《前秦建元二十年籍》的释文部分,将荣新江补释的"次丁女、小女一"改为"小女二"。该文所依据的基本观点是古代户籍中家庭成员是按照称谓和年龄从大到小排列的,在《前秦建元二十年籍》中,其家庭成员称谓并非以户主为中心,而是体现着与上一行家庭成员的关系。

此外,中国人民大学汪华龙的《晋辟雍碑碑阴"凉州散生"考——兼谈辟雍碑碑阴的二次添改》一文基于实地考察重新校订了晋辟雍碑碑阴释文,根据碑阴出现的大量凉州散生题名,指出这些人应属凉州豪右子弟,而之所以出现这样的情形,是因为晋初试图通过征召豪右子弟入太学来解决汉魏以来的凉州问题;碑阴题名存在二次添改的现象,或与司马伦篡位有关。

武汉大学的鲁家亮在《里耶秦简所见迁陵三乡补论》一文中，主要从聚落形态的角度补充启陵乡与贰春乡的水路交通状况、迁陵三乡与县廷之间的距离以及迁陵县衙下达文书时三乡的传递次序，尤其在最后一部分内容中，考察了当时各乡之中官署的设置情况，并暗示文书下达三乡的次序很可能就是酉水流经三乡的次序。该文为我们进一步复原迁陵县的区划范围提供了良好的思路。

本次会议还有三篇讨论数术的论文。兰州城市学院冯玉的《岁首七日俗信源起新考》主要考察了岁首七日民俗的起源，认为这种民俗或起源于占卜，通过《东方朔占书》追溯至放马滩秦简《矣（候）岁》篇，发现这些占卜材料都以七种动物为对象。但是该论文未解决为什么以这七种动物为占卜对象的问题，如果从放马滩秦简的材料来看，这七种动物对应岁首七日的观念应该更早，有待更多的考察。中国人民大学张倩茹的《"上朔不会众，沽舍不触殃"——传世文献与出土文献视野中的上朔》一文针对"上朔"这一择日禁忌，首先讨论了出土帛书中关于"上朔"的推算方法，进而与传世文献所见上朔日期进行对比，发现二者之间存在十分紧密的联系。中国人民大学赵荣俊的《秦汉中国医学基础理论确立的考察》一文从经脉学说、脏腑学说、本草之学、针灸疗法以及养生之论五个方面考察秦汉时代医学理论基础的形成，该文对秦汉时代医学文献搜集得十分详尽，但是套用当代中医基础理论给秦汉时代医学分类，并非秦汉时代自觉之分类，若以此论秦汉时代已出现形成五大系统，未免有以今律古之嫌。

这次会议参与学者众多，研讨内容广泛，所征集到的论文从取材到内容，无不体现了学者们严谨的学风，其中一些问题经过全新思考，提供了新观点、新视角，虽在很多方面尚有欠缺，但也产生了一定的学术价值。此次会议是国内外学界一次很好的交流机会，也涌现出一批颇有潜力的青年学者，相信对日后出土文献与中国古代文明的研究将起到十分有益的推动作用。

（中国人民大学历史学院）

论清华简《厚父》应为《夏书》之一篇

郭永秉

　　《清华大学藏战国竹简（伍）·厚父》一篇近来已经正式公布。① 自我拿到清华大学出土文献研究与保护中心清华简第五册赠书之后，这篇竹书一直是我读来最感兴趣的，倒不完全是因为《孟子·梁惠王下》以"《书》曰"的形式引过它的文句，② 主要还是因为我曾经做过一点古史传说的东西，而这篇里面谈到禹、启、皋陶、孔甲等人事迹之故，③ 至可珍异。此篇之重要只举一点即可略见，即它是一篇明确点出禹和夏代存在关系的时代较早的古书，虽然禹在此篇中治水所从受命的是天帝而非尧舜（仍是半神半人的禹），但《厚父》已明白地说他同时也是奉天命降民建夏邦的，顾颉刚先生等过去怀疑禹与夏代关系晚起，④ 现在看来应该修正。

　　《厚父》性质应属《尚书》类文献，经过《厚父》篇整理负责人赵平安先生详细讨论，已经没有什么太大疑问。李学勤先生说："《厚父》是一篇非常重要的古代文献，有许多问题需要深入探究。"我在研读《厚父》后，深感此篇首先最应该弄清楚的问题是，其性质究属《尚书》的哪一类，是《夏书》《商书》还是《周书》？亦即此篇所记对话发生的时

---

① 李学勤主编：《清华大学藏战国竹简（伍）》，中西书局 2015 年版。

② 李学勤：《清华简〈厚父〉与〈孟子〉引书》，《深圳大学学报》2015 年第 3 期。下引李说不再注。

③ 赵平安：《〈厚父〉的性质及其蕴含的夏代历史文化》，《文物》2014 年第 12 期。

④ 顾颉刚：《讨论古史答刘胡二先生》，《古史辨》第一册，上海古籍出版社 1982 年版，第 115—118 页。

代是什么?《厚父》的对话主体"王"和"厚父"到底是什么时代的人?《厚父》文义古奥,对于这个问题,学者间已经有一些分歧。

下面先据原整理者释读及网上已经提出过的高见,① 参以我粗浅的理解,分段写出《厚父》全篇最宽式释文,以便观览和称说讨论,有些不太懂的字词姑且置之:

□□□□王监嘉绩,问前文人之恭明德。王若曰:"厚父!□②闻禹……川,乃降之民,建夏邦。启惟后,帝亦弗恐启之经德少,命皋繇下为之卿事,兹咸有神,能格于上,知天之威哉,问民之若否,惟天乃永保夏邑。在夏之哲王,乃严寅畏皇天上帝之命,朝夕肆祀,不盘于康,以庶民惟政之恭,天则弗斁,永保夏邦。其在时后王之饗国肆祀三后,永叙在服,惟如台?"

厚父拜稽首曰:"者鲁,天子!古天降下民,设万邦,作之君,作之师,惟曰其助上帝乱下民之慝。王乃遏佚其命,弗用先哲王孔甲之典刑,颠覆厥德,淫湎于非彝,天乃弗若,乃坠厥命,亡厥邦;惟时下民巩(?)③ 帝之子,咸天之臣,民乃弗慎厥德,用叙在服。"

王曰:"钦之哉,厚父!惟时余经念乃高祖克宪皇天之政功,乃虔秉厥德,作辟事三后,肆汝其若龟筮之言亦勿可转改。兹小人之德,惟如台?"

厚父曰:"呜呼,天子!天命不可谌斯,民心难测。民式克恭心敬畏,畏不祥,保教明德,慎肆祀,惟所役之司民启之。民其亡谅,乃弗畏不祥,亡显于民,亦惟祸之攸及,惟司民之所取。今民莫不曰余保教明德,亦鲜克以谋。"曰:"民心惟本,厥作惟叶,矧其能贞良于友人,乃宣淑厥心,若山厥高,若水厥深,如玉之在石,如

---

① 参见武汉大学简帛网、复旦大学出土文献与古文字研究中心、清华大学出土文献研究与保护中心网发表的论文和学术帖,为免烦琐,恕不一一注明,敬请谅解。"天命不可谌斯"的"谌",是蒙沈培先生指教的。

② 秉按:此字不识,可能是王自称其名。

③ 秉按:此字原作"㭉",疑读"巩",句谓下民是巩固天帝之子(即王)的。

丹之在朱（?），乃是惟人。"曰："天监司民，厥征（?）① 如□② 之服于人。民式克敬德，毋湛于酒。民曰惟酒用肆祀，亦惟酒用康乐。曰酒非食，惟神之飨。民亦惟酒用败威仪，亦惟酒用极狂。"

一　关于《厚父》性质的已有讨论

我们先看一下赵平安先生的说法：

> 《厚父》通篇为"王"和"厚父"的对话。"王"首先通过追溯夏代历史，指出勤政、用人、敬畏天命、谨慎祭祀对于"永保夏邑（或邦）"的重要性，厚父则从反面阐明君弗用典型、颠覆其德、沉湎于非彝，臣弗慎其德、不"用叙在服"的严重后果。接下来，"王"介绍了自己当下的作为，厚父在响应中阐述了自己的认识和理念，重点是要畏天命、知民心、处理好司民和民的关系以及戒酒等。……厚父是夏人的后裔，他在与"王"的对话中用相当的篇幅谈到酒。……从《厚父》看，宣传戒酒其实从夏代就开始了，《厚父》中的戒酒词可以说是夏代后裔的酒诰。从某种程度上说，《厚父》可以看做是夏代酒文化在其后裔中的延续和映现。③

这些话除了说明"厚父"是夏人后裔之外，并没有坐实"王"和"厚父"到底是什么时代的人，比较模糊，也透露出一种谨慎。不过，既称"厚父是夏人的后裔""夏代后裔的酒诰"，则似是倾向于把对话发生的时代放在夏代之后，如果对话的主人公是夏代人，显然没有必要这样来描述厚父的身份。

李学勤先生则认为：

---

① 此字原释为从"彳"从"升"，读为"征"。秉按，所谓"升"旁似非是。

② 秉按：此字不识。

③ 参见赵平安《〈厚父〉的性质及其蕴含的夏代历史文化》。前面两句引文，是赵先生对《厚父》全篇内容的概括，亦见《厚父》整理报告的"说明"（李学勤主编：《清华大学藏战国竹简（伍）》下册，第109页）。

如果像上面所说，孟子所引确系来自《厚父》的一种传本的话，我们便可以得出几点推论：

……

第二，《厚父》中的"王"乃是周武王，所以尽管篇中多论夏朝的兴王（秉按：指禹、启、孔甲之类），该篇应是《周书》，不是《商书》（李文原注：在《厚父》简整理过程中，出土文献研究与保护中心的马楠博士、程浩硕士等都指出了这一点）。

第三，《厚父》篇尾"民式克敬德，毋湛于酒"一段，与《尚书·酒诰》和大盂鼎铭文关于酒禁的论旨相同，均为针对商朝的覆灭而言。

从这段推论可以看到，清华简在整理过程中是考虑过《厚父》到底是《商书》还是《周书》的问题的，李先生的结论是这位"王"是周武王。那么"厚父"自然也是周初人物。程浩先生的意见类似，他说：

我们可以发现《厚父》篇无论是语言还是思想都与周初的文献比较接近，而且从简文记载的对话内容来看，其发生在周初的历史背景下也是合情合理的。

他并认为，《厚父》是武王克殷之后向夏朝遗民厚父请教前文人明德的记录。①

读了整理报告和整理团队的相关论述，我一直有一种挥之不去的疑虑：此篇记王和厚父对话，通篇所谈都是夏代前文人、先哲王事，完全没有提商周以后人事，② 何以一定要把这篇东西说成是晚到西周的"王"（甚至坐实是周武王）和夏代遗民"厚父"（甚至以为他就是类似于箕子

————

① 程浩：《清华简〈厚父〉"周书"说》，《出土文献》第五辑，中西书局 2014 年版。

② 周忠兵兄看过小文之后告诉我，他查了属于《尚书·周书》的篇章，"若说到夏，一般都是夏商周三者都会涉及，如《召诰》、《多士》、《多方》、《立政》等，未发现只提及夏者。且更多的是只提及殷商，如《牧誓》、《康诰》、《酒诰》、《无逸》等，从这点看，说《厚父》属于《周书》似不合适"。

那种"前朝遗老")之间谈夏代教训的对话呢?其实从口气上看,这位"厚父"对"王"的教训之词不可谓不剀切、沉重(详下文),绝不类周初访求"前朝遗老"背景下的对话,赵平安先生的整理报告和文章都没有指实这位"夏人的后裔"是周初的前朝遗老,我想大概也是不赞同这种意见的。

翻看武汉大学简帛网讨论区"清华五《厚父》初读"一帖的回帖,我注意到网友"云间"已经从厚父的语气认为他是夏代末年的人,但没有作其他任何说明与论证,似乎也没什么研究者理会这种说法。我反复读过此篇之后,觉得整理者和一些学者将此篇性质定为与《周书》性质类似、以王为周王的看法是证据不够充分的。我认为此篇所记,很可能就是夏代孔甲之后某王与其大臣厚父的对话,应当是《夏书》的一篇而非《周书》的一篇。

《厚父》文中,有一些对文义理解关涉较大的语词和句子,还没有得到一致意见,这是该篇性质没有定论的关键。下面逐一阐述我们的意见。

二 关于"三后""前文人"和"有神"

文中两次出现所谓"三后",整理者已经指出,就是"指夏代的三位贤君"(赵平安先生倾向于指"禹""启""孔甲"三人,是否如此当待考),这在我看来是完全正确的。这位王是问厚父,作为"后王"来飨国并祭祀夏代三后、永叙在服("永叙在服"的含义详下),到底是该怎么办?① 为什么要问厚父?这显然是因为下面王提到的,"惟时余经念乃高祖克宪皇天之政功,乃虔秉厥德,作辟事三后",即因为厚父的高祖曾有效法继承皇天政功,且秉德事奉夏之"三后"之功绩的缘故。厚父是夏代三后辅佐大臣的后代,王没有忘怀这一点,所以才特地问他前文人之德、小人之德如何。既然如此,所谓要祭祀三后的"后王"(即继承前代王位的王,详下),和前文提到的"夏之哲王"一样,无疑皆是指夏代的君主,而断不可能是周王。我们不能因为通篇多称"夏之哲王""夏邦"

① 此"如台"即奈何、怎么办,例如《尚书·西伯戡黎》"今我民罔弗欲丧,曰:'天曷不降威',大命不挚,今王其如台?"

"夏邑"就贸然判断说话者是在与己身对立的立场上讲这些内容的，而应该综合地从全篇文义、主旨来判断。① 简帛网上已有网友"ee"对整理者注释提出质疑，认为文中两个"三后"都是周之三后而非夏之三后，矛盾丛结实即在于以"王"为周王这一点，在我看来这种误会本来是不应该有的。前面已经说了，我们不同意厚父为周初前朝遗老的意见，有的学者可能会提出，有无可能厚父是充任西周王朝卿士的夏人遗民的可能呢？这种可能性大概也是没有的。夏代灭亡后，后人被封于杞，在整个西周时代的传世和出土文献中，几乎不闻任何夏代后人为周王朝卿士的记载。《史记·夏本纪》司马贞《索隐》说"周有彤伯，盖彤城氏之后"（彤城氏为姒姓之后分封的一支），也是推测之词，即使可信也当与此篇无关。结合上面对"肆祀三后""作辟事三后"关系的分析，可以知道，这篇主人公厚父与周王朝卿士大概不可能发生什么关联。

《厚父》开头说王"问前文人之恭明德"，又说因为皋陶辅佐启，使得"兹咸有神，能格于上"。"有神"的"神"，就是西周金文多见的"文神""文神人""皇神""先神""大神""百神"的"神"（西周金文亦单称"神"），研究西周金文的人都有共识，这种"神"是对已故先人的称呼；② "前文人"（或"文人"）见于传世文献和西周金文，陈英杰先生经过细致比较分析，指出它"或与祖、考并用……可能在更多的时候它是用来指称世系远于祖、考的先祖"③。所以"兹咸有神，能格于上"的意思，大致可与 𫎇簋铭文"其各前文人，其顺在帝廷陟降"（《殷周金文集成》4317）参看。附带一提，《上海博物馆藏战国楚竹书（九）·举治王天下》"文王访之于尚父"篇经邬可晶拼合之后有这样的话："昔者又（有）神【《上博（八）·成王既邦》简16】顾监于下，乃语周之先祖，曰：'天之所

---

① 《康王之诰》"皇天改大邦殷之命，惟周文武，诞受羑若，克恤西土"，《顾命》"命汝嗣训，临君周邦"，这都是周人自称周、周邦的例子，金文中周人自称周邦的例子更多，无须赘举，皆可与简文所记王自称"夏邦"等参看。

② 吴振武：《新见西周禹簋铭文释读》，《史学集刊》2006年第2期；裴锡圭：《𫎇簋铭补释》，《裴锡圭学术文集》第三卷，复旦大学出版社2013年版，第182页；单称"神"的，见幽公盨、大克鼎等，参看陈英杰《西周金文作器用途铭辞研究》，线装书局2008年版，第319—320页。整理者已经举到"宁簋（《集成》四〇二一—四〇二二）：'其用各百神。'"这是完全正确的。

③ 陈英杰：《西周金文作器用途铭辞研究》，第320页。

向，若或与之；天之所怀（背），若佢（拒）之。'……"① 关于"有神"，邬可晶先生认为"顾监于下"的主语是"有神"，可能就是指上帝；我曾认为，语周先祖的上帝可以"神"称之，应即天神之义（他可能不与"天"或"上帝"完全等同，因下文称"天如何如何"，但他某种程度上又代表天的职能和意愿）。② 现在看来，"文王访之于尚父"篇所谓"有神"应与《厚父》"兹咸有神"的"有神"含义相同，应当就是登格于上帝左右的周人远祖之"神"，他自然能够代表上帝意愿，与在世在位的周先祖说一些告诫性的箴言。

我们不排除"前文人"也可以泛指其他前代有文德之人的可能性，但与王把夏代先祖称为"神"这个情况结合起来看，《厚父》的"王"所问的"前文人之恭明德"，应无疑是指王的始祖、先祖的明德，而不会是与王血缘无关的前代的先王的明德。因此，《厚父》的这位王，自然是禹、启、孔甲之王的后代，而非其他人。

三 关于"后王""永叙在服""用叙在服"

《厚父》篇中的"后王""永叙在服"究竟所指为何，应于此再作申述。马楠先生对简文"先哲王""后王""永叙在服"等语有这样的说明：

> "先哲王"与"后嗣王"对举，为《尚书·周书》习见，如：
> 在昔殷先哲王，迪畏天显小民，经德秉哲。……在今后嗣王酗身，厥命罔显于民只，保越怨，不易。（《康诰》）
> 我闻惟曰，在昔殷先哲王，迪畏天显小民，经德秉哲。自成汤咸至于帝乙……矧曰其敢崇饮？……我闻亦惟曰：在今后嗣王酗身。（《酒诰》）

① 邬可晶：《〈上博（九）·举治王天下〉"文王访之于尚父举治"篇编连小议》，简帛网 2013 年 1 月 11 日首发。

② 郭永秉：《清华简与古史传说（三题）》，烟台清华简与儒家经典专题国际学术研讨会，2014 年 12 月 4—8 日。

天既遐终大邦殷之命，兹殷多<u>先哲王</u>在天；越厥<u>后王</u>后民，兹服厥命厥终，智藏瘝在。（《召诰》）

自<u>成汤至于帝乙</u>，罔不明德恤祀。亦惟天丕建，保乂有殷；殷<u>王</u>亦罔敢失帝，罔不配天其泽。在今<u>后嗣王</u>，诞罔显于天，矧曰其有听念于先王勤家？诞淫厥泆，罔顾于天显民只。惟时上帝不保，降若兹大丧。（《多士》）

乃惟<u>成汤</u>，克以尔多方简代夏作民主。……以<u>至于帝乙</u>，罔不明德慎罚，亦克用劝。……今<u>至于尔辟</u>，弗克以尔多方享天之命。（《多方》）

殷之"先哲王"谓成汤至于帝乙，"后嗣王"指纣，为《周书》通例；《厚父》言夏代事，"哲王"指禹、启至于帝发，"后王"指桀，当不误。而《周书》对举"先哲王""后嗣王"文句皆陈"先哲王"之善政、"后嗣王"之过恶。所以《厚父》简文中"朝夕肆（肆）祀"与"肆祀三后"、"永保夏邦"与"永叙在服"，文义当正相反。

"永叙在服"，服谓职事，《多士》称"殷革夏命"之后，"夏迪简在王庭，有服在百僚"，谓夏人臣事殷王。周人代商之后，"商之孙子，其丽不亿，上帝既命，侯于周服"（《大雅·文王》），"亦惟（殷）多士攸服，奔走臣我，多逊"（《多士》），情形也如是。是"永叙在服"谓永在臣职，与"永保夏邦"文义相反。而"肆祀三后"虽文义未详，但也当与"朝夕肆（肆）祀"相对，大约意同于《牧誓》"昏弃厥肆祀弗答"。①

在《清华简第五册整理报告补正》一文中，② 马楠先生重复了上述意见，并在"是'永叙在服'谓永在臣职，与'永保夏邦'文义相反"之后，加了"简7'用叙在服。'意思也是如此"一句。

我们基本上不能同意马楠先生的意见。

① 马楠：《清华简第五册补释六则》，《出土文献》第六辑，中西书局2015年版。
② 此文署名"清华大学出土文献读书会"，刊于清华大学出土文献研究与保护中心网站，2015年4月8日。

马楠先生因《尚书》的《周书》诸篇以"先哲王"与"后嗣王"对举，后嗣王指的是殷纣王，所以《厚父》的"先哲王"和"后王"也是相对而言的，皆指夏王，这当然没有问题。在《周书》里，"后嗣王"是周人对殷商遗民称呼他们的末代君主，这当然是可以的，但绝不能因此得出《厚父》的"后王"就一定是已经下台、天命已革的夏朝末代王的结论，因为"后王"一词本身并无褒贬，不能死看，而亦应充分结合文义考虑其所指。大家都熟悉，石鼓文《而师》有"天子□来，嗣王始□"，研究者都承认"嗣王"是称新嗣位的周天子。① 显然，"后嗣王""嗣王""后王"本都是指即位于后的继嗣之王，并无特殊的褒贬意义。《尚书》中有将"后人""今王"并提，与"新陟王"对举的：

> 惟新陟王毕协赏罚，戡定厥功，用敷遗后人休，今王敬之哉，张皇六师，无坏我高祖寡命。（《康王之诰》）

也有将"先王"和"后人""王"（祖伊称纣）对举的：

> 非先王不相我后人，惟王淫戏用自绝，故天弃我，不有康食，不虞天性，不迪率典。（《西伯戡黎》）

这都是臣下对王的话语中提到"后人"（就是"我们现在这些人"的意思），同理，在时王自己的语言中，"后王"作为继嗣前王在位之王的自称、同先世"哲王"对举，也是非常自然并没有什么奇怪的。

马楠先生为了把"后王"理解成周王对夏代末君"桀"的称呼，还对"永叙在服"作了比较特殊的理解。按照我们一般的语感，"永叙在服"是偏向于好的一方面的（"永"是长久的意思，《尚书》凡提到"永"的地方，无一例外都是说好的情况），而马先生却主张是指夏代灭亡"永为臣职"，语义与"永保夏邦"相反。这是在此篇为"周书"说主道下做出的解释，我认为站不住脚。关于"永叙在服"，赵平安先生在《厚父》篇的注释中，已有很好的引证与解释：

---

① 裘锡圭：《关于石鼓文的年代问题》，《裘锡圭学术文集》第三卷，第317页。

《周礼·小宰》"五曰以叙受其会"，孙诒让《正义》引《说文》云："叙，次第也。"《诗·荡》："文王曰咨，咨汝殷商。曾是强御，曾是掊克，曾是在位，曾是在服。"班簋（《集成》四三四一）："登于大服。"服，职事，职位。

所以"在服"和《荡》所说商人"曾是在位"的"在位"义相关联，就是在职事之中的意思。胜朝之人被革天命，在商、周王廷服事统治者，自然是"有服""侯于服"；在位的王服事祭祀先王、作上帝之配、统治下民，同样也是"在服""有服"。（参看《尚书·盘庚》："先王有服，恪谨天命，兹犹不常宁。"）臣下服事时王，则更是"在服"。这可以说明"在服"本来并非特指胜朝之人居臣服之职的意思。因此赵先生的理解，可以说是完全正确的。"王"之"在服"，当然义就稍近于"在位"，《尚书·文侯之命》"予一人永绥在位"，似可与简文的"永叙在服"参看。《诗·周颂·时迈》：

　　　　明昭有周，式序在位。

毛《传》："俊乂之人，用次第处位。""序""叙"音义相通是常识，简文的"叙在服"，自当和"序在位"义极近。毛《传》对"序"的理解，与赵平安先生对"永叙在服"的"叙"的理解是相同的；但也有学者对《时迈》之文的解释稍有不同看法，例如余培林先生说：

　　　　序，与上"实右序有周"之序同（秉按：孔《疏》已指出"此经二句覆上'佑序有周'，故云"），通绪，继也。句言昊天使周继殷而在位也。①

此说似亦可通。如此则"永叙在服"可理解为长久地于职事之中继续下去。

---

① 余培林：《诗经正诂》，台北三民书局2007年版，第643页。

至于"民乃弗慎厥德，用叙在服"，则是指下民不慎德，以（此种态度）在其职事中继续（或次第处位）。这自然是不好的事情，但并不能说"叙在服"本身是一件不好的事情。如果要强调语气，甚至也不是不可以考虑，可将"用叙在服"的"用"读为"庸"，意思类于反诘语气的"讵""安"，① 全句意谓"民不能慎德，怎能在职事中长久为继呢？"这样的话，"叙在服"这件事不是像马楠先生说的那样是一件与"永保夏邦"对立的事情，似乎就更清楚了。

马楠先生认为"'禋祀三后'虽文义未详，但也当与'朝夕肆（肆）祀'相对，大约意同于《牧誓》'昏弃厥肆祀弗答'"，这种怀疑也没有什么根据。在此只需指出一点，下面对"作辟事三后"的厚父高祖，是大加肯定的，那为什么"肆祀三后"就变成坏事了呢？② 这显然是不好说通的。

四 关于"王乃遏佚其命"一段的理解

厚父所说"王乃遏佚其命，弗用先哲王孔甲之典型，颠覆厥德，淫湎于非彝，天乃弗若，乃坠厥命，亡厥邦；惟时下民巩（？）帝之子，咸天之臣，民乃弗慎厥德，用叙在服"这一段话，对全篇的理解十分关键，仍有再作仔细研究的必要。

整理者赵平安先生将上一句"惟曰其助上帝乱下民之慝"的"之慝"二字属下（前引李学勤先生文亦如此处理），读为"之慝王乃遏佚其命"，虽然语法上并无太大问题，但仍是一句略显怪异的话。"慝王"的说法，在先秦古书里未见，③ 而且按照持《周书》说的学者的一般看法，所谓"慝王"应是与上文"后王"相当的，王尚且不带什么情感色彩称他为

---

① 王引之著，李花蕾点校：《经传释词》，上海古籍出版社 2014 年版，第 73 页。

② 马楠先生的文章里没有把"禋"字括注"肆"，大概是想在此字上做文章，但此字与此篇其他用作"肆"之字的文字学分析，赵平安先生已有充分论证（参见赵平安《谈谈战国文字中值得注意的一些现象——以清华简〈厚父〉为例》，《出土文献与古文字研究》第六辑，上海古籍出版社 2015 年版），当无可疑。

③ "慝"古多指邪恶、恶人，用作名词义，如作形容词，亦多用以形容事物，如《礼记·乐记》有"淫乐慝礼"。古汉语"慝人"的说法，见葛洪《抱朴子外篇·行品》，时代相当晚。

"后王"，厚父为什么对他先世所在的夏朝之王那么不客气地径冠以"愿王"的评价？这似乎都有些不好说通。

我个人觉得，整理者一定不是没有考虑过"之愿"二字属上读。他们这样处理是有其考虑的。除了"助上帝乱下民"的话本来就很通之外，《孟子》作"惟曰其助上帝宠（'乱'之误字）之"应也是一个理由，当然更重要的是，似乎只有所谓"之愿王"（即"那恶王"或的意思）才能成为下文"遏佚其命，弗用先哲王孔甲之典型，颠覆厥德，淫湎于非彝"相称的主语，否则一个孤零零的"王"，所指究竟是谁呢？①

清华简第五册发表后，马楠先生和网友"蚊首"不约而同主张，"之愿"二字应属上读，②"蚊首"并指出《孟子·梁惠王下》的"有罪无罪自我在"很可能就是"乱下民之愿"的"流传之变"。今按，"乱"训"治"（由"乱"的治丝义引申），"治"由治理义引申有惩治的意思，"乱"或因同步引申而也有此类意思，③但也有可能这个"乱"就是"治理"之"治"的意思。《左传·文公六年》："治旧洿，本秩礼，续常职，出滞淹。"孔《疏》："法有不便于民，事有不利于国，是为政之洿秽也，理治改正使絜清也。"治理一个坏的东西让它变好，也可以叫"治"，简文的"乱"应当也是这么用的。故"乱下民之愿"意即"治下民之恶"。④据下文，下民之明德、慎祀抑或无谅、及祸，乃皆"司民"所作所为直接道致，因此作君、作师的目的就是要纠治下民的罪恶（此类表

---

① 承赵平安先生、李锐先生示知，他们理解的"之愿王乃遏佚其命……"的"之"是"到了"的意思，就是"到了那恶王（之时），就遏佚其命……"的意思。但这样的话，"遏佚其命"等动作的发出者就颇为模糊，不一定仅指"愿王"而所指范围可能更大（例如王朝上下，甚至包括下民），这种表述似乎于文义不合，至少表义不够明确，实际上这句话的主语不可能是"王"之外的其他人，也就是说，这句话根本就不需要累赘地加一个"之"字；而且，虽然"之……"有"到了……的时候"的意思，一般是把"之"字用在动词之前的（例如《诗》的"之死矢靡它"），以"之某人"这种形式表达"到了某人的时候"，似乎仍显怪异，因为"之某人"很容易按一般的语感被人理解成"到某人那儿去"的意思，因此在古汉语中以此类表述极为罕见，似乎很难找到可比较的语例（按照我的语感，这类理解的意思似乎说成"及愿王"才较合适一些）。
② 马说见前引清华大学出土文献读书会《清华简第五册整理报告补正》；"蚊首"说见武汉大学简帛网学术论坛发帖。
③ 也有学者认为此字是"辞"字所从的声旁，就应释读为"治"，今不取。
④ 古书屡言邦国、民众、群臣之"愿"，例如《周礼·秋官·大行人》"殷觌以除邦国之愿"，《鹖冠子·天则》"上统下抚者，远众之愿也"，《新序·杂事二》"以观群臣之愿"。

述古书多见，例如《国语·鲁语上》："且夫君也者，将牧民而正其邪者也，若君纵私回而弃民事，民旁有慝，无由省之，益邪多矣。"），这里的"惟曰其助上帝乱下民之慝"，显然在上下语境中可以贯通无碍。所以，我认为马楠和"蚊首"两位先生的意见是有道理的。

如果上述断读确实可信，那么前面所引"王乃遏佚其命"以下诸句该怎么解释，就成了问题。马楠先生认为这两句是说，"君王本当助上帝治下民之过恶，而王乃不如此"。她所说的"王乃不如此"的"王"，按照我们的理解，无疑是指前面所说的"后王"。但问题还是在于前面已经提到的，按照常理，在对话体文献中，称述历史上某个朝代的某王，总是要有一个限定语，似不可能突然冒出一个"王"，指的是夏代某个不争气的昏君（按照马楠先生的意见是指"桀"）；在臣下与时王对话的环境中，就更不好以一个单独的"王"字来称呼前朝的恶王，这个道理是非常明白的。因此，厚父以"王"来称呼那位夏代的昏君，文气完全不能衔接。按照马先生的解释，为什么这里厚父就不称"桀"为"后王"了呢？

这个"王"，我认为其实应是厚父对问他话的这位王的称呼。研究者之所以没有朝这个角度去考虑，主要是因为这个"王"后面紧接是一连串坏事，除了是说覆灭王朝的昏王之外，似乎不存在其他可能。但还有一种解释的可能，就是"王乃遏佚其命"以下，并非已然之事，而是一种警示之词。在《尚书》中，"乃"字有一种类同于假设连词"若"的用法：

乃有不吉不迪，颠越不恭，暂遇奸宄，我乃劓殄灭之无遗育。（《盘庚》）
女万民乃不生生暨予一人猷同心，先后丕降与女罪疾。（《盘庚》）
女乃是不蘉（按，《经典释文》引马云："勉也"），乃时惟不永哉。（《洛诰》）
乃有不用我降尔命，我乃其大罚殛之。（《多方》）①

---

① 杨树达：《词诠》，中华书局 1978 年版，第 72 页。这一点是《经传释词》先指出的（第 121 页），而《词诠》引《尚书》证据较多，故据以引录。

带下划线的"乃",用法当同于"王乃遏佚其命"的"乃",这个"乃"一直管到"淫湎于非彝"(与《盘庚》第一例类似),都是假设之词;后面"天乃""民乃"的"乃",则都是一般的表示就、才等副词义的"乃"。全句意思即王你如果断绝天命,不用孔甲留下的常法,颠覆其德,淫湎于不合常规之法,那么天就不会顺着你,要坠命亡国的;下民在职事中自然也不能慎德。其文义、句式,与上举四例相较,大概是比较易于明白的,应是厚父对夏王所说的教诫之词。这段话里的"遏佚(失)"一词,已由"海天游踪"等网友释读出来,他并指出此词见于《尚书·君奭》:

> 惟人在我后嗣子孙,大弗克恭上下,遏佚前人光在家(引者按,"遏佚"《汉书·王莽传上》引作"遏失"),不知天命不易、天难谌,乃其坠命,弗克经历嗣前人恭明德。

可以注意的是,如果把《君奭》的话与简文"王乃遏佚其命,弗用先哲王孔甲之典型,颠覆厥德,淫湎于非彝,天乃弗若,乃坠厥命,亡厥邦"相较,无论是文义还是逻辑结构,都非常接近,可证我们的理解是有根据的。

沈培先生看过文章后曾提示我,这句话的"王"也有可能是一种泛指,"王乃遏佚其命"云云其实是假设一种普遍情况,意思是说:作为王而胡作非为,则会引致一连串致命的结果。我认为这个意见颇有道理。这样理解的话,厚父的口气则更加客观、谦恭。当然,即使是假设一种普遍情况的口气,厚父的这些话,实质上针对的自然还是这位问话的"王"和当下的形势。

这里有两个需要略作解释说明的地方。

第一也许有人会对"天乃弗若,乃坠厥命,亡厥邦"一句的"亡厥邦"提出疑问,认为"厥邦"的口气似不像是说自己国家的事情。这种疑虑应该也是不必有的。如果以上引沈培先生的意见来推论,这里的"坠厥命""亡厥邦"完全可以理解为是表述一种普遍的结果,就是"天就坠亡他们的天命、亡了他们(或那)国家"的意思。邬可晶兄提醒我,据一些语言学家研究，金文里"厥"字有指代说话的对方以显示尊敬的功能，① 所以把这里的两个"厥"字理解为厚父对王的敬称，也完全可以。无论取何种理解，这两句话无疑都是说天坠夏命、灭亡夏邦的意思。

第二，厚父的这段话，先称呼时王为"天子"，后又称其为"王"，这在《尚书》中也有可堪比较并值得注意的例证。前举《西伯戡黎》记祖伊对纣所说："天子，天既讫我殷命……非先王不相我后人，惟王淫戏用自绝"；前亦已引过部分文句的《康王之诰》："（太保暨芮伯）皆再拜稽首曰：'敢敬告天子，皇天改大邦殷之命……今王敬之哉。'"可以注意它们的共同特点是，开言先称"天子"，后边称"王""今王"；且称"天子"的原因，无疑都和后面接说"天""皇天"如何有关系，意在突出王乃是天之子。回看《厚父》，称王为"天子"之后，马上接说"古天降下民"如何，后面则称"王"如何，与《尚书》文例密合，恐不是偶然的。

依《洛诰》周公训教成王之例的口气来推断，《厚父》篇的厚父一定也是夏王朝年高德劭的重臣，而这位孔甲之后的夏王则春秋鼎盛，执政经验并不丰富，甚至在治政中出现了问题，所以厚父才会用如此深刻、严肃的话来训教他，《厚父》一开头的"王监嘉绩"，恐是这夏王不得已而为之罢了。以文章上下内容和厚父口气来揣测，当时的实际应大概已接近《夏本纪》所谓"自孔甲以来而诸侯多畔夏"的状况了。

当然，我们还无法确定《厚父》的"王"究竟是孔甲之后的哪一个夏王。按照《史记·夏本纪》的记载，夏自孔甲之后有帝皋、帝发和履癸（即桀）三个王，这三个人似乎都是符合条件的。不过，孔甲以后四世而亡的说法，大概只是在《国语·周语下》"孔甲乱夏，四世而陨"背景下的一种表述而已；今据《厚父》及《左传》杜预注和清人梁玉绳的研究，知孔甲是夏代的有德之君，是先哲王，② 在这种说法的背景下，孔甲之后到底传几世而夏亡，也不一定是没有异说的。因此《厚父》的这位"王"是上述三人之外的其他夏王的可能性，也完全存在。

---

① 参见张玉金《西周金文中"氒"字用法研究》，《古文字研究》第 25 辑，中华书局 2004 年版，第 107—108 页。

② 赵平安：《〈厚父〉的性质及其蕴含的夏代历史文化》，《文物》2014 年第 12 期。

五 其他

另外，我认为对于《厚父》属于《夏书》之说，还可以举出传世文献里证据力不算太强的旁证。

《厚父》篇特别提到了因为启之经德少，皋陶奉天帝之命下降辅佐启（自然因为皋陶能秉德）；皋陶辅佐下的启的夏朝，"知天之威哉，问民之若否"。在《左传》引到的《夏书》里，有两次提到皋陶或与皋陶有关，一为"《夏书》曰：'昏墨贼杀'，皋陶之刑也"。（《昭公十四年》）一为"《夏书》曰：'皋陶迈种德，德乃降。'"（《庄公八年》）问民善否，自然就是和下面"乱下民之匿"、论"司民"之重要性一段有关，这直接跟皋陶制刑有密切关系，治民恶，必须要用到皋陶之刑，下面所说孔甲典刑，大概也是和皋陶之刑一脉相承的；皋陶勉力布德（"种"训"布"，为伪古文《大禹谟》伪孔传说）而德降，似乎也与简文"帝亦弗恐启之经德少，命皋繇下为之卿事"可以对看。

《墨子·非乐上》引"《武观》曰：'启乃淫溢康乐，野于饮食，将将铭，苋磬以力，湛浊于酒，渝食于野，万舞翼翼，章闻于大（惠栋说"大"当作"天"），天用弗式。'"惠栋以为这是叙武观之事的佚《书》，与《夏书·五子之歌》有关。[1] 启之无德、湛酒，与《厚父》"启之经德少"及下文厚父的"酒诰"之间的密切关联，是极易看出的。

《厚父》一篇十分强调德教，前后多见"明德""经德""慎德""秉德""敬德"等表述。《墨子·非命下》记"禹之《总德》有之：'允不着（孙诒让疑"着"是"若"之误[2]），惟天民不而葆，既防凶心，天加

---

[1] 孙诒让：《墨子闲诂》，中华书局 2001 年版，第 261 页。惠栋指出"《周书·尝麦》曰：'其在夏之五子，忘伯禹之命，假国无正，用胥兴作乱，遂凶厥国，皇天哀禹，赐以彭寿，思正夏略。'五子者，武观也（秉按：武观，据《国语·楚语》韦昭注是启之子，太康昆弟）。彭寿者，彭伯也。《五子之歌》，墨子述其遗文，《周书》载其逸事"，这是很有道理的。可以注意的是，《尝麦》"夏之五子，忘伯禹之命，假国无正，用胥兴作乱，遂凶厥国，皇天哀禹，赐以彭寿，思正夏略"与《厚父》"启惟后，帝亦弗恐启之经德少，命皋繇下为之卿事"表述极似，很可能是夏代传说衍变分化之异。

[2] 孙诒让：《墨子闲诂》，第 280 页。

之咎，不慎厥德，天命焉葆？'"从所引的文字看，既称为"禹之《总德》"，估计应该属于《夏书》的佚篇。《总德》强调慎德与葆天命的关系，与《厚父》的主旨契合，这可能正是《夏书》中不少篇目一个重要的共同主题。

结合上文的论述，再来看这些不算特别强的关联性，似乎也暗示出《厚父》一篇属于《夏书》的可能性是非常大的。

至于李学勤、程浩等先生以《孟子·梁惠王下》引"天降下民"等几句为论武王之勇，所以认为《孟子》引的应该是《周书》，而且一定是以武王为主人公的《书》，我认为这个推论从逻辑上完全站不住脚。"天降下民"这几句，讲的分明不是武王而是禹的事迹，即使是要说武王之"勇"，何必引它？《孟子》引这两句，恰是用《厚父》的本来意思，与论武王之"勇"毫无关系，文义大致是说：《尚书》里说"天为下民作君作师，是要天子整治四方罪恶的"，武王见不得独夫横行，就一举灭商安定天下了，所以下民唯恐武王不好勇力，这才是大勇。这哪里能说明此段引《书》必须出于《周书》呢？阐说正义者诛灭罪恶符合天命的道理，就一定要引周武王为主人公的《周书》吗？

此篇如确是《夏书》无误，尚有两点可说。一是在战国时代仍有不少完整的《夏书》篇章传流，而且其中有不少记载和传统认识有差异，例如《厚父》谈皋陶、谈孔甲等，说明战国时对夏代历史的认识尚有较为丰富的数据可据，西汉时司马迁能完整地在《夏本纪》中记录夏代世系（虽然这个世系与《殷本纪》的商代世系一样，可能与事实有一定出入），不是偶然的。二是赵平安先生已经指出，此篇字体古老，有些写法特点在三晋文字中也能看到，这与此篇本属于《夏书》、在夏墟故地附近流行有无历史关联，① 也是可以考虑的。

最后但并不是最次要的一点，必须在此揭出。我认为此篇是《夏

---

① 陈梦家先生认为"关于夏、商、周三代之书的保存与拟作，应该分别为晋、宋、鲁三国所为。……夏、商之书多为晋、宋两国之人拟作。这些拟作，也自然有所本，因之也保存了许多史料"（《尚书通论》，中华书局2005年版，第108页），拟作之说未必尽然，但《夏书》在晋地更有流传的基础则是很可理解的。

书》，但绝非认为此篇的著作时代就是夏代，这个道理是很浅显的。
从学者已经举出的大量证据和我们本文论证过程中所举的用以比较的
例子来看，《厚父》的思想和语言，基本上同周初的《尚书》和西周
金文中反映出来的情况是高度一致的，因此《厚父》完全有可能是在
西周流传的夏代传说基础之上编写出来以顺应周朝统治的一篇文章。
沈培先生提示我，《厚父》篇记王言之前冠以"王若曰"，通篇又多
称"夏之哲王""夏邦""夏邑"，而不说"我夏之哲王""我夏邦"，
这大概正显露了周人转述夏人说话立场的痕迹，我非常同意他的
意见。

　　附记：此文简单的初稿《简说清华简〈厚父〉篇应属〈夏书〉
而非〈周书〉》曾于 5 月 6 日首发于武汉大学简帛网，因为成稿匆
促，其中有不少不准确和粗疏的地方，当以此稿为准。写作初稿之
前，曾就此问题请教裘锡圭先生、陈剑先生和邬可晶先生，获益甚
多。全稿写成后，复蒙沈培、赵平安、周忠兵三位先生指正，对定
稿帮助甚大。统此一并致以衷心谢意！

2015 年 5 月 6 日下午初稿

2015 年 5 月 10 日扩充修改

2015 年 5 月 15 日定稿

　　本文于 2015 年 6 月 6 日在中国人民大学召开的"出土文献与中
国古代文明"学术研讨会上宣读过，承蒙主持人赵平安先生及李锐
先生提出宝贵意见，会后我又对此文略作了一些修改。

2015 年 6 月 24 日

　　本文又曾提交香港中文大学主办的"出土文献与先秦经史国际
学术研讨会"（2015 年 10 月 16—17 日）讨论，会上宣读时，主持人
大西克也先生向我指出"问前文人之恭明德"一句是包孕句，这类
句式出现的时代比较晚，所以我当时根据大西先生的提示，怀疑此
篇开头的"□□□□王监嘉绩，问前文人之恭明德"等文句，性质
当类似于《书序》，《厚父》全篇本来应该是从"王若曰"开始的。

但后经仔细考虑，终觉此问题较为复杂，还不能下断言，有机会容另文再作讨论。

2016 年 3 月 31 日补记

（复旦大学出土文献与古文字研究中心，出土文献与中国古代文明研究协同创新中心教授）

读放马滩秦简《志怪故事》札记

邬文玲

放马滩秦简《志怪故事》① 自 1989 年首次公布以来，学界即对其文字释读、简序编联、文本性质、篇名拟定等问题展开了广泛的讨论，可谓异见纷呈，至今尚有许多地方未能达成一致。近年随着具有相似主题的北大秦牍《泰原有死者》的公布，《志怪故事》再度成为学界讨论的热点之一。而且通过对两篇文献的比较研究，无论在释文校订、文义解读，还是相关历史文化问题的研究方面，都取得了很多进展。② 但其中仍有部

---

① 此篇名为李学勤所拟（李学勤《放马滩简中的志怪故事》，《文物》1990 年第 4 期），并为甘肃省文物考古研究所《天水放马滩秦简》（中华书局 2009 年版）一书所采纳。对于该篇的篇名，学界还有《墓主记》（何双全：《天水放马滩秦简综述》，《文物》1989 年第 2 期）、《邸丞谒御史书》（胡平生、李天虹：《长江流域出土简牍与研究》，湖北教育出版社 2004 年版，第 230 页）、《日书》式占类（任步云：《天水放马滩出土竹简日书刍议》，《西北史地》1989 年第 3 期）、《丹》《丹记》《祠鬼》（王辉：《〈天水放马滩秦简〉校读记》，《简帛》第 6 辑，上海古籍出版社 2011 年版）；孙占宇《放马滩秦简乙 360—366 号"墓主记"说商榷》，《西北师范大学学报》2010 年第 5 期）等不同意见。

② 相关研究成果参见姜守诚《放马滩秦简〈志怪故事〉考释》及"附录：放马滩秦简研究文献目录"，《简帛研究 二〇一四》，广西师范大学出版社 2014 年版，第 118—177 页。姜守诚在该文中逐句梳理、介绍、评析了以往诸家对《志怪故事》简牍释文的看法、修订过程，以及对简文编缀、篇题与性质的讨论，细致展现了二十余年来学界对《志怪故事》的研究历程，并综合诸家意见，根据自身的理解，对简文进行了厘定、标点和翻译。其附录所收相关研究论著目录，包括 97 篇期刊论文，42 篇网络论文，6 篇硕、博士论文，3 种书法图录，5 种释文著作。他还撰有《放马滩秦简〈志怪故事〉中的宗教信仰》（《世界宗教研究》2013 年第 5 期）一文，探讨了《志怪故事》中数字"三""司命史公孙强""白狐""柏丘""白茅"等术语所包含的宗教信仰内涵，指出：数字"三"具有神秘性；"司命"是指先秦及秦汉以来专司人们生死夭寿的神祇，"司命史公孙强"是人而非神，其熟知方术神迹或有通灵的本领，是战国秦汉时期活跃在社会各阶层的巫师、方士团体中的一员，或专门从事神人之间沟通的神职人员；"白狐"是打

分简文的理解存在争议，未能达成共识，从而影响到对整篇文献的理解。本文拟在前人研究的基础之上，对部分释文提出新的解读意见，以就教于方家。

为了讨论方便起见，先综合诸家意见，将天水放马滩秦简《志怪故事》的释文移录如下：

> 八年八月己巳，邦丞赤敢谒御史：大梁人王里□□曰丹□□七年，丹刺伤人垣雍里中，因自刺殹，弃之于市三日，葬之垣雍南门外。三年，丹而复生。丹所以得复生者，吾犀武舍人。犀武论其舍人尚命者，以丹未当死，因告司命史公孙强，因令白狐穴屈出丹，立墓上三日，因与司命史公孙强北之赵氏之北地柏丘之上。盈四年，乃闻犬狌鸡鸣而人食，其状类益、少麋、墨，四支不用。
>
> 丹言曰：死者不欲多衣。死人以白茅为富，其鬼贱于它而富。
>
> 丹言：祠墓者毋敢殹。殹，鬼去敬走。已，收腏而馨之，如此鬼终身不食殹。
>
> 丹言：祠者必谨骚除，毋以淘滄祠所。毋以羹沃腏上，鬼弗食殹。[1]

（接上页）通生死两界的灵兽；柏木（树）在古人眼中拥有神秘力量，因而"柏丘"或许并非实指、特指某个行政地名，而仅是虚指某个长满柏树的山丘（坡地）；"白茅"具有辟邪功用和财富象征。文章还从宗教学的角度解读和分析了丹复活以后的健康状况及其在鬼域冥界中的见闻观感，比如鬼的好恶、祠墓禁忌等内容；还透过先秦宗教人文语境中的"鬼"概念，澄清了丹从自杀到复活这段时间内的身份问题，并对复生、鬼魂显形、尸解三种生死转换状态进行辨析和界定。

[1] "王里"之下二字，目前有"樊野"（甘肃省文物考古研究所：《天水放马滩秦简》，中华书局2009年版）、"樊巫"（宋华强：《放马滩秦简〈邸丞谒御史书〉释读札记》，《出土文献研究》第10辑，中华书局2011年版）、"髡徒"（孙占宇：《天水放马滩秦简集释》，甘肃文化出版社2013年版）等释读意见；"七年"之上二字，目前有"葬为"（甘肃省文物考古研究所《天水放马滩秦简》）、"去今"（宋华强：《放马滩秦简〈邸丞谒御史书〉释读札记》）、"报今"（方勇、侯娜：《读天水放马滩秦简〈志怪故事〉札记》，《考古与文物》2014年第3期）、"献今"（黄杰：《放马滩秦简〈丹〉篇与北大秦牍〈泰原有死者〉研究》，冯天瑜主编《人文论丛（2013年卷）》，中国社会科学出版社2013年版）等释读意见。由于诸家意见皆缺乏足够的说服力，暂时缺而不释。

其中关于"丹所以得复生者，吾犀武舍人。犀武论其舍人尚命者，以丹未当死"一段，字迹较为清晰，释文争议较少。但对这段话的读法和理解则有分歧，兹逐一详述。

"丹所以得复生者"，释文无误，含义明确，诸家理解一致，意思是"丹之所以能够复生"。按照逻辑顺序，这句话的用意在于引出下文，以交代丹复生的原因和过程。①

"吾犀武舍人"，释文早年有争议，何双全最初释作"吾屋圭舍，卜"②，后来李学勤校订作"吾犀武舍人"③，得到学界的广泛认同，整理者最终出版的《天水放马滩秦简》④ 一书，亦采纳了这一意见。但是对于这句话的解读，则有分歧。

李学勤认为，"吾"是"丹"的自称；"犀武"是人名，乃历史上的真实人物，即魏将犀武，见于《战国策·西周策》和《魏策》；这句话表明丹是犀武的舍人。⑤ 这一看法得到不少学者的认同，同时也有学者提出了不同的意见。比如雍际春认为"犀"后之字既不是"圭"，也不是"武"，而是"首"字；"犀首"即战国后期著名策谋之士公孙衍，魏国阴晋人，曾来往于秦、魏二国。⑥ 李零认为"吾"是自称，"犀武"为人名，但并非死于秦昭王十四年的魏将犀武，而是"指邸丞属下一个叫犀武的舍人。'犀武'是人名，'舍人'是县吏的泛称"⑦。孙占宇认为，本篇是邸丞赤对丹其人其言的记述，"吾"当读如本字，指邸丞赤本人。邸丞赤称"犀武"为"吾犀武"，暗示他们同是魏国人，或关系较为亲

---

① 参见何双全《天水放马滩秦简综述》，《文物》1989 年第 2 期；李学勤《放马滩简中的志怪故事》，《文物》1990 年第 4 期；雍际春《天水放马滩木板地图研究》，甘肃人民出版社 2002 年版；李零《秦简的定名与分类·附录：放马滩秦简〈志怪故事〉（今移简 6 于简 7 后）》，《简帛》第 6 辑，上海古籍出版社 2011 年版，等等。

② 何双全：《天水放马滩秦简综述》，《文物》1989 年第 2 期，第 28 页。何双全后来改从李学勤的说法（何双全：《简牍》，敦煌文艺出版社 2004 年版，第 41 页）。

③ 李学勤：《放马滩简中的志怪故事》，《文物》1990 年第 4 期，第 43 页。

④ 甘肃省文物考古研究所：《天水放马滩秦简》，中华书局 2009 年版。

⑤ 李学勤：《放马滩简中的志怪故事》，《文物》1990 年第 4 期，第 44 页。

⑥ 雍际春：《天水放马滩木板地图研究》，甘肃人民出版社 2002 年版，第 28—29 页。

⑦ 李零：《秦简的定名与分类·附录：放马滩秦简〈志怪故事〉（今移简 6 于简 7 后）》，《简帛》第 6 辑，上海古籍出版社 2011 年版，第 9 页。

近。① 黄杰认为，"吾犀武舍人"应当直译为"我是犀武的舍人"，这句话是丹的原话，邸丞赤在文书中加以引述，因此主张把简文标点为："丹所以得复生者，'吾犀武舍人'。"② 宋华强对于"吾"字的读法，提出了新的意见，他认为"吾"当读作"语"，简文是说丹所以得复生者，是因为其鬼魂告诉了犀武的舍人，所以才有下文犀武呼其舍人告司命史，并令民掘出丹之事。③ 姜守诚赞同这一读法，并补充指出，古汉语中"吾"与"语"二字可通假互借，如长沙马王堆汉墓帛书《五十二病方》"癞"条（第 204 行）："神女倚序听神吾。"其中，"吾"就是"语"字的省借。④

"犀武论其舍人尚命者"，何双全最初释作"屋吉。论其舍，卜，尚命者"⑤。李学勤校订为"犀武论其舍人□命者"⑥。雍际春释作"犀吉，论其舍人尚命者"，并基于"吉"是"古代祭祀鬼神的礼仪，为'五礼'（吉、凶、宾、军、嘉）之一"的看法，将此句译作"犀首曾经向鬼神行吉礼，认为他的舍人丹罪不当死"⑦。何双全后来采纳李学勤的意见，并补释作"犀武论其舍人尚命者"⑧。整理者最终公布的《天水放马滩秦简》沿用了这一意见。对于简文中"论""尚"二字的解读，学界有不同看法。

关于"论"字，李学勤依据《说文·言部》"论，议也"，认为此处指"议其功罪之意"⑨。李零也认为是"论罪"之义⑩。宋华强则提出不

① 孙占宇：《天水放马滩秦简集释》，甘肃文化出版社 2013 年版，第 271 页。
② 黄杰：《放马滩秦简〈丹〉篇与北大秦牍〈泰原有死者〉研究》，冯天瑜主编《人文论丛（2013 年卷）》，中国社会科学出版社 2013 年版。
③ 宋华强：《放马滩秦简〈邸丞谒御史书〉释读札记》，中国文化遗产研究院编《出土文献研究》第 10 辑，中华书局 2011 年版，第 139 页。
④ 姜守诚：《放马滩秦简〈志怪故事〉考释》，《简帛研究 二〇一四》，广西师范大学出版社 2014 年版，第 142 页。
⑤ 何双全：《天水放马滩秦简综述》，《文物》1989 年第 2 期，第 28 页。
⑥ 李学勤：《放马滩简中的志怪故事》，《文物》1990 年第 4 期，第 43 页。
⑦ 雍际春：《天水放马滩木板地图研究》，第 29—31 页。
⑧ 何双全：《简牍》，第 41 页。
⑨ 李学勤：《放马滩简中的志怪故事》，《文物》1990 年第 4 期，第 44 页。
⑩ 李零：《秦简的定名与分类·附录·放马滩秦简〈志怪故事〉（今移简 6 于简 7 后）》，第 9 页。

同看法，怀疑"论"字是误释或简文误书，可能本是"龠"或"籥"字，读作"籥"，即呼令之意。① 姜守诚认为宋氏之说有过度发挥之嫌，主张"论"即为本字，其意当如《说文》所训，落实到本简就是衡量斟酌、论罪处罚之含义。② 孙占宇赞同论为"论罪"之意，指出"以丹未当死"正是此"论"的结果，并认为"论"字下或脱一"与"字。③

关于"尚"字，李学勤未释，何双全释为"尚"，并为《天水放马滩秦简》所采纳。陈侃理认为据图版可辨此字上半部为"𠂉"头，故释为"管"字（意为主也、典也）。④ 关于"尚"字的含义，方勇认为龙岗木牍"令自尚"中的"尚"，张家山汉简《奏谳书》"令自常"中的"常"，与放简此句"尚"字的语义相同，均可训为"主"。⑤ 李零将"尚命"，读作"掌命"。⑥ 宋华强也主张将"尚"读为"掌"，指出"掌"从"尚"声，音近可通。战国齐官玺"尚路"当读为"掌路"，三晋官玺"左库尚岁"当读为"左库掌岁"，皆其例。⑦ 孙占宇赞同宋氏之说，并将释文厘定为"论其舍人尚（掌）命者"。⑧ 姜守诚认为，简文中"尚"字就含义而言虽可通"掌"（具有主持、掌管之含义），但此字古朴，是战国及秦代官职的习用语（秦置六尚：尚衣、尚冠、尚食、尚沐、尚席、尚书），故释文应保留本字而不可径代以"掌"。⑨

关于"命"字，一般多理解为寿命、生命之意。如宋华强指出，"舍人掌命者"大概是犀武手下负责卜算人命的舍人，由于丹告诉犀武某舍人自己将复生，于是舍人掌命者算知丹命不当亡，犀武才会命此舍人掌命者告司命史公孙强。因此，丹得以复活的理由可能就不是"罪不应

① 宋华强：《放马滩秦简〈邸丞谒御史书〉释读札记》，第140页。
② 姜守诚：《放马滩秦简〈志怪故事〉考释》，第143页。
③ 孙占宇：《天水放马滩秦简集释》，第272页。
④ 陈侃理：《放马滩秦简〈丹〉篇札记》，武汉大学简帛中心网（www.bsm.org.cn），2012年9月25日。
⑤ 方勇、侯娜：《读天水放马滩秦简〈志怪故事〉札记》，《考古与文物》2014年第3期。
⑥ 李零：《秦简的定名与分类·附录·放马滩秦简〈志怪故事〉（今移简6于简7后）》，第9页。
⑦ 宋华强：《放马滩秦简〈邸丞谒御史书〉释读札记》，第140—141页。
⑧ 孙占宇：《天水放马滩秦简集释》，第269页。
⑨ 姜守诚：《放马滩秦简〈志怪故事〉考释》，第143页。

死"，而有可能是阳寿未尽。^① 孙占宇承袭宋氏之说，也认为"舍人掌命者"当为犀武门下一个精通卜算人命并可与司命史沟通的术士。^② 姜守诚不赞同宋氏之说，认为"命"字之所指，是罪行、罪名。据张家山汉简《二年律令》"具律"条："有罪当完城旦舂、鬼薪白粲以上而亡，以其罪命之；耐隶臣妾罪以下，论令出会之。其以亡为罪，当完城旦舂、鬼薪白粲以上不得者，亦以其罪论命之。"整理小组注释曰："命，确认罪名。《汉书·刑法志》'已论命复有笞罪者，皆弃市'注引晋灼曰：'命者名也，成其罪也。'"放简此句"犀武论其舍人尚命者"可省成"论……命"句型，与前引"论命"颇为相似，故本简"命"字或指斟酌案情而后确定刑罚之义，似乎有些终审裁决的味道。进而对整段话作了如下解释：

　　据传世文献及出土资料证实，秦汉时期已建立起了一套较为完善的刑事司法体系及定罪量刑程序，其中包括县（县令、县尉）、郡（郡守）、中央（廷尉、皇帝）的三级复审（"覆狱"）及对罪名已定的疑难或重大案件实施"集议"等制度。从放简"吾（语）犀武舍人，犀武论其舍人尚命者"来看，充分体现了复审、集议的司法程序。前句"吾（语）犀武舍人"意思是说：有人将此案情报告了犀武舍人，后句"犀武论其舍人尚命者"就是说：犀武召来执掌刑律者，共同对这起命案重作审议和量刑。前句简文是司法"复审"程序，而报告案情的人应该是丹的亲友或是案发地的执法官吏，他们或从私人情感出发请求公正裁决（即"乞鞫"，通常限判决后三个月内），或地方基层组织依据审判程序将刑狱疑案移送上级部门呈请评议、决断（即"奏谳"、"狱疑谳"），或上级行政长官发现错判案件而提出重审（"覆狱"）。后句简文则是司法"集议"量刑程序，这起刑事案件中，丹由当地县级官吏初步核定了罪名，上级行政长官或中央司法机关主管（犀武）召集诸多属吏共议其罪，就已知的案情讨论如何定罪量刑（罪行的性质、轻重），对当地县级部门的初审

---

① 宋华强：《放马滩秦简〈邸丞谒御史书〉释读札记》，第141页。

② 孙占宇：《天水放马滩简集释》，第272页。

结果作出了批驳（撤销原裁决），并给予新的定论（"以丹未当死"）。①

"以丹未当死"，释文素无争议，含义明确，即"认为丹罪不应死"②。不过在解释丹为什么罪不当死时，正如姜守诚所指出的那样，存在过度诠释的问题。③ 李零解释说："丹之伤人属误伤，罪不当死，但自杀后，却遭弃市，判罚过重，有点冤枉。冤死鬼，古人叫殇。古人害怕这种鬼会从坟墓里爬出来作祟，所以有各种解除方法。下文所述迁墓，就是解除之一术。"④ 方勇认为："简文是说犀武重新审判丹的案件时，觉得应该给予丹自由。但是丹已经死亡，犀武认为丹不该死，于是就有了掘丹出墓之事。"⑤ 美国学者夏德安认为整段话的含义是："犀武准备了一件写好的论丹不当死的文书，在丹下葬时将文书放到了墓中，这样，丹带着这件文书到了地府，提出了复生的申请和诉讼。三年后，丹得以复活。"⑥

结合甘肃省文物考古研究所《天水放马滩秦简》中的原简照片和孙占宇《天水放马滩秦简集释》中的红外图版来看，"武""论""尚"诸字释文无误，可从。从前后文来看，上述诸家的解释虽然皆富有启发性，但于意尚难通解无碍，需要做进一步的讨论。

关于"吾犀武舍人"之"吾"字。如前所述，主要有两种意见。第一种意见是读如本字，为第一人称代词。这种读法，不论是理解为"丹"之自称，还是文书呈报人"邸丞赤"之自称，于文意皆未安。首先，从简文来看，通篇是采用第三人称的方式对丹死而复生之事展开叙述的，凡有引述原话的地方，皆用"某某曰""某某言"进行提示，比如"丹

---

① 姜守诚：《放马滩秦简〈志怪故事〉考释》，第 145 页。
② 李学勤：《放马滩简中的志怪故事》，第 44 页；孙占宇：《天水放马滩秦简集释》，第272 页。
③ 姜守诚：《放马滩秦简〈志怪故事〉考释》，第 144—145 页
④ 李零：《秦简的定名与分类·附录·放马滩秦简〈志怪故事〉（今移简 6 于简 7 后）》，第 9 页。
⑤ 方勇、侯娜：《读天水放马滩秦简〈志怪故事〉札记》，《考古与文物》2014 年第 3 期。
⑥ ［美］夏德安著，陈松长、熊建国译：《战国民间宗教中的复活问题》，中国社会科学院简帛研究中心编《简帛研究译丛》第 1 辑，湖南出版社 1996 年版，第 32 页。

言曰""丹言"等。因此不大可能在此处突兀地引述一句没有来龙去脉的丹的原话，故"吾"当非丹之自称。而"邸丞赤"只是一个转述者，与丹死而复生的过程无涉，因此"吾"更不可能是"邸丞赤"的自称。其次，从行文逻辑来看，前句言"丹所以得复生者"，后句"吾犀武舍人"应交代丹得以死而复生的关键原因，下文再叙述详细的经过。如果将后句理解为"我是犀武的舍人"，或者"我是邸丞赤的舍人"，则不能构成丹死而复生的理由。

第二种意见是读作"语"，告诉之意。从行文逻辑上讲，这种理解优于第一种意见，富有启发性。但问题在于，首先，"语"是动词，简文缺乏主语，所以不得不推想出丹的鬼魂或者丹的亲友或者案发地的地方官充当"语"的实施者，从而将"吾（语）犀武舍人"理解为"丹的鬼魂告诉了犀武的舍人"，或者"丹的亲友或者案发地的地方官告诉了犀武的舍人"。其次，这种解释跟前文所言丹因为刺伤他人自杀而死的背景不相符，丹既然是自杀而死，表明他认为自己罪当至死，所以不应有鬼魂诉冤而告诉犀武舍人的主动行为。对于丹的亲友或者案发地的地方官员来说，丹已自杀而死，且下葬，丹的死亡已经成为人们普遍接受的事实，似亦不当有事隔三年之后再为丹"乞鞫"、令其复生的举动。

不难看出，上述解释，皆缺乏说服力，且不符合简文的行文逻辑。要弄清其含义，当另求别解。实际上，从前后文来看，"吾犀武舍人"之"吾"，应读作"唔"或"牾"，意思是遭逢，遇到。《史记·天官书》："鬼哭若呼，其人逢唔。"裴骃《集解》："唔，迎也。"司马贞《索隐》："唔音五故反。逢唔谓相逢而惊也。亦作'迕'，音同。"[1]《史记·屈原贾生列传》："重华不可牾兮，孰知余之从容！"裴骃《集解》引王逸曰："牾，逢也。"[2]《集韵》："遻、迕、唔，遇也。或从午，亦书作唔。"[3] 因此，该句当读作：

丹所以得复生者，吾（牾/唔）犀武舍人。

①　《史记》卷二七《天官书》，第1339页。
②　《史记》卷二四《屈原贾生列传》，第2488页。
③　（宋）丁度：《集韵》卷七，文渊阁《四库全书》本。

意思是"丹之所以得以复生，是因为遇到了犀武的舍人"。与此相应，接下来的一段简文是要交代详细的经过，即说明丹死而复生为什么与遇到犀武的舍人有关。

关于"犀武论其舍人尚命者以丹未当死"，如前所述，以往诸家对这段简文中的"论""尚""命"等字提出过不同的理解，相应地对这段话也有不同的句读。主要有两种不同的读法。第一种是将此段句读为："犀武论其舍人，尚命者以丹未当死。"这种句读方式，显然是基于将前句"吾犀武舍人"理解为"我是犀武的舍人"所致。第二种是将此句读为："犀武论其舍人尚命者，以丹未当死。"这种句读方式，是基于将前句"吾犀武舍人"之"吾"读作"语"而来。具体解释则又有两种意见：一是怀疑"论"释文有误，将其改释作"龠"或"籥"，读作"籥"，解释为"呼令"之意。从红外图版来看，"论"字释文无误，故此说不能成立。二是依据汉律中的"论""命"术语，将"犀武论其舍人尚命者"理解为"论……命"句型。这种说法与其自身关于"尚命者"意为"掌命者"的解释相矛盾，亦缺乏说服力。

现在既然有理由将前句"吾犀武舍人"读作"吾（俉/牾）犀武舍人"，即"遇到了犀武的舍人"，那么该段简文的句读也应基于此重作调整，改读为：

犀武论，其舍人尚命者以丹未当死。

"论"，当如李学勤、李零、姜守诚等解为论决、论罪之意为胜。"犀武论"，应指犀武召集有关人员，审理论决丹的案件。至于犀武为什么会在时隔多年之后审理丹之案，简文并未交代，其前后可能有省文。"其舍人尚命者以丹未当死"，"其"指犀武，"舍人尚命者"，即负责掌管死刑判决的舍人，可简称为"尚命舍人"，意思是犀武属下一位负责掌管死刑判决的舍人认为丹罪不当死。因此才有了后续的"告司命史公孙强"，使之负责让丹复生的一系列行动。可见，在丹死而复生的事件中，犀武属下的一位舍人即"其舍人尚命者"认为"丹罪不当死"的意见，起了关键性的作用。如此理解，方可与前句"丹所以得复生者，吾（俉/牾）犀武舍人"相呼应，逻辑自洽。故该段简文当改读如下：

> 所以得复生者，吾（俉/牾）犀武舍人。犀武论，其舍人尚命者
> 以丹未当死，因告司命史公孙强，因令白狐穴屈出丹，立墓上三日，
> 因与司命史公孙强北之赵氏之北地柏丘之上。

（中国社会科学院历史研究所；出土文献与中国古代文明研究协同创
新中心）

里耶秦简所见迁陵三乡补论

鲁家亮

2002 年及 2005 年发现的里耶简牍，主要内容是秦代迁陵县的行政文书档案，其中即包含不少有关迁陵县下辖乡里的信息，这些信息为我们进行秦代乡里制度研究提供了鲜活的实例与个案。[①] 里耶秦简的整理者较早据相关简文指出秦迁陵县下辖都乡、贰春、启陵三乡。[②] 近来，晏昌贵、郭涛二先生合撰之《里耶简牍所见秦迁陵县乡里考》（下文简称《乡里考》）一文则进一步对三乡的空间位置以及下辖诸里的情况有详细考证，[③] 这些研究使我们对秦迁陵县下辖乡里的情况有了更为清晰的认识。但同时我们也发现关于迁陵三乡这方面的信息尚有一些可以补充说明之

[①]　与乡里制度有关研究前史的梳理，可参见赵秀玲《中国乡里制度研究及展望》，《历史研究》1998 年第 4 期；沈颂金《汉代乡亭里研究概述》，《中国史研究动态》1999 年第 10 期；孙闻博《秦汉三国乡吏与乡政研究述评》，《秦汉研究》第四辑，三秦出版社 2010 年版。此外，孙闻博先生结合新出简牍资料，专门对秦代乡吏、乡政进行了补论（见孙闻博《简牍所见秦汉乡政新探》，《简帛》第六辑，上海古籍出版社 2011 年版）。而利用秦、汉、吴简复原乡里的则有晏昌贵、郭涛《里耶简牍所见秦迁陵县乡里考》，"中国简帛学国际论坛 2014" 会议论文，芝加哥，2014 年 10 月 24—26 日；后刊于《简帛》第十辑，上海古籍出版社 2015 年版；王子今《汉简长安史料研究》，《出土文献》第三辑，中西书局 2012 年版；张俊民《西汉效谷县基层组织 "乡" 的几个问题》，《鲁东大学学报》（哲学社会科学版）2013 年第 1 期；侯旭东《长沙走马楼三国吴简所见 "乡" 与 "乡吏"》，《吴简研究》第一辑，崇文书局 2004 年版。邢义田先生则利用了各类考古与文献资料对秦汉聚落形态和乡里行政进行了综合分析（见邢义田《从出土资料看秦汉聚落形态和乡里行政》，载《治国安邦：法制、行政与军事》，中华书局 2011 年版）。

[②]　湖南省文物考古研究所编著：《里耶秦简［壹］》前言，文物出版社 2012 年版，第 5 页。

[③]　晏昌贵、郭涛：《里耶简牍所见秦迁陵县乡里考》，第 145—154 页。

处。现将我们关于这个问题的一些不成熟想法陈述如下，祈请诸位方家批评、指正。

一 启陵津与贰春津

《乡里考》指出贰春乡可能位于秦迁陵县西部偏北一带，其地为山区、丘陵地带，产漆、枝（枳）枸等林木作物，可能有驻军并储藏军械物资，下辖三里；都乡位于秦迁陵城内或其附近，下辖二里；而启陵乡必在酉阳与迁陵之间，其具体位置或在秦迁陵县以东以南一带，下辖一里。① 但考之已经发表里耶简资料，关于贰春、启陵二乡似乎还有其他信息可以发掘。

如以下两简所示：

启陵津船人高里士五（伍）启封当践十二月更，□【廿九日】
□☑ I
正月壬申，启陵乡守绕劾。Ⅱ
卅三年正月壬申朔朔日，启陵乡守绕敢言之，上劾一牒☑Ⅲ8—
651 正月庚辰旦，隶妾谷以来。/履发。☑8—651 背②
廿七年六月乙亥朔壬午，贰春乡窑敢言之：贰春 I 津当用船一楼
（艘）。·今以上
遣佐颀受。谒令官假（假）。Ⅱ谒报。敢言之。Ⅲ12—849
六月丁亥，迁陵丞欧告司空主：以律令从事。报之。/扣手。I
丁亥日中，佐颀行。Ⅱ
六月丁亥水下三刻，佐颀以来。/扣半。颀手。Ⅲ12—849 背③

---

① 晏昌贵、郭涛：《里耶简牍所见秦迁陵县乡里考》，第145—154页。
② 陈伟主编，何有祖、鲁家亮、凡国栋撰著：《里耶秦简牍校释（第一卷）》，武汉大学出版社2012年版，第191—192页。下文所引里耶秦简释文，如无特别说明，均出自该书，不再一一注明。
③ 12—849 的图版，见宋少华、张春龙、郑曙斌、黄朴华编著《湖南出土简牍选编①》，岳麓书社2013年版，第154、215页；又郑曙斌、张春龙、宋少华、黄朴华编著《湖南出土简牍选编》，岳麓书社2013年版，第122页。释文则参里耶秦简牍校释小组《新见里耶秦简牍资料选校（三）》，简帛网，http：//www.bsm.org.cn/show_ article.php? id = 2279，2015 年 8 月 7 日。

8—651 疑是启陵乡守绕举劾启陵津船人启封践更不当的文书，12—849 则是贰春乡窑上报的贰春津用船的文书，其中均出现了关于津的记载。① 启陵津和贰春津这两个津渡均与其所在之乡同名，因疑其位置或在各自乡辖区之内的酉水岸边，② 且距离各自所属乡乡治应不会过远。③ 考虑到贰春乡、启陵乡与迁陵县及邻近县的位置关系，两处津渡更有可能位于与迁陵相邻之县的交界之处，以方便物资、人员的出入管理。此外，两份文书亦显示出了乡对津具有一定的管辖之权。④ 如此理解无误，则贰春乡位于迁陵县西部偏北这个认识还可进一步推进，其乡的界域应同时向南推进，直至酉水北岸，甚或跨越酉水继续向南延伸。

这也可以印证《乡里考》提出的贰春乡是迁陵县军械物资储藏地的说法。试想如无贰春津水路交通的便利，这种军事人员及物资的运输在山地、丘陵地带的运输难度会极大地增加。相应地，贰春乡出产之漆、枝（枳）枸等物，极有可能也是借贰春津的水路转运四方的。如 8—1510

---

① 《里耶秦简牍校释（第一卷）》在 8—651 号简的注释中仅指出津是渡口，其实"津"功能远不止此。关于秦汉时期"津"的研究，可参看王子今《秦汉交通史稿》（增订版），中国人民大学出版社 2013 年版，第 92—95 页；杨建《西汉初期津关制度研究》，上海古籍出版社 2010 年版，第 73—84 页。

② 在天水放马滩出土的木板地图中，就有在某些河川两侧标记关隘的情况。参何双全《天水放马滩秦墓出土地图初探》，《文物》1989 年第 2 期；雍际春《天水放马滩木板地图研究》，甘肃人民出版社 2002 年版，第 95—96、98—99 页；邢义田《从出土资料看秦汉聚落形态和乡里行政》，第 257—262 页。

③ 北京大学藏秦水陆里程简册记载销县下有一容乡（04—057）、另有容津（04—054）的记载，而在 04—057 中详细记载了销到容乡的距离为 79 里，乡至津 5 里，合计 84 里，辛德勇先生认为 04—057 中所见的"津"当即容乡之汉水津渡，亦即 04—054 所见之容津。相关简文的释文及讨论可参辛德勇《北京大学藏秦水陆里程简册的性质与拟名问题》，《简帛》第八辑，上海古籍出版社 2013 年版，第 19—20 页；《北京大学藏秦水路里程简册初步研究》，《出土文献》第四辑，中西书局 2013 年版，第 220—224 页。今按：北大秦简所见之容乡与容津的关系，恰可作为我们考察启陵津、贰春津分别与启陵乡、贰春乡关系的参照，启陵津、贰春津分属启陵乡、贰春乡应无疑。

④ 今按：据下文所引 8—769 号简，似县廷可以绕过乡，对津直接下达行政文书，或许存在津直辖于县廷的可能。安作璋、熊铁基二先生曾将"守津吏"归属于列曹，置于县属吏之中（见安作璋、熊铁基《秦汉官制史稿》，齐鲁书社 2007 年版，第 672、714—717 页）；孙闻博先生也指出乡啬夫总理一乡内诸事务，并与"都仓、库、田、亭啬夫"之"离官属于乡者"共理乡内建置的分支机构与设施（孙闻博：《简牍所见秦乡政新探》，第 468 页）。或许县内"津"的情况也属于此种，既由县廷直辖也受到所属地域对应乡啬夫的监督、管理。

所见：

> 廿七年三月丙午朔己酉，库后敢言之：兵当输内史，在贰春
> □□□□Ⅰ五石一钧七
> 斤，度用船六丈以上者四棳（艘）。谒令司空遣吏、船徒取。敢
> 言Ⅱ之。☑Ⅲ8—1510
> 三月辛亥，迁陵守丞敦狐告司空主，以律令从事。/……Ⅰ
> 昭行Ⅱ
> 三月己酉水下下九，佐赺以来。/扣半。Ⅲ8—1510背

正是贰春乡所藏之兵使用船只外输内史的记录。

虽然贰春、启陵二乡均有津，换言之两乡可能均靠近酉水，但是两者自然环境的差异是客观存在的。《乡里考》详细描述了贰春乡山地、丘陵的地貌特征，对启陵乡则未加说明。里耶秦简中似乎也没有关于启陵乡这方面信息的直接表述，但是我们可以从一些文书的侧面记载中加以推测，如8—769号简所见：

> 卅五年八月丁巳朔己未，启陵乡守狐敢言之：廷下令书曰取鲛
> 鱼与Ⅰ山今卢（鲈）鱼献之。问津吏徒莫智（知）。·问智（知）
> 此鱼者具署Ⅱ物色，以书言。·问之，启陵乡吏、黔首、官徒莫智
> （知）。① 敢言之。·户Ⅲ8—769曹。Ⅰ
> 八月□□□邮人□以来。/□发。狐手。Ⅱ8—769背

其中出现的"津吏徒"极有可能指的是贰春津、启陵津之吏徒。在8—769中，我们看到了县廷曾经向津吏徒询问过鲛鱼和山今卢（鲈）鱼的情况，未果后又进一步向启陵乡询问，依然未果。那么，我们不禁会问为什么不向贰春或都乡询问呢？县廷专门向津、启陵乡询问这些水生动物

---

① "问之，启陵乡吏、黔首、官徒莫智（知）"一句，《里耶秦简牍校释（第一卷）》作"问之启陵乡吏、黔首、官徒，莫智（知）"。今改之，详见鲁家亮《读里耶秦简札记（三则）》，"秦简牍研究国际学术研讨会"会议论文，长沙，2014年12月5—7日。

的信息，或许间接说明启陵乡所辖之地与"津"具有某些相似的特征，不难推测这个特征恐怕就是靠近河流、湖泊等水源。因此，与贰春乡相比，启陵乡可能更靠近河流、湖泊等，其自然环境的特征与贰春乡存在一定差异。

此外，我们在另外一份文书中可能也找到了乡与津存在联系的证据，如 8—1562 所云：

> 廿八年七月戊戌朔乙巳，启陵乡赵敢言之：令令启陵捕献鸟，得明渠 I 雌一。以鸟及书属尉史变，① 令输。不肎（肯）受，即发鸟送书，削去 II 其名，以予小史适。适弗敢受。即罟适。已有（又）道船中出操枱〈楫〉以走赵，② 奥訽 III 罟赵。谒上狱治，当论论。敢言之。令史上见其罟赵。IV 8—1562
>
> 七月乙卯，启陵乡赵敢言之：恐前书不到，写上。敢言之。／贝手。 I
>
> 七月己未水下八刻，□□以来。／敬半。贝手。 II 8—1562 背

这份文书十分有趣，主要内容是启陵乡赵上报的一桩因献鸟引发的纠纷。当事人至少有 4 位，分别是启陵乡赵、尉史、小史适、令史上。纠纷的发生地点，耐人寻味。因有从船中操楫驱赶赵的记述，我们怀疑纠纷的具体发生地应该是一个靠近河流、湖泊的地点，加上鸟的献送会涉及津关出入的问题。因此，我们颇为怀疑事件的发生地应在启陵津附近。但可惜的是，简文中没有出现启陵津的直接记载、当事人中也没有启陵津吏徒出现。不过，综合起来考虑，作为运输责任人的尉史、小史适；提供献鸟一方的代表启陵乡赵；以及作为县廷监督、见证人的令史上，同

---

① 原释文未释读，《里耶秦简牍校释（第一卷）》释作"文"，广濑薰雄先生据陶安、陈剑先生的研究，改释作"变"，在秦汉出土文献中此字常用作人名。具体可参见陶安、陈剑《〈奏谳书〉校读札记》，《出土文献与古文字研究》第四辑，上海古籍出版社 2011 年版，第 413 页；广濑薰雄《里耶秦简所见的"令书"——从里耶秦简窥见燕齐海上之方士对秦始皇的影响的一个尝试》，"中国简帛学国际论坛 2012：秦简牍研究"会议论文，武汉，2012 年 11 月 17—19 日。

② 对于"已有（又）道船中出操枱〈楫〉以走赵"一句的断句，广濑薰雄先生有不同意见，他的句读作"已，有（又）道船中出，操枱〈楫〉以走赵"，可参见《里耶秦简所见的"令书"——从里耶秦简窥见燕齐海上之方士对秦始皇的影响的一个尝试》。

时出现在与酉阳交界的启陵津口，一起解决因献鸟出现的纠纷，其可能性应是极高的。

最后一个需要说明的问题是都乡（或迁陵县城）有无此类津？我们的答案是没有，其理由是县内人员的流动与物质输送应不需要此类津加以管理、控制。但是应该承认的是，在都乡（或迁陵县城）邻近酉水北岸的位置，设置一个用于转运人员和物质的渡口则是极有可能的。① 换言之，都乡与迁陵县城为获得酉水水路交通之便利可能共享了同一个渡口，作为上与贰春、下与启陵联系的水上交通纽带。

二　水路与陆路交通

《乡里考》在考察三乡与迁陵县城空间位置关系时，主要依据了三乡与迁陵县廷之间文书传递所需要的时间这一线索。论文指出都乡、贰春乡与县廷之间的往来文书最快可以当天到达，而启陵乡最快的文书也需要 3 天，因此，与启陵乡相比，都乡、贰春乡距迁陵县城较近。② 我们认为这种方法在考察三乡与迁陵县城空间位置关系时，其适用性不应被放大。在有些情况下，这一方法是可行的。以都乡为例，就目前已经发表的资料来看，其与县廷之间的往来文书可当天抵达者有 8—142、8—170、8—196 + 8—1521、8—1425、1443 + 8—1455、8—1554、8—2011（其中当天早上抵达者有 4 件）等；第二天抵达者只有一件，即 8—660。这些现有可统计的数据显示，文书往来所需时间均较短，不同数据之间的差距不大。因此，《乡里考》据此指出都乡与迁陵县城位置极近或在同地，是大体可信的。但是贰春、启陵二乡的情况是否也可以如此推断呢？我们不妨先来看看迁陵三乡乡与县廷往来文书的统计情况，如表 1 所示：

---

① 北京大学藏秦水陆里程简册记载有一条利用人工渠道与天然水道相连接的水上航路："长利渠（章渠）—杨口"，其间的水路节点类型多样，有政府机构（如都船、台）、津渡（如橘津），也有各类大小地名（如东宅、渠里等）（详见辛德勇《北京大学藏秦水路里程简册初步研究》，第 199—217 页）。由此可见，在河流两岸设置渡口作为水路交通的节点在当时十分常见的情况，而不必专设管理物资出入的关津。

② 晏昌贵、郭涛：《里耶简牍所见秦迁陵县乡里考》，第 149 页。

表1 迁陵三乡乡与县廷往来文书统计

	简号	发文单位	收文单位	发出时间	抵达时间	间隔天数
贰春乡	8—645	贰春乡	迁陵县廷	九月二十	九月二十	0
	8—673 + 8—2002	贰春乡	迁陵县廷①	七月初五	七月初九②	≤4
	9—14	贰春乡	迁陵县廷	三月二十七	四月初四	6
都乡	8—142	都乡	迁陵县廷	二月辛未③	二月辛未	0
	8—170	都乡	迁陵县廷	五月十六	五月十六	0
	8—196 + 8—1521	都乡	迁陵县廷	五月初六	五月初六	0
	8—660	都乡	迁陵县廷	八月三十	九月初一	1
	8—1425	都乡	迁陵县廷	六月二十六	六月二十六	0
	1443 + 8—1455	都乡	迁陵县廷	六月二十八	六月二十八	0
	8—1554	都乡	迁陵县廷	七月二十二	七月二十二	0
	8—2011	都乡	迁陵县廷	五月十一	五月十一	0
启陵乡	8—157	启陵乡	迁陵县廷	正月十七	正月二十	3
	8—651	启陵乡	迁陵县廷	正月初一	正月初九	8
	8—767	启陵乡	迁陵县廷	七月二十四④	七月二十九	5
	8—770	迁陵县廷	启陵乡	五月十二	五月十二	0
	8—1525	启陵乡	迁陵县廷	七月初十	七月十二	2
	8—1562	启陵乡	迁陵县廷	七月十八	七月二十二	4

据表1可知，贰春乡与县廷文书往来所需时间只有两个可参考的数据，⑤但是差距极大，一个为当天抵达，另外一个为6天后抵达。启陵乡与县

---

① 今按：简文已残，从后文有"迁陵守"的记载来看，应可推测是发往迁陵县的。

② 今按：七月初九，并非贰春乡发出文书抵达县廷的时间。而是在文书抵达县廷后，经县廷处理过的文书再次发出的时间。贰春乡发出文书的抵达时间应介于两者之间。因此，同样具有参考价值，故列入表中。

③ 今按：此类无法确定具体日期者，仅标记月份和记日干支。

④ 今按：《里耶秦简牍校释（第一卷）》认为是七月二十五日，误。

⑤ 今按：近日姚磊先生缀出了另外一份可能是贰春乡发往迁陵县廷的文书，即8—1293 + 8—1459 + 8—1466 ［参见姚磊《里耶秦简牍缀合札记（一则）》，简帛网，2015年5月29日］，但文书仍然残缺不全，没有确切发往迁陵县廷的证据。此外，这份文书上保留的两个时间间隔达26天（两个时间分别为三月初八和四月初四），加之简文中又有"前书"字样。因此，我们怀疑第一个时间（三月初八）并非本次文书的发出时间，而比较可能是前书的发出时间。所以，这份文书从贰春乡至迁陵县廷所花费的确切时间是不清楚的。

廷文书往来所需时间可以参考的数据较多，共 6 例，其中启陵发往迁陵者 5 例，最快者在 2 天后抵达，最慢者则需要 8 天后才能到达，而且 5 例所用时间均不相同；另有迁陵发往启陵者 1 例，为当天抵达。二乡目前可依据的数据虽然多寡不一，但明显与都乡情况有别的是可统计的数据之间存在较大差异。因此，我们认为单纯地就这些数据来看，不能得出贰春乡比启陵乡距离迁陵县城更近的结论，以此种方法判断各乡距县城距离时，应需要作更具体的分析。

综合表 1 所见三乡与县廷文书来往所需时间的统计，我们似可对三乡与县廷往来交通状况补充如下：

第一，都乡因与迁陵县城距离较近或在其中。其文书、物资、人员的往来交通应走陆路，其交通方式较为单一，因此显示出来的数据也较为一致，差异不超过 1 天。

第二，贰春乡、启陵乡与迁陵县城之间应是水路、陆路并行。前文我们已经指出，在贰春乡、启陵乡均设置有津，津除了有管理物资、人员出入之责外，其作为重要的水上渡口，也应兼有文书、物资、人员传送的功能。游逸飞、陈弘音二先生在讨论 9—14 号文书时，曾指出："贰春乡治距离迁陵县治或有一定距离，交通往来甚至可能须透过馆藏简 12—849 记载的'贰春津'。"[1] 我们同意游、陈二先生关于贰春乡与迁陵县廷交通往来利用了贰春津的结论。[2] 同理，8—651 所见启陵津可能是也启陵乡与迁陵县廷水路交通的重要节点。

《乡里考》曾据 8—754 + 8—1007 指出贰春乡位于山区，路并不好走，甚至当地的乡吏、乡史都有可能指错路。[3] 其简文如下：

卅年囗月丙申，迁陵丞昌，狱史堪【讯】昌，[4] 辞（辞）曰：

---

① 游逸飞、陈弘音：《里耶秦简博物馆藏第九层简牍释文校释》，简帛网（http：//www. bsm. org. cn/show_ article. phps？ id＝1968），2013 年 12 月 22 日，注 13。

② 今按：我们对 9—14 这份文书是否通过水路传递持保留意见，其走陆路传递的可能性是很大的，详见下文的分析。

③ 晏昌贵、郭涛：《里耶简牍所见秦迁陵县乡里考》，第 149—154 页。

④ 今按：昌，《里耶秦简牍校释（第一卷）》属下读，并在"讯"字之后著句号。参见 6—14、8—209、8—246、8—510、8—877、8—1298、8—1569、8—1764，可将昌属上读，并在其后著逗号。

上造，居平□侍廷，① 为迁陵丞。□当诣贰春乡，② 乡【渠、史获误
诣它乡，□失】Ⅰ道百六十七里。③ 即

　　与史义论赀渠、获各三甲，不智（知）劾云赀三甲不应律令。
故皆毋它坐。它如官书。
　　Ⅱ 8—754 + 8—1007
　　☑堪手。8—754 背 + 8—1007 背

其实，不仅贰春乡山路艰险难行，启陵乡恐怕也是如此。9—2352 提及一
匹名叫犮难的马在启陵乡境内坠落而亡，或许正是这种情况的反映。其
简文如下：

　　□□年三月庚申，启陵乡赵爰书："士五胸忍菾居告曰：'居贷
署酉阳，传送迁陵拔乘马□□牡两□删取□□□前后各一所，名曰
犮难。行到暴诏溪，返上，去溪可八十步，马不能上，即堕，今死。
敢告。'/乡赵、令史辰、佐见、即、居杂诊，犮难死在暴诏溪中，
曲首右卧，伤其右□下一□，它如居告。·即以死马属居。"
　　三月庚申，启陵乡赵敢言之："上诊一牒。"敢言之。/见手。
9—2352
　　三月/丞膻之告□□□□□□当见，以律令负。/朝手。/即水下
七刻，居行。
　　三月□□□□□里士五（伍）敝以来。/□□9—2352 背④

————————

　　① "平"后一字，原释文作"除"（参见南省文物考古研究所编著《里耶秦简［壹］》释
文，第49页）；《里耶秦简牍校释（第一卷）》存疑；何有祖先生释作"陆"并指出平陆属上
郡、侍廷为里名，将两者连读（参见何有祖《〈里耶秦简（壹）〉校读札记（四则）》，"秦简牍
研究国际学术研讨会"会议论文，长沙，2014 年12月5—7日）；今简帛中心博士研究生姚磊在
课堂讨论此简时提出此字可能是"阴"，平阴属三川郡，并引今河南偃师出土《汉侍廷里父老僤
买田约束石券》为证，亦可参。
　　② 今按：□，《乡里考》补作"昌"，存疑。
　　③ 今按：□，《乡里考》补作"迷"，可参考。
　　④ 游逸飞、陈弘音：《里耶秦简博物馆藏第九层简牍释文校释》。今按：对释文的标点略
有补充和改动，不具注。

从现有简文可知，居是人名，他负责在酉阳与迁陵之间传送乘马（名发难），但发难在暴诏溪（地名）坠落而亡，乡赵、令史辰、佐见、即、居等人杂诊，似说明坠亡一事发生在迁陵县境内，暴诏溪更可能是启陵乡管辖之地，否则乡史赵就不会参与杂诊。另由该简可知，迁陵县—启陵乡—酉阳县之间应有陆路相通，且同样是山路崎岖难行，因此才有马匹意外坠亡的情况发生。考之整理者提供的《里耶盆地古遗址古墓群分布图》，① 我们发现在现在里耶古城的北面向东的方向，同样是地势不低，山谷、河流交错，并不是交通便利之处。或许 2000 多年前的秦启陵乡也面临相似问题。

如以上分析无误，则启陵乡与贰春乡一样，均面临陆路难行的困难，因此水路交通将是对外联络的重要桥梁。交通方式的不同，可能是导致二乡与县廷间文书传递所需时间出现差异的一个重要原因。

第三，同为利用水路交通，贰春乡、启陵乡因具体地理位置的差异，应考虑其分别位于酉水上、下游所产生的差异，这可能是导致二乡与县廷间文书传递所需时间出现差异的另一个重要因素。在表 1 中，我们注意到贰春乡、启陵乡与迁陵县廷文书往来时，均有一条当天抵达的记录，分别是 8—645 和 8—770；同时，我们也注意到 8—770 与启陵乡的其他 5 例不同，恰好是迁陵县廷发往启陵乡的文书，而非启陵乡发往迁陵县廷的文书。综合此两点，我们认为 8—645、8—770 两份文书之所以都能在当天抵达各自的目的地，极有可能是因为利用了水路运输时顺水流而下的自然条件之利。而启陵乡与迁陵县廷另外 5 份往来文书，可能既有水路传递的（逆流而上）也有陆路传递的，只是这些文书现有信息有限，我们难以区分。

秦汉时期水陆交通的复杂多样，我们还可通过其他秦汉出土简牍数据窥见，如：

　　□繇（徭）律曰：委输传送，重车、负，日行六十里，空车八十里，徒行百里。（岳麓书院藏秦简《徭律》1394 号）②

---

① 湖南省考古研究所：《里耶发掘报告》，岳麓书社 2007 年版，第 7 页。
② 图版及原始释文见陈松长《岳麓书院藏秦简中的徭律例说》，《出土文献研究》第十一辑，中西书局 2012 年版，第 163—164 页；鲁家亮对其一处句读有改动，见鲁家亮《岳麓秦简校读（七则）》，《出土文献研究》第十二辑，中西书局 2013 年版，第 147—148 页。

委输传送，重车、重负，日行五十里，空车七十里，徒行八十里。（张家山汉简《二年律令·徭律》412 号）①

·重车日行五十里，空车日行七十里，今一日七反（返），问：载轮所相去几何里？

曰：四里六分里一。·术曰：并空、重，以七反（返）乘之为法，空重相乘为实。（睡虎地 77 号汉墓竹简）②

·用船江、汉、员（涢），夏日重船上日行八十里、下百卅里，空船上日行百里、下百六十里。（04—211）春秋重船上日行（七十）里、下百廿里，空船上日行八十五里、下百卅里。（04—219）冬日重船上日行六十里、下百里，空船上日行（七十）里、下百廿里。（04—052）它小水，夏日重船上日行六十里、下八十里，空船上日行（七十）里、下百一十里。（04—054）春秋重船上日行卅五里、下六十里，空船上日行五十里、下八十里。（04—053）冬日重船上日行卅里、下五十三里，空船上日行五十里、下（七十）四里。（04—046）（北京大学藏秦简水陆里程册）③

以上四例可分为两组，前三例均与陆路运输有关，主要涉及重车、空车；重负、徒行等情形下每日所能行走的距离，虽然秦汉略有差别，但总体而言规定得并不算太详细。与之相反，第 4 例所见水路运输的规定则要详细得多，除区分河水大小外（江、汉、涢为一类，它小水为一类），与陆路交通相似，也区分重船与空船，但比陆路交通更为详细的是水路运输还区分顺逆流（即简文中所见上行与下行）、季节（分夏、春秋、冬三类），应该说这些规定充分地考虑到了水路交通的特性。从上揭四例来看，秦汉时期的水路、陆路交通的情况较为复杂，不但水路、陆路有别，

---

① 彭浩、陈伟、工藤元男主编：《二年律令与奏谳书》，上海古籍出版社 2007 年版，第 248—249 页。

② 图版见湖北省文物考古研究所、云梦县博物馆《湖北云梦睡虎地 M77 发掘简报》，《江汉考古》2008 年第 4 期，彩版十五：3 算术简；释文参李薇、许道胜《云梦睡虎地汉简〈算术〉释文与注释》，《楚学论丛》第二辑，湖北人民出版社 2012 年版，第 79—80 页。

③ 释文见辛德勇《北京大学藏秦水陆里程简册的性质与拟名问题》，第 17—18 页。

各自内部因自然环境、季节变换等因素不同也有差异。因此，我们在考察迁陵县廷与三乡之间文书传递时，不应忽视这些因素。据现有数据，我们尚难确定贰春、启陵二乡距离县廷孰远孰近。

综上，我们认为贰春、启陵二乡与迁陵县廷之间的交通方式存在水路与陆路两种，考虑其自然环境的实际情况，由贰春至迁陵、迁陵至启陵，均是由酉水顺流而下。在不考虑其他特殊情况的前提下，这可能是当时最为便利、快捷的交通方式。而反向的交通，因是逆流而上，应较为费时费力。但无论如何，也比走陆路轻松。

三　三乡的次序

"三乡"的记载见于8—1663＋8—1925号简，[①] 而"三乡"的具体名称同时见于一份文书者，则有如下几条：[②]

口乡、贰春、启陵口 8—49

迁陵卅五年䝮（垦）田舆五十二顷九十五亩，税田四顷□□Ⅰ
户百五十二，租六百七十七石。衛（率）之，亩一石五；Ⅱ
户婴四石四斗五升，奇不衛（率）六斗。Ⅲ8—1519
启田九顷十亩，租九十七石六斗。AⅠ
都田十七顷五十一亩，租二百卅一石。AⅡ
贰田廿六顷卅四亩，租三百卅九石三。AⅢ
凡田七十顷卅二亩。·租凡九百一十。AⅣ
六百七十七石。B8—1519背

---

① 8—1663＋8—1925由何有祖先生缀合，见何有祖《里耶秦简牍缀合（五）》，简帛网，2012年5月26日。
② 也有同一份文书中只出现两个乡名的例子，如8—389＋8—404中仅见"贰春乡和都乡"、10—1170中仅见"贰春乡和启陵乡"等。其中10—1170的图版，见宋少华、张春龙、郑曙斌、黄朴华编著《湖南出土简牍选编①》，第150页；又郑曙斌、张春龙、宋少华、黄朴华编著《湖南出土简牍选编》，第117—118页。释文则参看里耶秦简牍校释小组《新见里耶秦简牍资料选校（一）》，简帛网，2014年9月1日；又载《简帛》第十辑，上海古籍出版社2015年版，第182—184页。

卅二年十月己酉朔乙亥，司空守圂徒作簿。AⅠ

城旦司寇一人。AⅡ

鬼薪廿人。AⅢ

城旦八十七人。AⅣ

仗（丈）城旦九人。AⅤ

隶臣毄（系）城旦三人。AⅥ

隶臣居赀五人。AⅦ

·凡百廿五人。AⅧ

其五人付贰春。AⅨ

一人付少内。AⅩ

四人有逮。AⅪ

二人付库。AⅫ

二人作园：平、□。AⅩⅢ

二人付畜官。AⅩⅣ

二人徒养：臣、益。AⅩⅤ

二人作务：蘿、亥。BⅠ

四人与吏上事守府。BⅡ

五人除道沅陵。BⅢ

三人作庙。BⅣ

廿三人付田官。BⅤ

三人削廷：央、闲、赫。BⅥ

一人学车酉阳。BⅦ

五人缮官：宵、金、应、椑、触。BⅧ

三人付假（假）仓信。BⅨ

二人付仓。BⅩ

六人治邸。BⅪ

一人取萧：厩。BⅫ

二人伐椠：始、童。BⅩⅢ

二人伐材：□、聚。CⅠ

二人付都乡。CⅡ

三人付尉。CⅢ

一人治观。CⅣ

一人付启陵。CⅤ

二人为笥：移、昭。CⅥ

八人捕羽：操、宽、□、□、丁、圉、假、却。CⅦ

七人市工用。CⅧ

八人与吏上计。CⅨ

一人为舄：剧。CⅩ

九人上省。CⅪ

二人病：复、卯。CⅫ

一人【传】徙酉阳。CⅩⅢ

□□【八】人。DⅠ

□□十三人。DⅡ

隶妾墼（系）春八人。DⅢ

隶妾居赀十一人。DⅣ

受仓隶妾七人。DⅤ

·凡八十七人。DⅥ

其二人付畜官。DⅦ

四人付贰春。DⅧ

廿四人付田官。DⅨ

二人除道沅陵。DⅩ

四人徒养：枼、痤、带、复。DⅪ

二人取芒：阮、道。EⅠ

一人守船：遏。EⅡ

三人司寇：葴、狠、款。EⅢ

二人付都乡。EⅣ

三人付尉。EⅤ

一人付□。EⅥ

二人付少内。EⅦ

七人取箭：绐、林、娆、粲、鲜、夜、丧。EⅧ

六人捕羽：刻、婢、□、□、娃、变。EⅨ

二人付启陵。ＥⅩ

三人付仓。ＥⅪ

二人付库。ＥⅫ

二人传徙酉阳。ＦⅠ

一人为笥：齐。ＦⅡ

一人为席：垮。ＦⅢ

三人治枭：梜、兹、缘。ＦⅣ

五人塈：婢、般、橐、南、儋。ＦⅤ

二人上酱（省）。ＦⅥ

一人作庙。ＦⅦ

一人作务：青。ＦⅧ

一人作园：夕。ＦⅨ

·小城旦九人：ＧⅠ

其一人付少内。ＧⅡ

六人付田官。ＧⅢ

一人捕羽：强。ＧⅣ

一人与吏上计。ＧⅤ

·小舂五人。ＧⅥ

其三人付田官。ＧⅦ

一人徒养：姊。ＧⅧ

一人病：□。ＧⅨ8—145＋9—2294

【卅】二年十月己酉朔乙亥，司空守圂敢言之：写上，敢言之。/痤手。Ⅰ

十月乙亥水十一刻刻下二，佐痤以来。Ⅱ8—145 背＋9—2294 背①

---

① 其中9—2294 的图版，见宋少华、张春龙、郑曙斌、黄朴华编著《湖南出土简牍选编①》，第145 页；又郑曙斌、张春龙、宋少华、黄朴华编著《湖南出土简牍选编》，第112—113 页。缀合意见及释文，则参看里耶秦简牍校释小组《新见里耶秦简牍资料选校（二）》，简帛网，http：//www.bsm.org.cn/show_artide.php？id＝2069，2014 年9 月3 日；又载《简帛》第十辑，上海古籍出版社2015 年版，第204—208 页。

　　三月丙辰，迁陵丞欧敢告尉：告乡、司空、仓主，[①] 前书已下，重，听书从事。尉 I 别都乡、司空，司空传仓，都乡别启陵、贰春，皆勿留脱。它如律 II 令。/扣手。丙辰水下四刻，隶臣尚行。III 16—5 背[②]

　　三月庚戌，迁陵守丞敦狐敢告尉：告乡、司空、仓主，听书从事。尉别书都 I 乡、司空，司空传仓，都乡别启陵、贰春，皆勿留脱。它如律令。/扣手。庚戌水下六 II 刻，走䜌行尉。III

　　三月戊午，迁陵丞欧敢言之：写上。敢言之。/扣手。己未旦，令史犯行。IV 16—6 背

　　在以上 5 例中，关于三乡的次序记载似乎并无一定规律可循，较为杂乱，下面我们分类加以分析。

　　第一种次序见于 8—49 号简，该简残缺较为严重，简首一字疑是"都"。[③] 由于缺乏上下文语境，我们无法判断"都乡、贰春、启陵"的这种排序是出于什么样的考虑。但毋庸置疑的是，这个排序是以"都乡"为起点的，这可以得到 16—5 和 16—6 的支持。16—5、16—6 两份文书均描述了迁陵县主事官员向其下属机构或乡下达行政命令的详细情形，从简文的记载来看，县丞（或守丞）将命令转告县尉之后，县尉在继续转告命令时，其文书（或命令）的传递呈现出两条路径：一条是县尉—都乡—启陵、贰春，另一条是县尉—司空—仓。众所周知，司空与仓是地位相当的县下诸官，[④] 而都乡、启陵、贰春三乡从其行政级别来看也应是无别的。那么，这种次序的出现可能反映的是官府文书在实际下达、

---

　　① 16—5、16—6 中"告乡、司空、仓主"和"尉别都乡、司空"的断句从戴世君先生意见修改，具体见戴世君《里耶秦简辨正（五）》，简帛网，2011 年 9 月 30 日。

　　② 16—5、16—6 两牍公布较早，研究成果颇多。其释文、注释可参看张春龙、龙京沙《湘西里耶秦代简牍选释》，《中国历史文物》2003 年第 1 期；胡平生《读里耶秦简札记》，《简牍学研究》第四辑，甘肃人民出版社 2004 年版，第 17—19 页；马怡《里耶秦简选校》，《中国社会科学院历史研究所学刊》第四集，商务印书馆 2007 年版，第 143—151 页；王焕林《里耶秦简校诂》，中国文联出版社 2007 年版，第 104—114 页。

　　③ 《里耶秦简牍校释（第一卷）》，第 40 页。

　　④ 诸官的基本情况，可参见孙闻博《秦县的列曹与诸官——从〈洪范五行传〉一则佚文说起》，简帛网，http：//www. bsm. org. cn/show_ artide. php？id＝2077，2014 年 9 月 17 日。

传递过程中的自然次序。都乡因距离县廷较近，自然成为文书（或命令）下达的起点。启陵、贰春的位置据《乡里考》一文可知均离县廷相对较远，如前文所述，启陵约在迁陵县东部偏南、贰春则在迁陵县西部偏北。相对于都乡，两乡的位置并不在一条路线之上。因此，16—5 和 16—6 中所见"县尉—都乡—启陵、贰春"的传递路径，在都乡之后，极有可能又分为东西两条，即"县尉—都乡—启陵"和"县尉—都乡—贰春"。但不论如何变化，均是以都乡为起点的。因此，我们可以将 8—49、16—5 和 16—6 等简所见以都乡为起点的三乡次序，视为文书（或命令）在实际下达、传递过程中自然次序的体现。

第二种次序见于 8—1519 号简，该简的内容基本完整，是迁陵县在秦始皇 35 年新垦田、税田、田租的统计文书，其中三乡的新垦田及田租又有分别统计。在该简中，启陵、都乡、贰春三乡又分别省称作启、都、贰。三乡的排序以启陵为首、都乡次之，贰春最末。而相应的垦田数、田租数也依次递增。《乡里考》对三乡辖里情况进行了复原，指出启陵只有一里（成里）、都乡二里（高里、阳里）、贰春三里（南里、东成里、舆里）。[①] 三乡辖里规模的比例，大体与我们在此处看到的三乡新垦田的比例接近，这或许也间接反映了三乡所辖户口数的比例。我们认为，该简所见三乡的次序，纯粹是依据垦田数和田租数多寡而定的。此外，我们在安徽天长一座西汉墓葬发现了一块木牍，其正背两面分别记载了县级的户口簿和算簿，其内容如下：[②]

　　　户口簿
　　·户凡九千一百六十九，少前；
　　口四万九百七十，少前。

---

① 晏昌贵、郭涛：《里耶简牍所见秦迁陵县乡里考》。

② 该木牍的图版见天长市文物管理所、天长市博物馆《安徽天长西汉墓发掘简报》，《文物》2006 年第 11 期。释文可参见杨以平、乔国荣《天长西汉木牍述略》，《简帛研究二〇〇六》，广西师范大学出版社 2008 年版，第 195—197 页；邢义田《从出土资料看秦汉聚落形态和乡里行政》，载《治国安邦：法制、行政与军事》，第 308—310 页；胡平生《天长安乐汉简〈户口簿〉"垣雍"考》，简帛网，http：//www.bsm.org.cn/show_artide.php? id=1215，2012 年 2 月 3 日；胡平生《新出汉简户口簿籍研究》，《出土文献研究》第十辑，中华书局 2011 年版，第 252—259 页。

·南乡户千七百八十三,① 口七千七百九十五;

都乡户二千三百九十八，口万八百一十九;

杨池乡户千四百五十一，口六千三百廿八;

鞠（?）乡户八百八十,② 口四千五;

垣雍北乡户千三百七十五，口六千三百五十四;

垣雍南乡户千二百八十二,③ 口五千六百六十九。

卿 M19：40—1A 面

算簿

·集（?）八月事算二万九,④ 复算二千卅五。

都乡八月事算五千卅五;

南乡八月事算三千六百八十九;

垣雍北乡八月事算三千二百八十五;

垣雍南乡八月事算三千二千九百卅一;

鞠（?）乡八月事算千八百九十;

杨池乡八月事算三千一百六十九。

·右八月。

·集九月事算万九千九百八十八，复算二千六十五。M19：40—

1B 面

我们看到，在同一木牍上记载的两份性质接近的文书中，同一县下各乡
的描述次序是完全不同的，这与我们在里耶秦简中看到的单纯地依据数
量多寡排次的情况也不一样。

　　第三种次序比较有趣，见于 8—145＋9—2294 号简，该简由多片缀合
而成，缀合后基本完整，主要内容是秦始皇三十二年十月十七日司空守

---

① 南，原释文作"东"，邢义田先生改释，见邢义田《从出土资料看秦汉聚落形态和乡里
行政》，载《治国安邦：法制、行政与军事》，第 309 页注 87。下同。

② 鞠，邢义田先生疑是掏或翔，见邢义田《从出土资料看秦汉聚落形态和乡里行政》，载
《治国安邦：法制、行政与军事》，第 310 页注 88。

③ 南，原释文作"东"，邢义田先生改释，见邢义田《从出土资料看秦汉聚落形态和乡里
行政》，载《治国安邦：法制、行政与军事》，第 310 页注 89。下同。

④ 今按："集"字存疑，似与本简"集九月"之"集"写法有异，疑是"其"或"具"
字，待定。

圂上报的徒作簿，其中详细记述了司空所辖城旦舂、鬼薪白粲等男女作徒的总数和当天的使用情况，包括分配至各乡、官署以及直接在司空管制下的劳作等情形。需要指出的是，徒作簿不同于作徒簿（又省称作"徒簿"），前者是司空、仓等刑徒管理机构派出作徒及自己使用作徒数量和劳作的记录，后者是各乡、官署接受作徒数量和劳作的记录。① 在 8—145＋9—2294 中，司空守圂以性别、年龄两个标准对派出的作徒分四次进行了描述，其中在成年男性和成年女性作徒的描述中都提到了外派三乡的情况，其描述三乡的次序均为贰春、都乡、启陵。为方便比较，我们将三乡及相关官署出现的次序列如下表所示。

表 2   **迁陵三乡相关官署出现次序**

序号 类别	1	2	3	4	5	6	7	8	9
男性成年作徒	贰春	少内	库	畜官	田官	仓	都乡	尉	启陵
女性成年作徒	畜官	贰春	都乡	尉	□	少内	启陵	仓	库

《乡里考》已指出贰春乡位于迁陵县西部偏北一带，其地为山区丘陵地带，产漆、枝（枳）等林木作物，可能有驻军并储藏军械物资；启陵乡位于迁陵县东部偏南一带。② 我们在前文中补充指出，二乡均下辖有津，其界域可能会延伸至酉水北岸，津的设置说明其肩负管理迁陵县物资、人员出入事务。此外，与贰春乡山区、丘陵地貌不同的是，启陵乡界内极有可能拥有较多的河流与湖泊。如果《乡里考》和我们的分析无误，则分处西北与东南的贰春乡、启陵乡因地理环境的差异会呈现出不同的特色，进而折射出它们与县内各官署密切度的不同。如贰春乡因处

---

① 今按：两者的差异及在各自名称上的体现，蒙陈伟师告知。又高震寰先生已经注意到了这种差异，但仍将其统称为作徒簿［参见高震寰《从〈里耶秦简（壹）〉"作徒簿"管窥秦代刑徒制度》，《出土文献研究》第十二辑，中西书局 2013 年版，第 136—137 页］。此外，里耶秦简整理者最近又系统地发表了"徒簿"的资料，但也没有将两者区分开来（参见湖南省文物考古研究所《龙山里耶秦简之"徒簿"》，《出土文献研究》第十二辑，中西书局 2013 年版，第 101—131 页）。

② 晏昌贵、郭涛：《里耶简牍所见秦迁陵县乡里考》。

山区丘陵地带，其物产与林牧业、农业关系较密切。相应地，贰春乡与畜官、田官的关系也较密切。这点除在 8—145＋9—2294 有所体现外，还有三条例证：

畜官、Ⅰ田官作徒Ⅱ薄（簿），□及贰春Ⅲ廿八年Ⅳ8—285

贰春乡佐壬，今田官佐。8—580

传畜官。贰春乡传田官，别贰春亭、唐亭。◿ 8—1114 ＋ 8—1150

这三条例子，分别从事务内容、官吏调任、文书传递三个方面向我们揭示了贰春乡与畜官、田官在一些事务上有交叉，甚至地理位置也较为接近。据 8—199＋8—688、8—672 可知，畜官、田官的文书最快当天可抵达县廷，[①] 应距迁陵县城较近。种种证据显示，畜官、田官与贰春乡不仅事务有关联，而且可能其所处地理位置的方向较为一致，我们推测畜官、田官可能也处于迁陵县以西以北的方向。但 8—145＋9—2294 所见乡与官署的关系并非都能据此推定，比如少内、库、仓、尉出现的次序在男、女作徒中就大不相同，这或许与作徒的性别有关，导致他们能参与的劳作种类产生差异。因此，这些官署与三乡之间的空间位置关系还有待研究。

总而言之，我们想指出的是 8—145＋9—2294 所见三乡之次序可能反映的是酉水流经之三乡的依次顺序，在这些看似杂乱无章的乡名、官署名、劳作种类的记述中，可能暗含了解读迁陵县下三乡、各官署以及县城之间空间位置关系的蛛丝马迹。

四 余论

邢义田先生曾据放马滩木板地图、马王堆帛画驻军图讨论地图上的

---

① 今按：而据 8—1566 号简，这份田官文书抵达县廷需要 5 天。两者相差极大，期间的信息颇值得玩味。

聚落形态,他指出"总之,就政治而言,秦汉帝国地理上的边缘地带,往往也是帝国控制力较为薄弱的地带""或许可以说从秦到汉初,在帝国西部和南部的边缘地带,在基层已经出现象征帝国统治力量的乡里制。从某个角度看,不能不承认秦汉帝国对地方基层控制之深入"①。从 8—755—8—759、8—1523 这组文书,② 我们知道迁陵在秦始皇二十五年设县。因此,在秦统一之前,迁陵所在之地确实可以被视为帝国的边缘地带。但统一之后,在南方的广大地区陆续又有新的土地被纳入秦的政治版图,尤其是秦始皇三十三年南海、桂林、象三郡的设置。在一定程度上,降低了迁陵作为帝国边缘的属性。因此,里耶秦简所见秦迁陵县及其乡里,或许正是作为帝国的边缘,并很快被新的边缘所替代这一过程的一个缩影。当然,这个进程是缓慢的,相对地理位置的改变并不意味着其边缘地带属性的消失。鲁西奇先生提出的"内地的边缘"这一概念,③ 或许为我们观察这一转变过程、讨论位于帝国南部边陲的迁陵及其乡里制度提供了另外一个视角。

附记:小文写作过程中,得到张春龙先生、晏昌贵先生的帮助与指正,特致谢忱!论文初稿于 2015 年 6 月 6—7 日在中国人民大学主办之"出土文献与中国古代文明"学术研讨会上宣读。修订后在《国学学刊》2015 年第 4 期上刊出,收入本论文集时仅在格式上略作调整。

(武汉大学历史学院、简帛研究中心)

---

① 邢义田:《从出土资料看秦汉聚落形态和乡里行政》,第 270—271 页。

② 8—755—8—759 由整理者编联,后陈垠昶又将 8—1523 编入此组文书,使文书得以完璧。见陈垠昶《里耶秦简 8—1523 编连和 5—1 句读问题》,简帛网,http://www.bsm.org.cn/show_ artide.php?id=1794,2013 年 1 月 8 日。

③ 见鲁西奇《"内地的边缘":传统中国内部的"化外之区"》,《学术月刊》2010 年第 5 期;又氏著《中国历史的空间结构》,广西师范大学出版社 2014 年版,第 15—17、231—257 页。

里耶秦简中"以吏为师"的实物证据

赵瑞民

　　"以吏为师"在秦史中是一项重要的文化教育政策,在中国历史上则是独一无二的现象,而且实施的时间短暂,似流星闪电,在历史长河中瞬间划过,给人的印象很深。而且这一政策又和另一著名事件"焚书坑儒"有关联,益发加深了它在人们心目中的印痕。

　　其实"以吏为师"的政令是和焚书同时,比坑儒稍早,发布于秦始皇三十四年,起因于李斯的建言。《史记·秦始皇本纪》载:"丞相李斯曰:'五帝不相复,三代不相袭,各以治,非其相反,时变异也。今陛下创大业,建万世之功,固非愚儒所知。且(淳于)越言乃三代之事,何足法也?异时诸侯并争,厚招游学。今天下已定,法令出一,百姓当家则力农工,士则学习法令辟禁。今诸生不师今而学古,以非当世,惑乱黔首。丞相臣斯昧死言:古者天下散乱,莫之能一,是以诸侯并作,语皆道古以害今,饰虚言以乱实,人善其所私学,以非上之所建立。今皇帝并有天下,别黑白而定一尊。私学而相与非法教,人闻令下,则各以其学议之,入则心非,出则巷议,夸主以为名,异取以为高,率群下以造谤。如此弗禁,则主势降乎上,党与成乎下。禁之便。臣请史官非秦记者皆烧之。非博士官所职,天下敢有藏《诗》、《书》、百家语者,悉诣守、尉杂烧之。有敢偶语《诗》《书》者弃市。以古非今者族。吏见知不举者与同罪。令下三十日不烧,黥为城旦。所不去者,医药卜筮种树之书。若欲有学法令,以吏为师。'制曰:'可。'"① "焚书"和"以吏为

---

　　① 《史记》卷六《秦始皇本纪》,中华书局 1959 年版,第 254—255 页。

师"的政令就此下达实行。

不过，从秦始皇三十四年（前213）到秦子婴自缚出降（前206），满打满算也就是八年时间，"以吏为师"政令实施的情况如何，几乎于史无载。我们印象中，文化传承并没有因此政令而中绝，反而是在一些地方，文化教育还很活跃。比如我们熟悉的"及高皇帝诛项籍，举兵围鲁，鲁中诸儒尚讲颂习礼乐，弦歌之音不绝"①，此事发生在汉五年（前202）②，距秦始皇发布"以吏为师"的政令也就是十一二年，感觉文化一直在传承，丝毫未受那个政令的影响。还要早一点的在汉二年（前205），"汉王从五诸侯入彭城，叔孙通降汉王。汉王败而西，因竟从汉。叔孙通之降汉，从儒生弟子百余人"③。这位大儒有百余弟子，有弟子就说明还在讲学授徒。所以有学者根据类似资料就认为，秦代的教育"并不如某些人想象的那样荒废；事实上，倒是相当丰富多采的"④。虽然有这样的认识，具体"以吏为师"是怎么实施的，却也没能说出个子丑寅卯来，盖文献不足故也。

里耶秦简的发现，却使我们在两千余年之后，可以窥见"以吏为师"的片段，得见"以吏为师"的实物证据。

《湖南龙山里耶战国——秦代古城一号井发掘简报》⑤报道的一批秦代简牍，其中有12件标本，编号为J1⑨1—J1⑨12，李学勤先生在《初读里耶秦简》中已指出："J1⑨1—12是成组互相联系的木牍，有可能原来是捆束在一起的。"⑥该组标本有一个共同的特点，就是在背面都有一条相同内容的公文，文为："卅五年四月己未朔乙丑洞庭假尉觿谓迁陵丞阳陵卒署迁陵其以律令从事报之当腾（腾）／嘉手·以洞庭司马印行事　敬手。"（为了打字方便，假字径用通行字。）这是J1⑨1背面的文字格式，其他标本的格式略有差异，内容则大致相同。只是

---

① 《史记》卷一二一《儒林列传》，第3117页。

② 《史记·高祖本纪》："五年……汉王引诸侯兵北，示鲁父老项羽头，鲁乃降。"第379—380页。

③ 《史记》卷九九《刘敬叔孙通列传》，第2721页。

④ 黄灼耀：《秦代教育论说》，《华南师范大学学报》（哲学社会科学版）1985年第4期。

⑤ 《文物》2003年第1期，第4—35页。

⑥ 同上书，第80页。

J1⑨2、3、4、5、6背面脱"当腾（腾）"，J1⑨5背面脱"卅五年"，J1⑨6、J1⑨8背面脱"敬手"，且J1⑨8"腾"字下脱重文号，J1⑨4背面夹杂了"反印它简文字"的"卅三"二字，但是都不影响文意，认定其为同一公文则没有问题。一件公文抄写12份，这是很特异的现象。

联想到甲骨文里出现的习刻，秦简是否有相同的现象？即抄写公文是为了学习、练习。如此多的重复公文，不会是官府文书的要求。而且是在纸张和印刷术都没有出现的时代，这样的重复劳动，只有学习、练习才有可能。可以认为，J1⑨1—J1⑨12的简背就是如同甲骨习刻的练习简。

有一点还可以佐证这个判断。秦简的公文有很多署"某手"，李学勤先生的相关论断已经得到普遍认同："文书中签写'某手'的人是具体负责写抄、收发文书等事的吏员。"① J1⑨1—12背面"卅五年"公文全部有"嘉手"，10件有"敬手"，但明显"嘉手"和"敬手"在同简上是一个人的笔迹，首先肯定不是原始公文，仅仅是抄本；而12件文书是出于数人抄写，到底是几人不好确定，二人以上则没有问题，可以证明是几个人用一件公文做样本，抄写练习的。

吏员书写的公文，被用来做教材范本，供人们学习，这不就是"以吏为师"吗？这一组简牍，就是很好的实物证据。简牍抄写的年代是在"以吏为师"的政令发布之后，有"卅五年"为证，因而与此政令的关系不言自明。

由此推论，除用公文作教本以外，还能补充两个"以吏为师"实施细节的具体内容：一个是这种学习是在官府办公场所进行，因为公文不会流出官府之外；另一个是书写材料也是官府提供的，因为这12件抄本都是书写在简牍背面，而正面是正式的公文，这些公文多有学者讨论，不必赘言，其背面则用作学习材料，属于废旧利用。至于笔墨是否由官府提供，则不得而知。

日本学者藤田胜久的研究，认为里耶秦简的文书并非各地通信的公

---

① 《文物》2003年第1期，第76页。

文原本，而是地方行政的资料库。① 藤田的研究涵盖的范围大，具体到 J1
⑨1—J1⑨12 这些标本，是否即是作为资料存档，我觉得可能性不大。资
料亦不必保存至十几份，而且其中有的并不完整，作为资料既显浪费，
且不合格。

另有一个问题需要稍加讨论，那就是 J1⑨1—J1⑨12 背面不仅有"卅
五年"公文这一项内容，还有别的文字，可以看出也是公文，但各简的
内容不同。其中 J1⑨2、4、5、6、8 五简，背面只有"卅五年"公文，
可以不论。其他七支简背面抄写的内容有的有重复，有的则是仅见，还
有的不完整，属于断句残文。重复的有 J1⑨3 和 J1⑨12，都有"卅四年
七月甲子朔辛卯阳陵速敢言之未得报谒追敢言之／堪手"；J1⑨7 和 J1⑨9
都有"卅四年八月癸巳朔（朔）日阳陵速敢言之至今未报谒追敢言之／堪
手"。仅见的是 J1⑨1"卅四年六月甲午朔戊午阳陵守庆敢言之未报谒追
敢言之／堪手"，和 J1⑨10"卅四年六月甲午朔壬戌阳陵守丞庆敢言之未
报谒追敢言之／纠手"。这两件公文其实只差四天，戊午是二十四日，壬
戌是二十八日，官职的差异应该不是职务变动，而是 J1⑨1 脱漏"丞"
字，盖阳陵非郡，庆为县的守丞。属于断句残文的有 J1⑨3 背面第一行
"布发敢言之／堪手"，J1⑨11 背面第一行"敢言之"，此两条残文都是简
牍正面写满了，转至简背的文字，与正面的文字是一个整体，为简牍正
面最后一项公文的末尾。有一条比较特殊，是 J1⑨12 背面第一行为"阳
陵守丞厨敢言之写上谒报（报）署金布发敢言之／儋手"，却在正面简尾
下端有"四月己酉"四字。观察简文的格式，每条公文都提行另起，此
条却接写于正面的末行尾部，殊为另类，推想可能是抄写漏掉月日，补
到正面去的。

再进一步，可以找到一些抄写的线索，胪列于下：

1. J1⑨7 和 J1⑨9 共有的"卅四年八月癸巳朔（朔）日阳陵速敢言之
至今未报谒追敢言之／堪手"一条，在 J1⑨2、5、6、8、11 五支简的正面

---

① 秦其文、姚茂香：《十一年来里耶秦简行政文书研究述评》，《昆明学院学报》2014 年第
1 期。由引述得知藤田胜久的论文《里耶秦简与秦帝国的情报传达》已收入中国社会科学院考古
研究所编辑的《里耶古城·秦简与秦文化研究：中国里耶古城·秦简与秦文化国际学术研讨会
论文集》，由科学出版社于 2009 年出版，一时未能觅得，权且引用综述文章，惭愧。

都有，而且无一例外都是在最后一行。唯 J1⑨11 一简"敢言之"转抄于简背，且脱"堪手"二字。

2. J1⑨12 正面和背面合起来的一条"四月己酉阳陵守丞厨敢言之写上谒报（报）署金布发敢言之/儋手"，在 J1⑨1、4、5、7 四支简正面都有，J1⑨7 脱"儋手"二字。J1⑨10 正面也有内容完全相同、仅"己酉"作"乙酉"一条，不好判断是抄写笔误还是本为两条。

涉及简牍正面的内容，情况比较复杂，目前还无力深论。不过，重复的现象越多，则抄件为习作的可能性越大，这一点是可以肯定的。

最后做一简单小结，以期明了：

第一，里耶秦简标本 J1⑨1—12 背面的文字是抄写习作，12 支简都有相同内容是做出这一判断的基本依据。

第二，抄写习作都是在写有公文的简牍背面，又可以据此推断抄写的地点是在官府的办公场所，抄写的材料也是由官府提供。

第三，抄写的内容全部为公文，则是"若欲有学法令，以吏为师"的最好证明。由此可以认为 J1⑨1—12 是秦代"以吏为师"的实物证据。

秦代"以吏为师"的政令实施的时间很短，即便算到汉惠帝四年（前 191）除挟书律①，也就是二十年左右，何况秦末天下大乱，楚汉相争，汉初百废待兴，"以吏为师"这样不得人心的政令一定不会很好落实。那么就在秦末短暂实施的几年，而能保留下这样的实物证据，实在是邀天之幸。

以上讨论，仅涉及 J1⑨1—12 十二支简，里耶秦简中是否还有类似标本，因个人接触资料极为有限，不敢妄加论说。若能有学界朋友广为搜讨，就此认识进行证实或证伪，是为至幸。

（山西大学历史文化学院）

---

① 《汉书》卷二《惠帝纪》，中华书局 1962 年版，第 90 页。

睡虎地秦简《编年记》中"喜"的宦历

陈侃理

睡虎地秦简《编年记》记载了秦从战国晚期到始皇时期的大事，和一位小人物"喜"的生平家事，是一部由多个层次构成的书。按照整理者的看法，从秦昭王元年到秦王政十一年的大事记是一个层次，这一段内关于"喜"的记载和秦王政十二年以后的简文笔迹较粗，可能是后来续补的结果。① 后一层次中的喜，一般认为即出土竹简的 M11 号墓的墓主人，② 身份是秦南郡的低级官吏。由于简文释读疑难，喜的仕宦履历还有可议之处。一是秦王政四年"喜□安陆□史"一句，缺释两字整理者怀疑分别是"除"和"御"，整理说明即按此介绍喜的履历，但这个履历并不符合当时的官吏升迁制度。二是《编年记》载喜于秦王政六年（22岁）为安陆令史，次年调任鄢令史，此后在鄢县治狱，并多次从军，应积累了相当的功劳和年资，而此后的 24 年却未见升迁记录，也令人生疑。

这些疑难原本不易解决，所幸最近出现的材料和研究提供了新的线索。以此为契机，可以补正《编年记》简文释读，复原喜的宦历，思考其与同墓所出简册的关系。由于简文对个人生平的记载与大事记合并混抄，对简文的改释和改读还会影响对秦统一前夕若干重要史事的认识。

---

① 睡虎地秦墓竹简整理小组编《睡虎地秦墓竹简》（精装本），文物出版社 1990 年版，释文注释第 3 页。实际上，在所谓第一个层次中，昭王元年到十二年的书体明显右倾，后文则略显左倾，应非同时书写。

② 《云梦睡虎地秦墓》编写组：《云梦睡虎地秦墓》，文物出版社 1981 年版，第 69 页。

按《编年记》，喜生于秦昭王四十五年。至秦王政元年，喜 17 岁，始傅，作为成年男子登记户籍。秦王政三年八月，喜"揄史"，被授予"史"的身份，成为小吏，时年仅 19 岁。次年十一月，喜"□安陆□史"。① 由于秦以十月为岁首，此时距喜"揄史"仅三个月。看来，这应是喜仕宦生涯中的第一个具体职务。

"安陆"前一字作"▨"②，整理者怀疑是"除"，文意通畅，从字形看也是合理的。后一字作"▨"，左部模糊，中间残损，只有右部所从的"卩"比较清楚。过去据此偏旁推测为"御"，从字形上说得过去，在制度上却难以讲通。栗劲就指出："如果秦县令下设御史，其官阶也必然高于令史，喜'揄史'的第二年，就被任命为御史，是不符合正常升迁程序的。"③ 御史是皇帝或国君的史。秦派出御史监察诸郡，见于史载，④ 县一级是否设御史，则没有直接史料证明。《编年记》整理者引据《战国策·韩策》及《韩非子·内储说上》，以求说明战国时有的县令下设有御史。实则这些史料中的御史即便设在县，也是由中央或监郡御史派出的，与县令没有统属关系。岳麓秦简《为狱等状》"癸、琐相移谋构案"中，监御史康劾州陵县守啬夫绾论处不当，要求重新论处后上报新的处理方案。⑤ 这位康无论是郡监御史还是其部在县的派出人员，秩级都应高于或相当于县的长吏。这样的御史，不可能由刚刚"揄史"的人担任。

在"揄史"和出任令史之间，喜有可能经历何种职务呢？对此，里耶秦简 8—269 号所见的资中令史扣伐阅，提供了启发，其文如下：

资中令史阳里扣伐阅
十一年九月隃（揄）为史
为乡史九岁一日

① 释文据《睡虎地秦墓竹简》（精装本），释文注释第 6 页。

② 本文引用睡虎地秦简字形图版采自睡虎地秦墓竹简整理小组编《睡虎地秦墓竹简》（线装本），文物出版社 1977 年版。行文中图片已缩小，相应大图见文中所列字形表。

③ 栗劲：《〈睡虎地秦墓竹简〉译注斠补》，《吉林大学社会科学学报》1984 年第 6 期，第 91 页。引文中后一"御史"，原误植为"令史"，今据文意改正。

④ 关于郡监御史，参见游逸飞《守府、尉府、监府——里耶秦简所见郡级行政的基础研究之一》，《简帛》第 8 辑，上海古籍出版社 2013 年版，第 234—236 页。

⑤ 参见朱汉民、陈松长编《岳麓书院藏秦简（叁）》，上海辞书出版社 2013 年版，第 13、99 页。

为田部史四岁三月十一日

为令史二月【第一栏】

钱计户计

年卅六【第二栏】

可直（值）司空曹【第三栏】

这位扣是原任资中县（当时应属蜀郡）令史，秦王政二十五年调往新设立的迁陵县为吏，① 并落籍在都乡的阳里。② 因此他有伐阅被送至迁陵，经主事者批示，指派作为令史在司空曹值勤。③ 扣在揄史后到为令史前，担任的第一个职务是乡史。以此为参照，再来看《编年记》中的残字"▓"，左部可释为"乡"，联系右部的"卩"旁，可推测原字是"卿"。"卿""乡"本为一字，睡虎地秦简中的乡里的"乡"多用"卿"字来表示。④《编年记》中的"卿史"当然也就是"乡史"。⑤

郭洪伯最近已经论证县的稗官及田、乡部中有史，并说明了这一职务的类似于"秘书"的辅助性功能。⑥ 此外，这些史在身份上也与佐有别。睡虎地《秦律十八种·内史杂》：

下吏能书者，毋敢从史之事。

① 扣于秦王政十一年九月揄史，为乡史九岁一日后，至秦王政二十年九月，又为田部史四岁三月十一日，至秦王政二十五年十一、十二月间，为令史二月后调任迁陵，时在秦王政二十五年正月、二月间。《里耶秦简》8—757 云"迁陵廿五年为县"，即秦王政二十五年，迁陵初设为秦县。

② 承鲁家亮先生提醒，伐阅中的"阳里"很可能是指扣在迁陵县的落籍地。"阳里"之名，见里耶秦简 8—78、8—1477 等，其为迁陵都乡之里名，参见晏昌贵、郭涛《里耶简牍所见秦迁陵县乡里考》，《简帛》第 10 辑，上海古籍出版社 2015 年版。

③ 关于令史与县廷各曹的关系，参见郭洪伯《稗官与诸曹》，《简帛研究 二〇一三》，广西师范大学出版社 2014 年版。

④ 已知秦统一以前抄写的简牍，通常用"卿"来记录"乡"这个词，至秦统一后才通过书同文字的规定，用"乡"分担"卿"字的职务。参见拙文《里耶秦方与"书同文字"》，《文物》2014 年第 9 期。

⑤ 这里需要补充说明，《编年记》称喜除"安陆乡史"，仅称县名，与里耶秦简中出现的"貳春乡史"（简 8—342）不同，易生疑惑。对此可以从两方面来解释。首先，乡史由县直接任命和管理，故可冠以县名。其次，《编年记》中的个人记事行文不必像官文书那样严格，省略乡名也不足为怪。

⑥ 参见郭洪伯《稗官与诸曹》一文。

可见史有专人专职，低级吏员如果无史的身份，即便有能力书写，亦不能从事史的工作。《内史杂》还有如下律条：

> 非史子也，毋敢学学室，犯令者有罪。

据此，如果不是史的儿子，则无权在学室学习。学习的内容自然是史的书写技能。可以参考张家山汉简《二年律令·史律》中的如下规定：

> 史、卜子年十七岁学。史、卜、祝学童学三岁，学佴将诣大史、大卜、大祝，郡史学童诣其守，皆会八月朔日试之。史学童以十五篇，能风（讽）书五千字以上，乃得为史。

根据汉律承袭秦法的一般情况，这条律文的基本内容也应与秦律相同。律文规定史之子能够学史，考核合格乃得为史。结合《内史杂》律条可知，秦至汉初的史保留着世官制度，父亲不是史的人不能进入官立的学室学习史的技能。看来，秦及汉初的史与非史不仅职能有别，而且存在身份上的差异。县之稗官和田、乡部的佐，不具备史的身份。①只有经过考试认定为史的人数不足时，太史和郡守才会提拔资深的佐为史。②

《编年记》中的喜17岁始傅，约三年后的八月揄史，符合《史律》规定的"年十七岁学"，"学三岁"，"会八月朔日试之"。由此推测，喜很可能是有资格入学室的史之子。根据张家山汉简《二年律令·史律》，成为史后还要将八体课呈太史，每县取最优秀的一名直接提拔为令史。其他大部分史则要在为令史之前积累更多的功劳资历，担任稗官和田、乡部的史应是其主要途径。喜与资中令史扣都没有直升令史，相比之下

---

① 关于史的讨论，参见李学勤《试说张家山简〈史律〉》，《文物》2002 年第 4 期。李先生已经指出，史的世袭限制到《说文解字》的时代（东汉）业已解除。据我观察，佐、史之间的身份和职能差别可能也存在一个逐渐消弭的过程，这里不能展开讨论。

② 张家山汉简《二年律令·史律》："史、人〈卜〉不足，乃除佐。"（简841）又云："吏备（倦）罢、佐劳少者，毋敢亶（擅）史、卜。"（简842）这里还要指出，目前所见乡史的实例仅见于秦，汉代是否还有乡史尚难断定，不排除像监郡御史那样被废除的可能。

喜揄史时更年轻（20 岁，扣 23 岁），升迁速度更是飞快。从揄史到为令史，扣花了 13 年，喜仅用不到 3 年，仕途可谓相当顺利。以常理推测，喜在成为令史到去世的 24 年中，应该还有机会进一步升迁，反映在《编年记》中。

喜 ~ 安陆 ~ 史	~ 属	喜 ~ 安陆令史

《编年记》相关字形表《编年记》秦王政二十一年条记事的末尾两字，整理者释为"□属"，与此前的"有死"两字连读，认为是记与昌平君相关的军国大事。今案原来未释的一字，字形作"■"，细审当是"为"字。《编年记》中书体相同的"喜为安陆令史"一句，"为"写作"■"。虽然不十分清楚，还是看得出来两字结构和笔画相似。"为属"二字应独自成句，是关于喜个人的记事，指担任南郡属。

属是丞相、二千石官（含郡守）属吏的一种。秦和西汉郡守的少吏有卒史和属。西汉末年，东海郡守属吏的员额有卒史 9 人，属 5 人。[①] 从史料看，属的职能与卒史相当而位次秩级略低。他们互相之间没有固定的统属关系，同值一曹则有先后之分，各自从事则职能等齐。郡的属应该与卒史一样可以担任某曹的掾。尹湾木牍中的《东海郡属吏设置簿》中关于卒史和属有如下两条：

　　☑学六人员
　　☑十人，其八人员，一人请治所，赢员一人。今右夬亡。

上条"学"前所残的邻近一字疑是"文"。"文学"即文学卒史。东海郡卒史员额为 9 人，除去文学 6 人，尚余 3 人。下条所残字疑是"列曹"或"曹史属"，指领值诸曹的卒史和属。"其八人员"，即前所余卒史 3 员

---

① 参见尹湾汉简《集簿》《东海郡吏员簿》，连云港市博物馆、东海县博物馆、中国社会科学院简帛研究中心、中国文物研究所编《尹湾汉墓简牍》，中华书局 1997 年版，第 77、79 页。

加属 5 员。末云"今右夬亡",指右决曹无史、属主事。① 此条将卒史和属合并计算人数,可见两者职能一致。这方面的证据还见于里耶秦简16—5 所抄洞庭郡文告,节录如下:

> ……洞庭守礼谓县啬夫、卒史嘉、假(假)卒史谷、属尉:令日……嘉、谷、尉各谨案所部县……县丞以律令具论当坐者,言名,夬(决)泰守府。嘉、谷、尉在所县上书嘉、谷、尉……

洞庭郡同时派出卒史、假卒史和属三人,分别到属县监督法令执行,并在当地代表郡守接受县的报告。三人的职掌权责完全一致,只是在文告中排名保持固定的先后顺序,显示出身份有高低。

秦和西汉的卒史在属吏中地位较高,通常由劳绩突出的斗食或有秩官吏(令史或田、乡部、稗官啬夫)和有秩升任或迁转。② 岳麓秦简《为狱等状》中的"同、显盗杀人案""魏盗杀安、宜等案",提供了秦统一前夕南郡的资深令史通过特殊的业绩被提拔为卒史的例子。两者都提到升迁者符合劳年中令、清洁毋害、敦悫守事、心平端礼等条件,其中的一位触已任令史 22 年,年龄达 43 岁,可见标准颇高。③ 属虽然职事与卒史相同,但地位明显较低。岳麓秦简中有一条秦律说:

> 诸吏为非以免去吏者,卒史、丞、尉以上上御史,属、尉佐及乘车以下丞相,丞相、御史先予新地远□……【1866】④

---

① 该木牍再下一条概括书佐的情况,亦云"今右夬缺"。可见当时右决曹空置无人。

② 参看严耕望《中国地方行政制度史》甲部《秦汉地方行政制度》,台湾"中央"研究院历史语言研究所 1997 年版,第 108—109 页。所引《史记·萧何世家》《汉书·张敞传》《朱邑传》皆其证。

③ 简文见朱汉民、陈松长编《岳麓书院藏秦简(叁)》,第 180、181、191 页。此简文所反映的卒史迁任条件,又见游逸飞《战国至汉初的郡制变革》,台湾大学历史学系博士学位论文2014 年版,第 107—108 页。张家山汉简《奏谳书》亦载有秦王政六年,咸阳狱史举闘因"能得微难狱",办案表现突出而被奏请补卒史。见张家山二四七号汉墓竹简小组编《张家山汉墓竹简〔二四七号墓〕(释文修订本)》,文物出版社 2006 年版,第 111 页。

④ 于振波:《秦律令中的"新黔首"与"新地吏"》,《中国史研究》2009 年第 3 期,第75—76 页。

律文中，"上御史"指通过御史奏闻，名义上由秦王（后来是皇帝）亲自发落。前一"丞相"前当有"上"字，可能是蒙上文省略，也可能是抄漏了。属及二千石尉的佐，重新任命可由丞相府直接处理，而二千石官的卒史和县的丞、尉以上需经由御史，说明两者之间存在一条重要的等级分界线。① 由于属与卒史存在这样的关系，当提拔对象有能力但年资较浅时，先任命为属，应是兼顾才用和资格的合理办法。喜为属时，年 37，已任令史十五六年，比触资浅，有可能因此暂不任为卒史。

通过上述考证，喜的宦历已经比较清楚。秦王政三年八月，喜 19 岁，获得史的身份，三个月后被任命为南郡安陆某乡的乡史。秦王政六年四月，喜 22 岁，升任安陆县令史，次年正月，调任同郡鄢县令史。秦王政十二年四月癸丑，喜 28 岁，"治狱鄢"，即出任鄢县的狱史。② 秦王政廿一年，喜 37 岁，升任南郡郡属。这份履历为研究秦代基层官吏的升迁途径提供了一个完整的案例。

与《编年记》同墓葬出土的，还有秦王政二十年南郡守腾下发给所属县道官吏的文书抄本。该文书意在纠正官吏中的不法行为及对不法行为的纵容，其中说：

> 今且令人案行之，举劾不从令者，致以律，论及令、丞。有（又）且课县官独多犯令而令丞弗得者，以令、丞闻。

郡守派到各县巡视举劾、报闻情况的人，应该是郡的属吏。现在，了解了喜生前不只是县一级的属吏，而曾任南郡郡属，是否可以重新考虑他拥有这个抄本的原因？对于同墓出土其他简册的性质和来源，有没有可能因此产生新的认识？

---

① 卫宏《汉旧仪》载武帝元狩六年，丞相吏员有"史二十人，秩四百石，少史八十人，秩三百石，属百人，秩二百石"（孙星衍等辑：《汉官六种》，中华书局 1990 年版，第 68—69 页）。史在丞相府中的地位类似于二千石官的卒史，丞相史较属秩级为高，也可旁证卒史与属的关系。

② 狱史秩级与一般令史相当。岳麓秦简《为狱等状》"魏盗杀安、宜等案"中的官文书说狱史触"为令史廿二岁"〔朱汉民、陈松长编：《岳麓书院藏秦简（叁）》，第 191 页〕，可见在晋升卒史时，狱史并非令史以外的更高一级资历，而包含在了任令史的年资中。由此推测，狱史可以说是一种特殊的"治狱"令史。

此外，确认喜曾"为属"，还引出了一个新问题。《编年记》秦王政二十一年条，整理本释读作：

　　　　廿一年，韩王死。昌平君居其处，有死□属。

释出"为"字后，"有死为属"显然难以连读。本句读法不得不改为：

　　　　廿一年，韩王死。昌平君居其处，有（又）死。为属。

据此则昌平君死在秦王政二十一年，与《史记·秦始皇本纪》二十三年"荆将项燕立昌平君为荆王"的记载相矛盾。如果这一改读无误，就不能不重新思考和认识秦灭楚的历史过程以及昌平君、昌文君、项燕等人在其中发挥的作用。① 此事前人已经提出多种不同的看法，② 问题相当复杂，只能留待另文讨论了。

　　　附记：本文修改过程中先后得到游逸飞、郭洪伯、鲁家亮等先生的指正，获益良多，谨此致谢！

2015 年 4 月 10 日初稿

2016 年 3 月 5 日重订

（北京大学中国古代史研究中心、出土文献与中国古代文明协同创新中心研究员）

---

① 黄盛璋在《云梦秦墓两封家信中有关历史地理的问题》（《文物》1980 年第 8 期）一文中曾把"死"字与昌平君联系起来，推测他在秦王政二十一年就死了，项燕后来所拥戴的是昌文君。可惜黄先生对此没有论证，后来学者一般也未予采信。

② 除上述黄盛璋文外，主要的讨论还有田余庆《说张楚》，原载《历史研究》1989 年第 2 期，收入《秦汉魏晋史探微（重订本）》，中华书局 2004 年版；辛德勇《云梦睡虎地秦人简牍与李信、王翦南灭荆楚的地理进程》，《出土文献》第五辑，中西书局 2014 年版。

兔子山遗址出土《秦二世元年文告》与《史记》纪事抵牾释解[①]

孙家洲

秦王朝的暴亡及其原因，自汉代以来就是一个引人关注的历史话题。其中，秦始皇在东巡途中病死沙丘之后、胡亥在赵高的主道之下通过篡改秦始皇的遗诏而得以登基成为秦二世皇帝，是导致秦朝"二世而亡"的重要因素之一——这样的说法，在《史记》的《秦始皇本纪》《李斯列传》中，有翔实的记载，并且构成了一个完整的"证据链"。秦二世皇帝的即位是政治阴谋的产物、不具备"合法性"，是读史者耳熟能详的历史定论。在传世文献中，确实不见与之不同的记载，自然也就无从出现不同的观点。

但是，2013 年全国十大考古发现之一的"湖南益阳兔子山遗址"，在 9 号古井出土的简牍中，有一枚秦二世元年的文告（J9③：1）。这无疑是一项重要的考古发现——"秦二世元年文告"把秦二世即位是否具备"正当性"的问题，提了出来。我们不得不重新审视与讨论这个问题。

这次重大考古发现的主持人、湖南省文物考古研究所研究员张春龙先生认为：简文内容是秦二世继位后第一年的第一个月颁布，文中强调继位的合法性。其部分内容可与北京大学藏西汉简牍中的《赵正书》互相印证。这份诏书，甚至可以称为"秦二世登基诏书"，其中所刻意强调

---

① 国家社会科学重大课题"秦统一及其历史意义再研究"（项目编号：14ZDB028）的阶段性成果之一。

的"朕奉遗诏"之说，确实提供了与《史记》的记载不同的史料来源。在 2013 年年末的集中报道中，张春龙先生的这段话，被多家媒体做过取舍不一的多次引用。

在见到相关报道之后，我曾经与张春龙先生通过邮件讨教过有关问题，受益匪浅。2014 年 8 月在成都市参加中国秦汉史研究会的年会时，我提交的会议论文——《〈史记·秦始皇本纪〉研读新知》中，就涉及了对这份"秦二世元年文告"的历史学背景解读。最近一个阶段，我有意修订年会论文以图投寄发表。才注意到武汉大学简帛研究中心主办的《简帛网》上已经刊发了吴方基、吴昊两位先生的文章《释秦二世胡亥"奉召登基"的官府文告》，而且作者的基本结论"可见胡亥诈立一事，民间多有耳闻"。"综上所述，胡亥是通过赵高、李斯矫诏得以继位一事以及继承皇位的不合法性是毋庸置疑的"①，与我的基本观点是一致的。我 2014 年在撰写年会论文时确实未曾注意到该文的存在，在学术史的梳理上出现了欠缺，实在是惭愧。考虑到两位吴先生的论文发表在一年之前，我曾经想过，本文不写也罢。后来想到，即便是结论相同的研究文章，倘若在论证的思路上有所不同，内容上有所补充，应该还有继续讨论的价值。故将有关思考重新整理，草成本文，请方家指教。

一 "秦二世元年文告"释读的重点所在

为了便于讨论问题，先把这份"秦二世元年文告"，录出如下：

> 天下失始皇帝，皆遽恐悲哀甚，朕奉遗诏，今宗庙吏及箸以明至治大功德者具矣，律令当除定者毕矣。元年与黔首更始，尽为解除流罪，今皆已下矣。朕将自抚天下，吏、黔首，其具行事已，分县赋援黔首，毋以细物苛劾县吏。亟布。

---

① 吴方基、吴昊：《释秦二世胡亥"奉召登基"的官府文告》，简帛网，发布时间：2014 年 5 月 27 日。

以元年十月甲午下，十一月戊午到守府。（背）①

仔细研读文告的内容，按照我的理解，其在政治方面的重点是两个：

1. 强调秦二世的登基是按照始皇帝的遗诏进行的，要害的文句是"朕奉遗诏"四字。此前的"天下失始皇帝，皆遽恐悲哀甚"一句，只不过是铺垫式的官场文字而已，似乎不必深求其解。

"朕奉遗诏"的政治用意，确实如同张春龙先生分析的那样，是为了证明二世皇帝登基的合法性。如果这份文告所言属实，那么，秦二世胡亥就是秦始皇在生前所选定的继承人。自汉代之下，读史者所熟知的赵高主谋发起的"沙丘之变"，就是一个历史"假案"了。也正是因为如此，当着"秦二世元年文告"被报道之后，一些并非专业研究历史的社会人士，就如获至宝，以为可以凭借这份地下发掘的最新考古发现来改写秦朝末年的政治史了。其实，现在出土所见的"秦二世元年文告"的内容与《史记》的记载不一致，只是一个"记事抵牾"的现象；如何解释这种抵牾，才是历史研究者应该做的工作。我们一直尊重地下出土文献的价值，是因为它们深埋地下，所以避开了后世人们出于各种动机的修改甚至是篡改。但是，绝不意味着只要出土文献与传世文献之间有不同，研究者就要一律按照地下文献的记载而质疑甚或改写传世文献。地下文献在其形成的过程中，"制造者"也会出于某种动机而歪曲历史甚或伪造历史。从这个意义上说来，地下出土文献也要首先经过"可信性"的严格鉴定。研究者既不能被传世文献的虚假信息所蛊惑，也不可以对出土文献无条件地相信，而被其"愚弄"。对于"秦二世元年文告"与

---

① 这份"文告"的正式公布，是在 2013 年 11 月 23 日在湖南长沙举行的"湘鄂豫皖楚文化研究会第十三次年会"上。公布的用语是"湖南益阳兔子山遗址出土秦二世胡亥'奉召登基'的官府文告简牍"（此处的文字，依据网络上公布的为据，但是，有两个逗号，我参以己意，调整为句号，说明见下）。随后，包括主流网站在内的多家媒体先后报道了这一重要发现。可以参见：

A. 《湖南出土简牍发现秦二世奉诏登基文告》，京华网：www. jinghua. cn，时间：2013 - 11 - 24 08：59；

B. 光明网：http：//life. gmw. cn/2013—11/24/content_ 9584484. htm；

C. 新华网：http：//news. xinhuanet. com/shuhua/2013—11/25/c_ 125754857. htm；

D. docin. com 豆丁网。

《史记·秦始皇本纪》纪事的抵牾，我们正应该秉持这样的思路，去做出比较、分析、判断。我的"释解"，详见本文下述。

2. 公布了秦二世的"元年新政"的主要措施，意在显示新君执政治国的基本思路，特别突出其"惠民爱吏"的仁惠之政，意在笼络人心、稳定政局。关键词是"元年与黔首更始"。更始，是习见于秦汉文献的常用语，大致上与"变革""更改"相当。① 后世有所谓的"改元新政"之说，是指新君嗣位之后，借着"改元"的布新之时，推出有别于旧君的新政。就这种类似于政治宣言的"套路"而言，这份出自秦二世名义的诏书"元年与黔首更始"之说，应该是后世"改元新政"的直接源头。

秦二世诏书"元年与黔首更始"的主要内容则是：

（1）今宗庙吏及箸以明至治大功德者具矣，律令当除定者毕矣。

（2）元年与黔首更始，尽为解除流罪，今皆已下矣。（此处的句号，在原文中是逗号）

（3）朕将自抚天下。吏、黔首，其具行事已，分县赋援黔首，毋以细物苛劾县吏。（此处的句号，在原文中是逗号）

其中的（1）句，有两点要做出解释：A. 从文献的位置而言，置于"元年与黔首更始"之前，故也可以理解为"过渡性"文字，而不一定是"更始"之政的有机组成部分；但是，至少"律令当除定者毕矣"应该是"更始"之政的内在要素。尚可存疑。B. 其中的"今宗庙吏及箸以明至治大功德者具矣"一句的确切含义，尚不明晰。尽管其中的对言之文"具矣"可以与下句的"律令当除定者毕矣"做出联想型思考，但是，前半句的真实内涵并不明了。或者说，我自己还不能做出通解。

其中的（2）（3）两句，是秦二世公开宣布的"元年与黔首更始"的主要内容，涉及缓刑、惠民、宽待县吏三个方面。如果仅从这些宣示的内容来看，说秦二世有志于做个明君，也未尝不可。当然，其后不久的历史证明，他的"更始"新政仅仅停留在诏书上，完全不见付诸实行的蛛丝马迹。秦二世是亡国之君、愚蠢昏暴之君。

---

① 在《史记》与《汉书》中，"与天下更始"之句，就出现在《史记·齐太公世家》《汉书·平帝纪》《汉书·食货志下》《汉书·翼奉传》《汉书·杜邺传》等文献中。两汉之交，还有"更始将军""更始"年号与皇帝的称号。

二 北大竹简《赵政书》是否可以证成 "秦二世元年文告" 臆说

如上所述，张春龙先生已经敏锐地发现了"秦二世元年文告"与北大竹简《赵政书》在内容上的关联性。这两篇出土文献，从不同的方面，对秦二世即位的背景，都给出了与《史记·秦始皇本纪》不同的记载。

关于北大竹简《赵政书》，现在公布的标准化介绍文字是：

《赵政书》，存竹简 50 余枚，近 1500 字。书中围绕秦始皇之死和秦朝灭亡，记述了秦始皇 [简文称之为"秦王赵正（政）"]、李斯、胡亥、子婴等人物的言论活动，其成书年代应在西汉早期。书中的部分段落见于《史记》的《蒙恬列传》《李斯列传》，但又不尽相同，有可能是司马迁撰写《史记》时参考的资料之一，具有史料价值。

《赵政书》中与秦二世诏书可以对比的文字是三支竹简，具体文字是：

　　昔者秦王赵正（政）出游天下，至白人（柏人）而病，病笃，喟然流涕长太息，谓左右曰："吾忠臣也，其议所立。"丞相臣斯、御史臣去疾昧死顿首言曰："今道远而诏期（亟），群臣恐大臣之有谋，请立子胡亥为代后。"王曰： "可。"王死而胡亥立，即杀其……①

《赵政书》与《秦二世元年文书》的文字关联性，似乎构成了一个可以互证的关系：秦二世的即位是秉承秦始皇的遗诏行事，而不是如同《史记》的记载伪造诏书而夺得帝位。在某种程度上说来，似乎可以对《史记》纪事的可信性，提出"交叉支撑"式的质疑了。

北大西汉竹简的《赵政书》，现在还未曾公布，其书的性质是史书还是子书乃至小说家言，还要等到文书公开之后，再做讨论而后定。到目前为止，根据学者私下交流得到的基本看法，似乎归属于"小说家言"

---

① 赵化成：《北大藏西汉竹书〈赵正书〉简说》，《文物》2011 年第 6 期，第 65 页。

的可能性更高。所以我们不宜于把《赵政书》的史料价值估计太高。如此，直到现在，我们还不能断言：《赵政书》与"秦二世元年文告"已经构成了共同质疑《史记》纪事真实性的"证据链"。

三　我对"秦二世元年文告"的解读

对湖南益阳兔子山遗址出土的"秦二世元年文告"中"朕奉遗诏"即位的内容，应该如何解读？本来就有不同的思路可以遵循。

根据《史记·秦始皇本纪》与《李斯列传》的记载，秦二世的继位，是"沙丘政变"的结果。即：秦始皇病死于沙丘之后，赵高充当主谋，游说了同行的皇子胡亥、丞相李斯，篡改了秦始皇的遗诏，逼死秦始皇所属意的长子扶苏，而假借始皇遗诏的名义，拥立胡亥继位，是为秦二世皇帝。

如此说来，秦二世的继位，是矫诏的结果，其统治权力的来源"合法性"是大成问题的。——几乎所有的传世文献，都在支持这个结论。①汉代前期的政论代表作贾谊的《过秦论》，也以部分笔墨，重点批判了秦二世的昏聩残暴是导致秦朝速亡的直接责任者，未见对秦二世有任何的"理解"与"宽容"的痕迹。司马迁与贾谊对秦二世的贬抑立场是完全一致的。这是否也可以解读为贾谊所知道的秦二世即位的政治背景与司马迁的记载，没有歧义？

司马迁在《史记》中记载的"沙丘之变"，不仅有《纪》《传》可以互证，而且秦朝统治的最后阶段所出现的残酷的内部残杀，也只有一个最合乎常规的解释——秦二世、赵高因为担忧政变内幕外泄而故意杀人灭口。请看以下记载："二世乃遵用赵高，申法令。乃阴与赵高谋曰：'大臣不服，官吏尚强，及诸公子必与我争，为之奈何？'"赵高回答秦二世之问时，居然说出"臣请言之，不敢避斧钺之诛，愿陛下少留意焉。夫沙丘之谋，诸公子及大臣皆疑焉，而诸公子尽帝兄，大臣又先帝之所

① 有关"沙丘之变"的文献记载，集中见于《史记》的《秦始皇本纪》和《李斯列传》。是研究秦汉史的学者耳熟能详的，为节约版面起见，原文一律从略。

置也。今陛下初立，此其属意快快皆不服，恐为变"①。这样的君臣密语式的对话，如果没有"沙丘之变"为其背景，是根本无从出现的。

按照我的理解，在多事之秋的政治性文告的解读，尤其要注意解析文告发布的时代背景与发布者的用意。这份诏书，在刻意强调秦二世"朕奉遗诏"而即位，面对这样的"宣示"，研究者是相信秦二世的文字表述属实，还是深究他刻意强调的用心所在？

质言之，在充满了政治斗争的时代氛围之内，政治家越在公开宣示的东西，有可能就是出于需要而编造或者是曲说的东西。假如秦二世即位之后，社会上没有出现其权力来源是否"合法"的不同议论，秦二世何必以诏书的名义来向社会加以强调？——在政治"铁幕"的时代，统治者的官方文告中越是刻意强调的，大多要从其反面加以思考和诠释。

所以，我以为，尽管现在出现了《秦二世元年文书》与《赵政书》的异说，但是，如何解读其中与传世文献的抵牾之处，是我们今后要继续做的工作。至少在目前，《史记》中所记载的秦始皇——秦二世之际的基本历史叙事框架，还不能轻言改写。

（中国人民大学历史学院；出土文献与中国古代文明研究协同创新中心）

---

① 《史记》卷八七《李斯列传》，中华书局 1959 年版，第 2552 页。

睡虎地秦简《效律》考释一则

山　珊

睡虎地秦简《效律》有一条律文："计脱实及出实多于律程，及不当出而出之，直（值）其贾（价），不盈廿二钱，除；廿二钱以到六百六十钱，赀官啬夫一盾；过六百六十钱以上，赀官啬夫一甲，而复责其出殴（也）……"（简58—60，以下简称为"本简"）① 秦简公布以来，不少学者对此做过研究，并和张家山汉简《二年律令·效律》中"出实多于律程，及不宜出而出，皆负之"（简352，以下简称为"简一"）② 对读，认为两条律文所言为一事，汉律乃沿袭秦律。笔者在重新研读这条律文时，对目前学界已有的解释稍有不同见解，对其与简一的关系，也进行了重新思考，谨提出来以供大家批评指正。

一

关于本简描述的犯罪行为"出实多于律程，及不当出而出之"，整理小组认为是"（会计账目）多过实有数超出了法律规定的限度，和不应销账而销了账"，即账目超过实际数目的部分大于法律许可的范围，和在没有支出时销账。循此理解，则会计账目中很小程度超过实有数是允许的，

---

① 睡虎地秦墓竹简整理小组：《睡虎地秦墓竹简》，文物出版社1990年版，释文第76页。以下所引睡虎地秦简简文及整理小组的解释均出自此书，为避文烦，不再逐一作注。

② 彭浩、陈伟等编：《二年律令与奏谳书》，上海古籍出版社2007年版，第229—230页。以下所引《二年律令》简文均出自此书，不再逐一作注。

只有超过了一定限度，法律才会追究责任。这一观点得到了张家山汉简整理者的认同，他们将简一中的"出实"同样释为"超过实有数"。然而这一解释遭到了一些学者的质疑。何四维（A. F. P. Hulsewé）先生将本简中的"出实多于律程，及不当出而出之"译为"分发物资时超过法律规定的标准，以及分发不应分发的物资"，将"出实"理解为分发物资。①徐世虹先生认为本简中"出实多于律程"的"出"，与下句"不当出而出之"的"出"含义相同，意为出账。②冨谷至先生在注释简一时，也指出睡虎地秦简整理小组对本简中"出实多于律程"的"出"解释有误，本简与简一中的"出"都应当指实际支出，"出实"意为"谷物的支出"③。总体而言，三位先生都将"出"理解为支出，而不赞同整理小组对"出实"之"出"作"超出"解。

此外，三位先生对"出实多于律程，及不当（宜）出而出（之）"两种犯罪的认定，也与两个整理小组有偏差。后者认为这两个行为与"计脱实"一样，都是会计过程中账目上出现了差错，不涉及实际物资的多少。这一看法似乎目前仍被大多数学者所采纳，不少研究秦汉时期会计、审计史的著作都将这二条律文作为当时处罚会计工作过失的法律规定。而依何、徐、冨谷三位先生的解释，"出实多于律程"与"不当（宜）出而出（之）"是实际物资支出中出现了错误，不单单是会计账面上的问题，那这两种行为就是出纳而不是会计工作中的失误了。

要解决以上两种观点孰是孰非，首先需要明确秦汉时期会计工作的流程。会计的第一步应当是清点物资，之后将物资的数量、进出等情况按时间顺序依次记录下来，做成簿籍，称为"计"或"计簿"。这种簿籍在传世文献中很多见，如《战国策·齐策一》："五官之计，不可不日听

① A. F. P. Hulsewé, *Remnants of Ch'in Law*, Leiden: E. J. Brill, 1985, p. 100.

② 徐世虹：《张家山二年律令简中的损害赔偿之规定》，载饶宗颐主编《华学》（第六辑），紫禁城出版社 2003 年版，第 143 页。徐世虹先生参与的张家山汉简研读班亦校订简一中的"出实多于律程"意为"支出（或支付）时，实际多于律程所规定的"（参见张家山汉简研读班《张家山汉简〈二年律令〉校读记》，载张家山汉墓竹简整理小组《张家山汉墓竹简［二四七号墓］》（释文修订本），文物出版社 2006 年版，第 221 页）。

③ ［日］冨谷至编：《张家山二四七号墓出土汉律令研究·译注篇》，朋友书店 2006 年版，第 229 页。

也而数览。"姚宏注:"计,簿书也。"① 《汉书·武帝纪》:"(太初元年春)受计于甘泉。"师古注:"受郡国所上计簿也。"② 《汉书·贡禹传》:"郡国恐伏其诛,则择便巧史书习于计簿能欺上府者,以为右职。"③ 可知先秦秦汉日常行政中经常制作会计簿籍,并且在上计时还要携带这些计簿,以供上级查阅。会计簿籍在出土文献中也有反映。《二年律令·置吏律》规定:"县道官之计,各关属所二千石官。"(简214)里耶秦简中也有:

仓曹计录:	器计,	马计,
禾稼计,	钱计,	羊计,
贷计,	徒计,	田官计。
畜计,	畜官牛计,	凡十计。
		史尚主。(简8—481)[④]

其中的"计"应当就是这种会计簿籍的名称。

出土简牍中还发现了"计"的具体形态。如敦煌汉简中的

········

二月,晦受米石,麦八石;(第一栏)

二日,出米二斗,麦五斗;

三日,出米二斗,麦六斗;

············(第二栏)

三日,出米二斗,麦六斗;

五日,出米二斗,麦六斗又二斗;

六日,出米二斗,麦六斗;(第三栏)

八日,出米二斗,麦六斗;

九日,出米三斗,三日,出米二斗,麦六斗,麦五斗食马(第

① (汉)刘向集录:《战国策》卷八《齐策一》"靖郭君谓齐王"条,上海古籍出版社1985年版,第306页。

② (汉)班固:《汉书》卷六《武帝纪》,中华书局1962年版,第199页。

③ 《汉书》卷七二《贡禹传》,第3077页。

④ 陈伟主编:《里耶秦简牍校释》(第一卷),武汉大学出版社2012年版,第164页。

四栏）（简 318A）

…………………………

十一日，出米二斗，麦六斗

十二日，出米二斗，麦五斗（第一栏）

十三日出米□斗

十五日，出米二斗

……………………………（第二栏）

…………………………

十八日，出米三斗

十九日，出米三斗半（第三栏）（简 318B）［①］

很有可能就是敦煌某个机构登记米和麦受、出记录的"计"。这种原始的"计"应该要定期进行整理，每月、每季分别制作"月言簿""四时簿"，向上级报告，最后由郡做成"集簿"，每年向中央上计②。

按照睡虎地秦简整理小组的解释，本简中的三个行为只是会计时多记、少记和错销了账，而从目前可见的会计文书来看，会计过程似乎只涉及对物资的统计和簿籍的整理、汇编，物资实际数量并未变多或变少，那么这三种犯罪就都只是记录时账面上的错误了。可这种错误在睡虎地秦简《效律》的另一条律文中已经规定过了处罚标准：

［简二］数而赢、不备，直（值）百一十钱以到二百廿钱，谇官啬夫；过二百廿钱以到千一百钱，赀啬夫一盾；过千一百钱以到二千二百钱，赀官啬夫一甲；过二千二百钱以上，赀官啬夫二甲。（简 8—10）

该条律文意为在清点官有物资时出现了多或少的情况，物资价值在一百

<hr>

① 甘肃省文物考古研究所编：《敦煌汉简》，中华书局 1991 年版，第 232 页。

② 月言簿、四时簿的例子，在敦煌、居延汉简中常见，如著名的《永元五年器物簿》（128.1），就包括三份月言簿和两份四时簿（参谢桂华、李均明等编《居延汉简释文合校》，文物出版社 1987 年版，第 211—213 页）；而目前可见比较完整的集簿出土于江苏尹湾汉墓的东海郡诸集簿（参见连云港市博物馆等编《尹湾汉墓简牍》，中华书局 1997 年版）。

一十钱至二百二十钱的,应斥责官啬夫;超过二百二十钱至一千一百钱的,罚官啬夫一盾;超过一千一百钱到二百二十钱的,罚官啬夫一甲;超过二千二百钱以上的,罚官啬夫二甲。同本简相比,其处罚明显比较轻。

整理小组对本简中三种行为的解释,和简二所规定要处罚的行为——清点过程中出现差错的性质和后果一样,都仅仅在账面上造成了差误而已。又,依据常理,清点之后就要记录,清点物资和登录原始会计记录应当是紧密相接的两个行为,具体办事人员或可能为两个,但他们的主管"官啬夫"却应当为一人。既然如此,缘何要在《效律》中分别用两个律条来规定对官啬夫的处罚,并且二者的罚责还不同呢?

仔细比较两条律文会发现,简二中的处罚按物资价值分为四个等级,除最轻一级的"谇"外,其余三级都只有"赀",没有要求赔偿;而本简中提到了"复责其出",同样,被学界普遍认为源于本简的简一,也指出要"皆负之"。如是看来,本简和简二所处罚的犯罪行为恐怕是明确不同的,以至于前者需要赔偿而后者不需要。

秦律中有明确规定不需要的赔偿的情况:

> [简三] 计用律不审而赢、不备,以效赢、不备之律赀之,而勿令赏(偿)。(《效律》简 50)

此外,以下这条律文同简二一样,只提到"谇"和"赀",似乎也不用赔偿:

> [简四] 计校相缪(谬)殹(也),自二百廿钱以下,谇官啬夫;过二百廿钱以到二千二百钱,赀一盾;过二千二百钱以上,赀一甲。人户、马牛一,赀一盾;自二以上,赀一甲。(《效律》简 56—57)

可见,"计用律不审"和"计校相缪(谬)"两种行为,是只要承担行政或经济处罚,但无须赔偿的。

简三中的"计用律不审",整理小组的翻译是"会计不合法",过于笼统，令人不解其具体内涵。何四维先生解释"不审"为缺乏重视而导致错误或不真实的结果，将"计用律不审"译作"会计时忽视法律规定"。① 夏利亚则认为"用律不审"指不按照法律条文的本貌去对待②。先秦两汉的传世文献中，"审"常有审查、详查之义，如《尚书·说命上》："乃审厥象，俾以形旁求于天下。"③《吕氏春秋·音律》："修别丧纪，审民所终。"高诱注："审，慎。"④《史记·淮阴侯列传》："审豪牦之小计，遗天下之大数。"⑤ 出土文献亦有此用例，岳麓秦简《为吏之官及黔首》中的"扁（漏）表不审"⑥，就是指漏、表等定时器没有仔细检查。故此句中的"用律不审"，其义当为使用法律时未加详细审查，从而没有符合法律规范。何、夏二位先生之说均可参。

至于"用律不审"具体是怎样的行为，由秦律中许多关于"计"的详细规定：

> 计禾，别黄、白、青。（《秦律十八种·仓律》简34）
>
> 稻后禾孰（熟），计稻后年。已获上数，别粲、穤（糯）秸（黏）稻。别粲、穤（糯）之裹（酿），岁异积之，勿增积，以给客，到十月牒书数，上内【史】。（《秦律十八种·仓律》简35—36）
>
> 官相输者，以书告其出计之年，受者以入计之。八月、九月中其有输，计其输所远近，不能逮其输所之计，□□□□□□□移计其后年，计毋相缪。工献输官者，皆深以其年计之。（《秦律十八种·金布律》简70—71）
>
> 为计，不同程者毋同其出。（《秦律十八种·工律》简98）

可知，会计人员在工作时，必须详细审查自己的工作对象和律文规定，

---

① A. F. P. Hulsewé: *Remnantsof Ch'in Law*，pp. 66, 98.

② 夏利亚：《秦简文字集释》，博士学位论文，华东师范大学，2011年，第237页。

③《尚书正义》卷一〇《说命上》，（清）阮元校刻：《十三经注疏》，中华书局1980年版，第174页。

④ 许维遹：《吕氏春秋集释》卷一四，中华书局2009年版，第138页。

⑤（汉）司马迁：《史记》卷九二《淮阴侯列传》，中华书局1982年版，第2625页。

⑥ 朱汉民、陈松长主编：《岳麓书院藏秦简》（壹），上海辞书出版社2010年版，第134页。

严格按照法律来进行分类、记录、上报等工作，否则即为"用律不审"，会被处罚。里耶秦简8—508："岁不计，甚不癃（应）律，书到，啬夫"①，可能就是迁陵县发现其下属某个会计人员的工作不合法律规范，要求啬夫处理的文书之一部分。

前已述及，会计往往要做成簿籍，其名为"计"。简四中"计校相缪（谬）"的"计"应当就指这种簿籍。校，在秦汉简牍中作动词时多为核验之义。居延汉简中有核验簿籍的记载："令史弘校第廿三仓谷。十月簿余谷稻程大石六十一石八斗三升大"（206.7）②，知秦汉时期确有核验簿籍的制度。"计校相缪（谬）"，应该就是"计"在被检查时发现了错误。

明确了简三和简四所惩罚的行为，它们为何不用赔偿也就清晰了：二者涉及的都是会计过程中的数据记录和簿籍制作，前者未按法律规范登记，可能是未做分类或分类不合标准，也可能是没有在规定时间内上报，后者是簿籍在核验时发现记录有误。无论哪种行为，都与简二中的"数而赢、不备"一样，没有造成实际损失。因而，对他们的处罚也只有"谇""赀"，没有要求赔偿。

既然没有损失的不用赔偿，那么需要赔偿的很可能就是造成了官有物资的实际短缺。徐世虹先生将张家山汉简《二年律令》中需要进行经济赔偿的行为进行梳理后，分为四类：过失损害他人财物，损害公物，畜产损害他人财物和官员因失职、渎职造成的公私财物的损失。③ 总体而言，但凡造成实际经济损失的行为，除个别轻微的外，均需责任人赔偿。《二年律令》的这些规定，与秦律是一脉相承的。仅就睡虎地秦简《效律》中"官啬夫、冗长皆共赏（偿）不备之货而入赢"（简2，以下简称为"简五"）的条文来看，秦律的基本精神是：若出现了超出或不足的情况，超出者需返还，不足者要赔偿。秦代吏员的教材《为吏之官及黔首》中也有"官赢不备，□□□□，亡器齐（赍）赏（偿）"④ 之语句，可知这一点是秦代官吏所必须熟知、亦在日常生活中被要求严格执行的法律

① 陈伟主编：《里耶秦简牍校释》（第一卷），第172页。
② 谢桂华、李均明等编：《居延汉简释文合校》，第320页。
③ 徐世虹：《张家山二年律令简中的损害赔偿之规定》，第135—146页。
④ 朱汉民、陈松长主编：《岳麓书院藏秦简》（壹），第145—146页。

规定。简五中"共赏（偿）不备之货"的表达，意味着赔偿的范围仅限于补足缺少的数额，也从侧面证明只有确实发生了"不备"的情况，才有赔偿的可能。由是观之，本简和简一中的"出实多于律程"与"不当（宜）出而出（之）"，应该都已使官有物资遭受了损失，否则不会要求赔偿。

由上所述，本简中"出实多于律程"和"不当出而出之"两种行为，应该是指在支出物资时超过法律规定的标准，以及支出不应支出的物资，二者都对官有物资造成了实际损失，而不仅仅是会计账面上的错误。

二

本简还提到了"计脱实"，整理小组将之释为"会计账目不足"，就笔者孤陋之见，鲜有学者提出疑义。一般而言，会计账目就是清点物资以后所做的记录，若非有意误记，账目不足其实就是简二中的"数而……不备"，但本简中"计脱实"对主管官啬夫的惩处却比简二重得多。如依整理小组解释，似乎没有必要用两个律条来分别说明对"计脱实"和"数而……不备"时官啬夫应受之处罚，并且惩罚标准还不一致。因此，"计脱实"应该指不同于"数而……不备"的另一种更严重的犯罪行为。

既然会计账目的无意误记性质等同于"数而……不备"，那么此处的"计脱实"会不会是有意为之的呢？笔者以为，这种假设的可能性很大。

秦汉律文中有对故意写错文书进行惩罚的法律条文：

[简六] 槐诸詐（诈）增减券书，及为书故詐（诈）弗副，其以避负偿，若受赏赐财物，皆坐臧（赃）为盗。（《二年律令·贼律》简14）

[简七] 民宅园户籍、年细籍、田比地籍、田合籍、田租籍……其或为詐（诈）伪，有增减也，而弗能得，赎耐。（《二年律令·户律》简331、333）

简六中的"券书"，有时也叫"参辨券"，多指有关财物的文书。居延汉简中有"槐□□□为□□券书家财物一钱槐"（202.15）①，扬州仪征胥浦汉墓中也出土过一位老妇的遗嘱，简文自称"先令券书"②，同《二年律令·户律》"民欲先令相分田宅、奴婢、财物……皆参辨券书之……有争者，以券书从事；毋券书，勿听"（简334—335）的规定吻合。官有物资的管理同样制作券书，《二年律令·金布律》云："官为作务、市及受租、质钱，皆为缿，封以令、丞印而入，与参辨券之，辄入钱缿中，上中辨其廷。"（简429）以此观之，"券书"作为经济文书，一般都会涉及财物的数量、价值等。简七中的"民宅田户籍""田租籍"等簿籍更不必说，物资数量、出入、余额等通常就是其主要内容。

由简六、简七可知，这些券书和簿籍，如果被刻意修改而与事实有增减，当事者要"坐臧（赃）为盗"，监管不力的官员则需"赎耐"，都是比较重的刑罚。尤其对当事者而言，"坐臧（赃）为盗"就适用《盗律》"盗臧（赃）直（值）过六百六十钱，黥为城旦舂。六百六十到二百廿钱，完为城旦舂。不盈二百廿到百一十钱，耐为隶臣妾。不盈百一十钱到廿二钱，罚金四两。不盈廿二钱到一钱，罚金一两"（简55—56）的规定。相比于性质类似的写错文书——过失犯罪仅"罚金一两"，若未造成严重后果，甚至可以"毋论"③，故意增减券书、簿籍显然处罚严重得多。

不唯文书制作中的犯罪行为，秦汉律在为其他罪行定罪量刑时也会关注到犯罪动机。《二年律令·贼律》规定："贼燔城、官府及县官积聚（聚），弃市。燔寺舍、民室屋庐舍、积聚（聚），黥为城旦舂。其失火延燔之，罚金四两，责（债）所燔"（简4—5），"贼杀人、斗而杀人，弃市。其过失及戏而杀人，赎死"（简21），就明确区分了故意杀人、放火和过失杀人、放火，二者适用的刑罚相去甚远。故知对不同动机的同样犯罪行为处以不同刑罚，诚乃秦汉律之精神。

再看本简中"计脱实"的表述方式。"脱"在此义为漏、失。这一用

---

① 谢桂华、李均明等编：《居延汉简释文合校》，第314页。

② 先令券书简牍摹本见《江苏仪征胥浦101号西汉墓》图二三，《文物》1987年第1期，第10页；释文收入李均明、何双全编《散见简牍合辑》，文物出版社1990年版，第105—106页。

③ 参见后引简八。

例也见于汉简中，如：

> 书。若郡农如玄、便等，捕斩反羌免者，不应法令，皆收还玄、
> 便等及其妻子，其本官已具言，所具官、名、年、籍，毋有所遗脱，
> 会五月朔。从事督察，如律令。（E. P. F22：691）①

关于文书书写时的过失之"脱"，秦汉律有专门规定：

> ［简八］□□□而误多少其实，及误脱字，罚金一两。误，其事
> 可行者，勿论。（《二年律令·贼律》简 17）

其中明确指出了是"误脱"。若无此"误"字，处罚可能就是"坐臧
（赃）为盗"，而不会仅仅"罚金一两"了事。同样，在向官方上报的文
书中描述案情时，如是过失少写了数目，也要指明，如：

> ……骝，乘，齿十八岁，送渠犁军司马令史勋，承明到遮要，病
> 柳张，立死，卖骨肉临乐里孙安所，贾（价）千四百，时啬夫忠服
> 治爰书，误脱千，以为四百。谒它爰书，敢言之。（A）
> 守啬夫富昌。（B）（Ⅱ0114③：468）②

　　啬夫忠在上报死病马爰书时，将马的价格"千四百钱"之"千"脱
写，造成爰书中记录的马的价值减少。因不是有意为之，故啬夫富昌在
上报文书中，写明其乃"误脱"。之所以要作此严格区分，恐怕就是因为
"误脱"和"故脱"惩罚标准不一样吧。本简中但言"计脱实"，未言
"误"，且和侵犯官资的"出实多于律程"和"不当出而出之"同罪，比
简二、简三、简四等其他在"效"过程中的犯罪处罚都重，可知其描述
的应当是在会计中故意漏记、少记财物的行为。

　　前文已述，"出实多于律程"和"不当出而出之"都是对官有物资造

---

① 甘肃省文物考古研究所等编：《居延新简》（上），中华书局 1994 年版，第 231 页。

② 胡平生、张德芳编撰：《敦煌悬泉汉简释粹》，上海古籍出版社 2001 年版，第 112 页。

成了实际的损失，而"计脱实"和这两种行为的处罚规定写在一条律文中，二者必然有一定相似之处。"计脱实"是不是也会导致官有物资的损失呢？的确如此。会计时故意少记数目，必然出于一定目的。通常来说，少记的财物就可以被会计人员转移走，或私吞，或挪为他用。这就是"计脱实"与"数而……不备"的主要差异，后者只是清点和记录时少算了数目，实际物资数量没有发生变化，前者则以侵吞官资为目的，账目数量减少是为掩盖实际物资减少这一事实而做的手脚。

三

学界在探讨简一时，多认为其渊源于秦律本简，甚至可能就是本简的省写。① 实际上，本简与简一两条律文，虽然内容类似，但适用对象并不相同，简一为惩罚涉事人员的一般性规定，本简则是对监管不力者官啬夫的具体处罚标准。

秦汉律对犯罪行为的惩罚有严格的连坐体系，一般而言，直接行为人之上，是直接监管人"吏主者"和乡啬夫、官啬夫，其次是令、丞、侯国相等县长吏和关系较远的普通办事人员；都官啬夫也要受其离官牵连。对此，睡虎地秦简《效律》有一条专门规定连坐责任及惩罚标准的律文，可明白视之：

> 官啬夫赀二甲，令、丞赀一甲；官啬夫赀一甲，令、丞赀一盾。其吏主者坐以赀、谇如官啬夫。其它冗吏、令史掾计者，及都仓、库、田、亭啬夫坐其离官属于乡者，如令、丞。（简50）

这样的连坐，在秦汉律中其例甚多，如：

> 今课县、都官公服牛各一课，卒岁，十牛以上而三分一死；不

---

① 参见第93页注②引徐世虹先生之文，第142页；张伯元《〈汉律摭遗〉与〈二年律令〉比勘记》，载氏著《出土法律文献研究》，商务印书馆2005年版，第32页；朱红林《张家山汉简〈二年律令〉集释》，社会科学文献出版社2005年版，第216页。

【盈】十牛以下，及受服牛者卒岁死牛三以上，吏主者、徒食牛者及令、丞皆有罪。（《秦律十八种·厩苑律》简 19—20）

赋燔城、官府及县官积冣（聚），弃市。燔寺舍、民室屋庐舍、积冣（聚），黥为城旦舂。其失火延燔之，罚金四两，责（债）所燔。乡部、官啬夫、吏主者弗得，罚金各二两。（《二年律令·贼律》简 4—5）

船人渡人而流杀人，耐之，船啬夫、吏主者赎耐。（《二年律令·贼律》简 6）

不中程百里，罚金半两；过百里至二百里，一两；过二百里，二两。不中程车一里，夺吏主者劳各一日；二里，夺令、相各一日。（E. P. S4. T2：8B）①

关于啬夫，目前的研究已成果斐然，无须赘述。普遍意见认为，乡啬夫（或谓"乡部啬夫""啬夫"）为乡中掌赋税、诉讼之官；官啬夫为掌管某一具体部门的长官，如仓啬夫、库啬夫等。至于"吏主者"，笔者以为是一个动词做定语后置的复合词，即主事之吏。《史记·陈丞相世家》载文帝问右丞相周勃天下事，勃数曰"不知"，"汗出沾背，愧不能对"，"于是上亦问左丞相平。平曰：'有主者。'上曰：'主者谓谁？'平曰：'陛下即问决狱，责廷尉。问钱谷，责治粟内史。'"② 知"主"在秦汉文献中有掌某一具体事务之义。"主者"负责之事，可大可小，上至九卿，下至地方小吏，均可称"主者"，而"吏主者"则是负责基层政务的小吏。

（官）啬夫和吏主者对其治下的人员有监管、督促、处罚的责任。对于其所管辖人员造成的公家财物损失，他们要对当事人进行惩罚，并责令其赔偿，督办不力的要自己代为赔偿，相关规定见：

百姓假（假）公器及有责（债）未赏（偿），其日蹠以收责之，而弗收责，其人死亡；及隶臣妾有亡公器、畜生者，以其日月减其

① 甘肃省文物考古研究所等编：《居延新简》（上），第 246 页。
② 《史记》卷五六《陈丞相世家》，第 2061 页。

衣食，毋过三分取一，其所亡众，计之，终岁衣食不践以稍赏
（偿），令居之，其弗令居之，其人【死】亡，令其官啬夫及吏主者
代赏（偿）之。（《秦律十八种·金布律》简77—79）

城旦舂毁折瓦器、铁器、木器，为大车折輂（轅），辄治（笞）
之。直（值）一钱，治（笞）十；直（值）廿钱以上，孰（熟）治
（笞）之，出其器。弗辄治（笞），吏主者负其半。（《秦律十八种·
司空》简148—149）

从前引简牍材料来看，若下属出现问题，他们往往还要承担连坐责任。
因此，当有"计脱实""出实多于律程"或"不当出而出之"行为发生
时，吏主者和（官）啬夫被牵连并不足为怪，而本简规定的就是官啬夫
被其下属的这三种犯罪行为连坐所应受到的惩罚，包括经济处罚"赀"
和共同赔偿损失的财物。

下属在会计、核验中失职而造成官有物资的损失，由上级官啬夫来
共同承担赔偿责任，在秦律其他条文中也有体现，如：

县、都官坐效、计以负赏（偿）者，已论，啬夫即以其直（值）
钱分负其官长及冗吏，而人与参辨券，以效少内，少内以收责之。
其入赢者，亦官与辨券，入之。其责（债）毋敢隃（逾）岁，隃
（逾）岁而弗入及不如令者，皆以律论之。（《秦律十八种·金布律》
简80—81）

官啬夫免，效其官而有不备者，令与其稗官分，如其事。（《秦
律十八种·金布律》简83）

可见，公家财产的赔偿并非由造成损失的直接当事人单独承担，他的上
级官啬夫、官长、冗吏都要负责；而官啬夫在去职检查时发现的所管物
资亏空，也要由官啬夫和他的下级稗官共同补齐。

由是，再来看本简与简一的差别。简一只说造成了损失必须赔偿，
是一个笼统的普适性法条；本简则详细说明了具体惩罚标准——除了一
般性的赔偿，还有对啬夫失职的处罚"赀"，是能在法律实践中直接运用
的规则。本简提到当损失价值小于二十二钱时，官啬夫可以免罪，而简

一无此内容。这一方面是因为官啬夫毕竟不是直接责任人，损失较小时连坐责任就可以减轻甚至免除，但简一是针对涉事者的，不能因为损失小就不赔偿；另一方面，赔偿金额很小的话，当事人自己就可以完成，无须再和上级官员分担。

（中国人民大学历史学院）

湖南益阳兔子山遗址九号井出土简牍概述

张春龙　　张兴国

兔子山遗址在铁铺岭古城址的中间偏东南位置，铁铺岭城址是益阳市文物保护单位。配合益阳市城市建设工程，益阳市文物处和湖南省文物考古研究所于 2013 年对兔子山遗址进行考古发掘。其九号井（后文称为 J9）出土有大量陶器、建筑用大型空心砖、木器和简牍等文物。

一　简牍概况

发掘收集文物进入实验室后，经过前期清理、绘图、编号、拍照、揭剥、清洗、红外扫描，仔细分别，最后确认 J93、5、7、8 保存有数量不一的简牍，其他层位在发掘过程中认为可能是简牍的竹木材质条状物被排除。7 竹简成组出土，应当是同一时间埋入井中，3、5、8 简牍分散出现在古井填土中。总体来说大多数简保存情况不怎么好，槽朽、降解严重，多折断和纵向开裂，部分简只剩下几条若即若离的竹篾丝（这类简及时清理并扫描，字迹或隐约可辨），简文多模糊、漫灭。具体情况如下：

有字简牍：③木简 2 枚

⑦竹简 567 枚

⑧竹简 122 枚

无字简牍：③木简 1 枚

⑤木简 7 枚

⑦竹简 154 枚、木简 2 枚

⑧竹简 38 枚

有字简 691 枚，无字简 202 枚，总计 893 枚（以材质计，木简 12 枚，竹简 881 枚）。竹简为簿籍类文书，一般单面书写，人口登记的簿籍部分分栏书写。书写时一支简记一人或一事，简面大部分留白，多残断，其下半段无字者，但因错位而难于缀合。统计时会有同一支简断裂后，有字残段计入有字简，无字残段计入无字简的现象。

二　简牍规格

第三层木牍两枚：J9③1 长 23 厘米、宽 2.4 厘米，重 10.8 克。
J9③2 长 46.2 厘米，宽 2.5 厘米，重 47 克。

第七层、第八层竹简长度多 22.7—23 厘米，略有参差，一般不超出 22—24 厘米的范围，宽度多为 0.7—0.9 厘米，厚 0.1 厘米。

饱水状态时完整简重 2.0—2.4 克，最重 3.6 克。

两道编绳，无法分别先编联后书写还是先书写后编联。

简上文字均毛笔墨书。

三　简牍内容

（一）第三层木牍

共二枚，一为司法文书，一为秦二世胡亥诏书。

J9③1：天下失始皇帝，皆遽恐悲哀甚。朕奉遗诏，今宗庙吏及箸以明至治大功德者具矣，律令当除定者毕矣，元年与黔首更始，尽为解除流罪，今皆已下矣。朕将自抚天下，（正）吏、黔首其具行事已，分县赋援黔首，毋以细物苛劾县吏。亟布。

以元年十月甲午下，十一月戊午到守府。（背）

此文告为秦二世胡亥元年十月发布，文中开后世文书中提到本朝皇帝换行顶格体例之先河。"朕奉遗诏"，强调继位政治的正确性，"尽为解除流罪"是司法改革，"分县赋扰黔首"，有经济改革，赈济平民之意，

"毋以细故苛刻县吏"则是吏治的变化，拟约略宽待底层吏员。看来二世虽然年少，未必如历史文献所记载的糊涂，也和臣属一道看到了始皇政策的诸多弊端，流罪在当时是极为严重的法律惩罚，有流罪重于死刑的说法，这一刑罚一直延续，直到清朝。"尽为解除流罪"应当是一件非常大的事件，只是二世享国日短，看到了问题未必找到了解决问题的办法，也可能是官样文章，粉饰而已。①

（二）第七、八层竹简

保存情况不好，缀合、复原文档难度非常大。简七·一上端虽略有残断，文字似乎未受影响，简文较完整，为"事卒凡五十四人，远栾之月乙亥之日，□□□□不□将卒……"我们以之为据，参照其他简文，知这些竹简应是一种簿籍，其记录书写顺序为："事卒"之数量、事件发生之时间、"将（率领）"事卒之官吏姓名（监某人、吏某人），所执行之任务"行（进行某种活动或出发）"，然后分别记录"事卒"的姓名、居住地点的"里"名，参与其事的其他官吏的姓名和职位。

具体年名未录，记月以楚国独有的月名"远栾""刑栾"等，以干支

---

① 资料公布后，为学界所关注，从释文到文书性质乃至所蕴含的历史政治意义，均有研究者加以阐发。陈伟先生据图片以为原释文"流罪"之"流"当为"故"，"分县赋以援黔首"当为"少徭赋以扰黔首"。简牍埋藏时有多处折褶，且椠材质地粗糙，牍面多竖向凹凸，致扫描图片中"分"字末笔不能充分显示，"流"字处在三条折线的交点处，据发掘现场观察，仍以释"流""分"为宜。"援"从陈伟先生意见改释"扰"陈伟《〈秦二世元年十月甲午诏书〉校读》，简帛网，http：//www.bsm.org.cn/show_ article.php？id=2259。孙家洲先生以之与北京大学藏西汉简《赵正书》互相阐发，以为"如此说来，秦二世的继位，是矫诏的结果，其统治权力的来源'合法性'是大成问题的……假如秦二世继位之后，社会上没有出现其权力来源是否'合法'的不同议论，秦二世何必以诏书的名义来向社会加以强调？"孙家洲：《兔子山遗址出土〈秦二世元年文告〉与〈史记〉纪事抵牾释解》，《出土文献与中国古代文明学术研讨会》论文集，2015年6月，第174页，北京。笔者按：二世元年十月距沙丘之谋已是数月，十月朔日为甲戌，诏书发出的时间是十月甲午，又是二十一日之后，这宣示"继位"合法性的文件出现的时间，不能不说是非常迟缓了，看来胡亥、赵高等对此重大事件所引起的社会反响准备不足，被迫针对不利的舆情而进行事后掩饰，迹象明确。十月甲午至十一月戊午为二十五天，文书传送时间二十五天。以秦朝的邮驿设置和文书传送效率而言，诏书由咸阳至苍梧郡太守府所在地长沙，费时之长也值得推究。吴方基、吴昊以为"文告指出胡亥当政时期并不完全是司马迁、贾谊等人所说的法令与吏治刻深、'赋敛无度''百姓困穷而主弗收恤'等情况，而是非常重视赦免罪人，'德惠'吏、民。与此同时，从文告记载中显示秦王朝灭亡的主要原因是因为关东民心不安，尚未完全归附于秦，而不完全秦二世胡亥无道造成的"。《释秦二世胡亥"奉召登基"的官府文告》，简帛网，http：//www.bsm.org.cn/show_ article.php？id=2025。

记日。

记录事卒和吏员的格式：（州、邑、里）＋人名、县名＋职位＋人名、身份（或爵位）＋人名＋所居之里名，参与"行"的官员官职与姓名。

简文中卒、倅并出，为同一字无疑。"事"读如"使"，有安排、差遣之意，或者是行役、从事某种工作的平民的专称。①

地名和官名有益阳□□大官首、潗易𫮃、芋州公、冀溪公、□易公、畚公、下佰令、上佰司马等，"大府"则可能是负责某些专门工作如钱物的部门。因简文残泐过甚，无法探讨里之上的行政单位名称如郐𢧵、潗易、芋州、曾、宜处、襄邑、蔡等，它们未必是益阳县所辖，可能是与益阳平级的单位。简文所载里名也无从还原到具体的县、𢧵、州、邑之中。

"上佰司马""下佰令"，"佰"很可能是一种军事建置单位，分为"上佰""下佰"，是否有"中佰"暂且缺乏证据；其组成人员可能为一百人，负责者为"令""长""司马"。另有一条出土资料可补充于此，1954 年发掘的长沙左家公山 M15（《长沙楚墓》中编号为 M185），其椁板上刻画有文字"伯长芺定林"②。"伯"与"佰"为同一字之异构。

由此看来，第七、八层的竹简大多数是益阳县县署记录"事卒"的簿籍。简文未见题名，且缺乏传世文献和同时期的出土文献可资对比，时代稍晚的里耶秦简中有"吏员簿""作徒簿"，更晚的居延汉简有"劳作簿"，考虑到简七·一至八多有"事卒"一名，我们径称为"事卒簿"。

"事卒簿"则是考古工作中首次发现战国时期楚国县级衙署的档案文

---

① 2015 年 6 月，在"出土文献与中国古代文明学术研讨会"上，孙占宇先生等指出，"事"也可读为"吏"，名为"吏卒簿"亦可。然据里耶简之"作徒簿"、居延简之"劳作簿"，其关注点在刑徒或士卒的"作""劳"，而"事"有"使"的意思，记录的意义在"卒"的使用，即"事"，我们认为以"事卒簿"为名较为妥当。

② 左家公山 M15 棺椁构件堆放在库房中，2014 年管理员任亭艳、蒋玮发现，主任廖丹拍摄照片。墓葬年代据《长沙楚墓》，为三期六段，属战国中期晚段。至于刻文出现于具体的椁板的具体位置，因湖南省博物馆正在新建中，相关文物已搬移且集中存放，暂时查访不便。湖南省文物管理委员会：《长沙市左家公山的战国木椁墓》，《文物参考资料》1954 年 12 期；湖南省博物馆湖南省文物考古研究所等编著：《长沙楚墓》，文物出版社 2000 年版，第 449、465 页。

书，是探讨楚国基层政府行政运作非常有趣的资料，可资研究楚国的县乡里等设置、官制、人口管理、历史地理等。

简文以大多数以楚国文字书写，七·一四五至一五〇简的文字风格更接近秦代隶书。比较费解的是七·一五一简，它长仅三厘米，双面书写，一面是楚文字，一面是秦文字"郡县"，以此推测，虽竹简记事未载具体年份，但离秦国势力的到来，"天下为郡县"已是时日无多了。

四 结语

益阳是今天的湖南境内最早设置的县份之一，湖北荆门包山二号楚墓83号简记录有"益阳公"，说明楚国中晚期已在此地设县并行使有效的统治管理。里耶秦简8—147、8—1497等简记载有"益阳"，"益阳"此处是县名无疑，且居于湘西北与长沙地区的交通要冲，地理位置重要。北魏郦道元《水经注》"茱萸江又东经益阳县北，又谓之资水。应劭曰：县在益水之阳。今无益水，亦或资水之殊目矣"。益水之名无由查考，秦汉益阳县治所在，谭其骧等以为在今天的益阳市东部赫山区一带。① 20世纪七八十年代考古工作者通过调查勘探，确认位于今赫山区的铁铺岭城址为秦汉时期遗存②，2013年度的考古工作明确了铁铺岭遗址是历史上益阳县县城所在③，城址经历战国楚、秦、张楚、西汉、东汉、三国直到两宋，出土简牍数量众多，内容丰富，弥补了文献记载的缺失，以九号井为代表的遗迹单位内与简牍共出的砖瓦、陶瓷器等其他材质的文物丰富，共存关系明确，对照简牍文书具体的年月记载，可建立益阳及临近地区考古学文化系列。

（湖南省文物考古研究所）

---

① 谭其骧主编：《中国历史地图集》，中国地图出版社1982年版，第22—23、49—50页。

② 益阳市文物管理处、益阳市博物馆：《益阳楚墓》，文物出版社2008年版；湖南省博物馆、益阳县文化馆：《湖南益阳战国两汉墓》，《考古学报》1981年第4期。

③ 遗址在资水南岸，而遗址之南更无略具规模的河流或湖泊名"益"者，若依水为名，则不得称为益阳，益阳名称的由来，当另有原因。

悬泉汉简整理研究的若干问题^①

张德芳

　　大家知道，20 世纪 90 年代初，在甘肃河西走廊的敦煌发现了迄今为止保存最完整、规模最大、时代最早的邮驿机构的遗址——悬泉置遗址。由于遗址中出土了 35000 多枚汉简和数以万计的其他文物，被分别评为"八五"期间和当年的十大考古发现之一。由于遗址的位置及其展现的历史功能，曾在丝绸之路的交通要道上发挥过重要作用；也由于出土物的丰富尤其是 30000 多枚汉简的出土，对我们重新认识丝绸之路和欧亚大陆的世界具有重要意义，被联合国教科文组织于 2014 年 6 月 22 日评为世界文化遗产。

　　下面就悬泉置遗址和悬泉汉简所涉及的一些重要问题作一些介绍，以供大家在当今"一带一路"的背景下研究历史上的丝绸之路时作些参考。

一　悬泉置遗址和悬泉汉简

　　悬泉置遗址的位置坐落在甘肃西部瓜州县和敦煌市交界处，在瓜敦公路南侧 1000 米的山丘底下。坐标是东经 95°19′45″，北纬 40°15′54″。遗址南部是三危山余脉火焰山，山涧有泉水汩汩流出，名曰悬泉水，经年不断。悬泉置即由此得名并赖此以生存。遗址的院落、房屋、马厩等均为汉代遗存，但坞院的西南角压一烽墩，属魏晋遗存，故遗址的时代总

---

①　国家社科重大项目"悬泉汉简整理与研究"（项目编号 13&ZD086）阶段性成果。

体上属汉晋时期。根据《元和郡县图志》和敦煌卷子（S514、P2005、P2691、P2815）的记载，到了唐代，还称此地为悬泉水，并有悬泉驿、悬泉镇、悬泉乡的设置。但这些机构的遗址究在何处，尚未发现。可以肯定的是，此地在汉唐时期，有着很多可以讲述的故事，并不像今天这样寂寞。

该遗址是一个开放型的院落，50 米 × 50 米，总共 2500 平方米，院门东开。院内有 27 间大小不等的房屋供人居住和办公。院落南墙外有专门养马拴马的马厩。出土的汉简，有字者 23000 余枚，现在整理编号者 18000 枚左右。另有竹木漆器、草编器、皮革、丝织器、毛麻织品等用品 6000 余件，铁器类生产工具 230 余件，各类陶器陶片 30000 余件。

史书中关于"厩置""传置""骑置""邮置"的名称多有记载，如《史记·田儋列传》有"未至三十里，至尸乡厩置"。《汉书·文帝纪》有"太仆见马遗财足，余皆以给传置"。《汉书·西域传》有"事有便宜，因骑置以闻"。《后汉书·西域传》有"立屯田于膏腴之野，列邮置于要害之路"。如果再往前追溯，"置"的出现还可追溯到春秋战国孔、孟的时代。《孟子·公孙丑上》有"孔子曰：德之流行速于置邮而传命"。孟子引述的是孔子的语言，可见，"置"的出现，最晚也在春秋时代。但"置"是一种什么样的机构？它的建置、分布、规模、格局、人员编制、车马数量、管理体制、功能作用，以及它在国家社会中的角色，在悬泉置遗址发现以前，我们几乎知道得很少。而悬泉置却给我们呈现了一个古代驿置机构的完整形象，再加上大量的汉简和出土文物，从宏观到微观，许多重大历史事件和社会生活诸方面的细节，都得以生动地揭示出来。从小到大、从地方到朝廷、从边疆到内地、从局部到全体，通过解剖麻雀，使我们对遥远的过去有了新的认知。

根据汉简的记载，悬泉置隶属于敦煌郡效谷县，全称应是"效谷县悬泉置"。人员定额有官卒徒御 37 人，有员马 40 匹，传车 10—15 辆。除养马外还饲养一定数量的牛，有牛车 5 辆。主要工作一是传递公文信件，也包括私人邮寄的信函和物品；二是接待东来西往的行客和官员。每当朝廷用兵西部，皇帝的诏书、朝廷的紧急公文以及出征将士的军书急报，也都经过悬泉置传送。在接待任务方面，不仅朝廷官员出使西域、公主出嫁和亲，而且西域各国包括中亚、西亚、南亚次大陆有关地区和国家前来中原进贡、受封、觐见、通使，都要经过悬泉置，在此停留、歇脚、吃饭。像这样的驿置机构在当时的敦煌郡共有 9 座，依次是渊泉置、广至置、效谷置、鱼离置、悬泉置、遮要置、龙勒置（可能还有玉门置和冥安置）。每个置相距 30 公里，从东到西一线排开，承担了上述接待和传递任务。悬泉置是一个综合性的机构，由置啬夫、置佐、置丞负责日常工作。下面还有悬泉厩、悬泉厨、悬泉传舍、悬泉驿、悬泉邮、悬泉骑置，由厩啬夫、厨啬夫、传舍啬夫之类，各尽其职，协调配合。

总的来说，悬泉置地处交通要道，它所承担的任务又是传递文件和接送使者，所以悬泉汉简的记载几乎都与中西交通有着密切关系。不光悬泉汉简如此，就是其他敦煌、居延等地出土的河西汉简和新疆出土的所有汉简，都无不如此，是研究丝绸之路和中西文化交流的第一手资料。它把一件件原始记录生动具体地呈现在我们面前，弥补了史书记载的空泛，使很多重大历史问题得到了解读。

举一个例子，比如长安到敦煌的路线走向。从长安到敦煌，现在的里程近两千公里。《汉书·西域传》对阳关以西如何到达葱岭（帕米尔）有西域南道和西域北道的记载，但从长安到敦煌怎么走法，没有记载。因为涉及道路沿线的社会状况和丝绸之路对周边的影响，所以这段路线的走向早就引起了学界的关注。前辈学者夏鼐、严耕望都有专文和专书。过去的几千年里，从长安到敦煌，有南道、中道、北道的说法。南道从长安出发，沿渭水西上经宝鸡、天水、临夏而进入西宁，沿青海湖出扁都口进入张掖，称为"羌中道"；中道是先沿上述路线进入天水，西北经定西过兰州，在河口北渡黄河沿今 312 国道进入武威；北道是长安出发，西北经礼泉、永寿、彬县、长武，即沿泾水西北行，依今天 312 国道的线路到平凉，然后北转进入宁夏固原，绕过六盘山北，西进武威。三条路线在历史的不同时期都曾存在过，但两汉时期走哪条路？众说纷纭。历史不是平静的，它伴随着很多动荡。陕甘地区又是多民族交汇共聚的地带，中西交通哪条路能够畅达，要受到众多因素的制约。正确的回答要靠真凭实据，不能依据今天看到的世界推测两千年前的情况。居延出土的里程简和悬泉出土的里程简分别告诉我们，丝绸之路的最初年代，至少在初期的一百年里，从长安到敦煌，北线是安全、便捷并具备各种必要设施的最佳选择。简中详细记载了每一段路线的走向、里距和停靠站点。第一段，京畿段（当时属右扶风）："长安至茂陵七十里，茂陵至茯置卅五里，茯置至好止（畤）七十五里，好止至义置七十五里。"这一段五个站点，全程255汉里，当时1汉里约等于今天的415.8米，合今106公里。从长安出发，经今兴平县境之茂陵、过干县、永寿、彬县进入泾水流域，而后经长武进入今甘肃东部的平凉和宁夏南部的固原。第二段，安定段："月氏至乌氏五十里，乌氏至泾阳五十里，泾阳至平林置六十里，平林置至高平八十里。"这一段亦五个站点，240汉里，近100公里。高平是汉代安定郡首县，遗址在今固原市原州区。这一段路线是从平凉东部往西北到固原。第三段，武威段："媪围至居延置九十里，居延置至觻里九十里，觻里至揲次九十里，揲次至小张掖六十里，小张掖去去姑臧六十七里，姑臧去显美七十五里。"媪围、居延置、觻里、揲次、小张掖（武威郡之张掖县）、姑臧、显美七个站点472里，196公里。这是横贯武威郡的路线。第四段，张掖段："删丹至日勒八十七里，日勒至钧耆置五十里，钧耆置至屋兰五十里，屋兰至氏池五十里，氏池去觻得五十四里，觻得去昭武六十二里府下，昭武去祁连置六十一里，祁连置去表是七十里。"这一段有九个站点，484汉里，200公里。是横贯张掖境内的东西大道。第五段，酒泉段："玉门去沙头九十九里，沙头去干齐八十五里，干齐去渊泉五十八里。右酒泉郡县置十一·六百九十四里。"简文中"右酒泉郡县置十一，六百九十四里"，可知横跨酒泉停靠站点是11个站点，全程694汉里，合今288公里，每个站点相距28.8公里。第六段就到了敦煌，简文记载就更清楚了。当时的敦煌郡东西约300公里，有"厩置九所，传马员三百六十匹"。

　　2000公里的路程，在当时的交通条件下，没有沿途分布的传舍邸店等各种设施，所谓的交通畅达就不可能存在。简文中记载的这些停靠站点，实际上应包括了上述设施。

二　悬泉汉简中关于汉朝与西域的关系

　　历史上狭义的西域主要指阳关以西到葱岭以东，昆仑山以北到巴尔喀什湖以南，有200多万平方公里的土地。在这里，旧石器时代和新石器时代的遗存陆续已有多处发现。青铜时代和铁器时代的遗址遗物更是广泛分布。从公元前 2000 年到前 200 年这段时间里，东西人种、文化、语言在这里交融、碰撞，为匈奴和汉朝的势力进入此地准备了广阔的历史舞台。按照《汉书》的记载，汉初西域三十六国，后来分化为五十五国。当然，这个"国"是传统史书的记载，不同于我们现代"国家"的概念。当时的"国"，充其量就是相对独立和封闭的游群或酋邦。

公元前 2 世纪，匈奴和汉朝的目光一直专注于此地，经过一个世纪左右的博弈，匈奴势力衰弱，汉朝把西域纳入自己的管理体系。当时的汉武帝军事外交并用，先是派张骞两度出使西域，意在联络大月氏和乌孙一起打击匈奴；后是霍去病三出河西，消灭了匈奴在河西的势力。"设四郡，据两关"，以河西为基地，派李广利远征大宛，派使者校尉屯田渠犁。水到渠成，到宣帝时设置西域都护，总领西域。

关于汉与西域诸国的关系，史书上对一些大的事件、人物都有总括性的记载，但大多缺乏具体细节描述，而汉简的记载就从细处方面弥补了这方面不足。比如日逐王降汉，《汉书·郑吉传》记载："神爵中，匈奴乖乱，日逐王先贤掸欲降汉，使人与吉相闻。吉发渠黎、龟兹诸国五万人迎日逐王，口万二千人、小王将十二人随吉至河曲，颇有亡者，吉追斩之，遂将诣京师。汉封日逐王为归德侯。"汉简记载，与此同时，朝廷方面由大司马车骑将军韩增和御史大夫丙吉发布文件，派人专程到敦煌、酒泉迎接日逐王。就连日逐王路过敦煌时，敦煌地方当局派出多少人送迎，吃过几顿饭，甚至从敦煌到冥安的路上累死一匹马的事，也有记载。史书中总体叙述和汉简中这些具体细节相互补充，相得益彰，使人看到了这件事的多个侧面。日逐王降汉，是汉朝经营西域的重大历史事件。其后的连锁反应就是西域都护的设置，《汉书·西域传》"僮仆都尉由此罢，匈奴益弱，不得近西域"。从而结束了匈奴对西域一百多年的统治，改变了西域的历史走向，成为影响中国和世界的标志性事件。从这个角度看，汉简作为原始记载的第一手资料提供的佐证就极其重要。

西域五十五国中，有四十八国属都护管辖，其中南道十七国，中道十五国，北道十六国。另有七国，在今中亚、西亚和南亚地区，"不属都护"。

先说南道诸国。《汉书》说："自玉门、阳关出西域有两道。从鄯善傍南山北，波河西行至莎车，为南道。南道西逾葱岭则出大月氏、安息。"说的是昆仑山以北，塔里木盆地南缘。在这条通道上，从东往西，分布着婼羌、鄯善（楼兰）、且末、小宛、精绝、戎卢、扜弥、渠勒、于阗、皮山、莎车、蒲犁、依耐、乌秅、西夜、无雷、桃槐等十七国。十七国中，悬泉汉简对其中的十国有程度不同的记载，它们是：楼兰（鄯善）、且末、小宛、精绝、扜弥、渠勒、于阗、皮山、莎车、蒲犁。比如："楼兰王以下二百六十人当东传车马皆当柱敦□（Ⅱ90DXT0115②：47）。"说的就是元凤四年（前77）楼兰尚未改名为鄯善之前，楼兰王等二百多人前来中原时路过敦煌悬泉的情况。

　　再比如："……斗六升。二月甲午，以食质子一人，鄯善使者二人，且末使者二人，莎车使者二人，扜阗（于阗）使者二人，皮山使者一人，踈勒（疏勒）使者二人，渠勒使者一人，精绝使者一人，使一人，拘弥使者一人。乙未，食渠勒副使二人；扜阗（于阗）副使二人，贵人三人；拘弥副使一人，贵人一人；莎车副使一人，贵人一人；皮山副使一人，贵人一人；精绝副使一人。乙未以食踈勒（疏勒）副使者一人，贵（人）三人。凡卅四人。"（Ⅱ90DXT0213③：122）这是"甲午""乙未"连续两天之内，有上述十个国家的使者、副使、质子、贵人三十四人前来中原的记载。其中的楼兰、精绝、于阗等国可谓镶嵌在西域南道的明珠，在中西文化的交流、宗教的传播等方面发挥过重要作用。20世纪初，斯文赫定和斯坦因先后多次到楼兰、尼雅、丹丹乌里克、安德悦和和田等地考察发掘，获得大量汉晋以后的各类文物。20世纪八九十年代，新疆有关部门单独或者采取国际合作的方式，在对上述地区进行的多次发掘中，也都取得了丰硕成果。汉简是汉朝势力进入西域的早期记载，同后来发现的各个时代的历史文物，共同见证了丝绸之路的盛衰兴废，是最早、最原始、最具体的档案记录。

　　再说中道。就是天山南麓、塔里木盆地北缘。这条通道《汉书》中将其称之为北道。因为西汉时，天山以北的草原之路尚未通达，即使汉使前往乌孙，也需走天山以南，到疏勒（今喀什）后北转翻越天山到伊塞克湖附近的赤谷城。西汉末年到东汉，从敦煌出发，开通北新道，从敦煌西北玉门关出发，经吐鲁番后南可与中道合，北可直达乌孙、康居。《三国志》裴注引《西戎传》："从敦煌玉门关入西域，前有二道，今有三道。"从那时候起，就把《西域传》中的中道改称北道了。《西域传》

说："自车师前王廷随北山，波河西行至疏勒，为北道。北道西逾葱岭则出大宛、康居、奄蔡焉。"西汉时，这块地段从东到西有山国、危须、焉耆、尉犁、渠犁、乌垒、轮台、龟兹、姑墨、温宿、尉头、疏勒、捐毒、休循、大宛十五国。这些国家中，捐毒、休循分别只有300多户，1000多人，是地处葱岭山中的塞种部落。尉头地处天山深处游牧部落，也只有300多户人家。汉简中除未发现这三个国家的记载外，对其他十二国的记载，都十分丰富。

这些国家中，危须、焉耆、尉犁地处博斯腾湖周围，水草丰茂，自然条件好。匈奴控制西域，就是以此为据点的。所谓"匈奴西边日逐王置僮仆都尉，使领西域，常居焉耆、危须、尉黎间，赋税诸国，取富给焉。"（《汉书·西域传》）汉朝进入西域后，对此也给予相当关注。如汉简有"甘露四年十二月□□，遣令长罗侯……守候张谭送尉犁王、王夫人使诣□三月甲辰东"。（节引 V92DXT1511③：3）这是公元前49年一月的某天，时在西域的长罗侯常惠派人护送尉犁王及王夫人到京朝贡时留下的残损记录。再如"永光元年二月癸亥，敦煌大守守属汉刚送客，移过所县置，自来焉耆、危须、鄯善王副使……匹、牛车七两，即日发敦煌，檄到，豫自办给，法所当得。都尉以下逢迎客县界。相……"（V92DXT1310③：162）这是公元前43年四月三日，敦煌太守派员迎接上述三国使者的过所，有马若干匹，牛车七辆，从敦煌出发，东往长安。沿途所需自行采买，都尉以下要在县界迎接。后来到东汉时，焉耆坐大，吞并了东边这些小国，称霸一时。20世纪初及后来，在南疆地区发现焉耆语（吐火罗语 A）和龟兹语（吐火罗语 B）文书，都属印欧语系伊朗—梵文语支，流行时间应在公元5世纪以后。至于两汉时期的焉耆人操什么语，我们还不得而知。但可以肯定的是，焉耆逐步成为丝绸之路上一个重要国家，其经济文化的基础早在两汉时期就已初步奠定。

龟兹在西汉时就是西域大国。论人口，除乌孙（630000）、大宛（300000）外，龟兹在城郭诸国中最为强大，有人口81317口，胜兵20000多人。匈奴势力衰弱后，汉朝与上述三国的关系决定着西域的走向。乌孙解忧公主生有三男两女，其长女弟史被龟兹王看中。公主派其女弟史到京师学习音乐，结束后返回乌孙途经龟兹时，被龟兹王降宾"留不遣"，公主也答应这桩亲事，"后公主上书，愿令女比宗室入朝，而龟兹王绛宾亦爱其夫人，上书言得尚汉外孙为昆弟，愿与公主女俱入朝。元康元年（前65），遂来朝贺。王及夫人皆赐印绶。夫人号称公主，赐以车骑旗鼓，歌吹数十人，绮绣杂缯琦珍凡数千万。留且一年，厚赠送之。后数来朝贺，乐汉衣服制度，归其国，治宫室，作徼道周卫出入传呼，撞钟鼓，如汉家仪。载《汉书·西域传》外国胡人皆曰：'驴非驴，马非马，若龟兹王，所谓赢也。'"其实，汉家文化和西域文化相互交流的典型形态莫过于此。汉简中有龟兹王和王夫人路过敦煌的记载："·右使者到县置，共舍弟一传。大县异传舍如式。龟兹王、王夫人舍次使者传。堂上置八尺床卧一张，卓若青帷。阁内共上四卧，皆张帷床内□。传舍门内张帷，可为贵人坐者。吏二人道。"（Ⅰ90DXT0114①：112）这是敦煌悬泉置接待龟兹王和王夫人的一份记录的其中一段。简文中涉及接待龟兹王的传舍规格、床上如何布置帷幔、贵人座位的讲究以及道引的仪式。尽管比较简单，但在悬泉置这样的荒野条件下，同样体现了敦煌地方对龟兹王夫妇路过此地时的隆重礼遇。还有一条也很有趣："诏医偃、博皆以请诏治龟兹王绛宾病，满五岁。咸以诏书为驾□□轺传共载。建昭元年十二月乙丑朔甲戌，敦煌……□敦煌以次为驾当舍传舍从……"（Ⅱ90DXT0216②：767）简文的意思是，偃、博两位医生应诏去西域为龟兹王降宾治病，时已五载。现在他们已完成使命返回京师。公元前37年一月十三日，敦煌太守发文，要沿途给予食宿车马的便利。龟兹王降宾是本始三年（前71）被扶上王位的，六年后于元康元年（前65）与公主长女弟史双双来京朝贺，到建昭元年十二月汉朝两位太医返回时，他已在位34年。此时的龟兹王年老多病，汉朝派太医赴龟兹护理五年，这样一种血浓于水的关系，带来了汉朝与西域近半个世纪的和平安宁。后来的若干世纪里，尽管朝代沿革，世事变迁，但龟兹一直长盛不衰。各人种、各民族、各种语言、各种文化、各种宗教都在这里留下了丰富的遗产。今天龟兹学紧随敦煌学之后，成为研究丝绸之路的国际显学。

中道所涉及的国家还有大宛，但大宛虽属西域都护管辖的范围，但地处中亚乌兹别克斯坦东部的费尔干纳盆地，留待下面谈到中亚时再一起陈述。

关于西域北道。主要指天山以北的乌孙和天山东部的一些小国，总共十六个。从东到西依次是：蒲类、蒲类后国、车师前国、车师都尉国、车师后国、车师后城长国、胡狐、郁立师、卑陆、卑陆后国、劫国、东且弥、西且弥、单桓、乌贪訾离、乌孙。十六国中，乌孙最为大国，有户12万，有口63万，游牧于天山以北、巴尔喀什湖以南，乌鲁木齐、玛纳斯以西，地盘最为辽阔。其余十五国今天的哈密，吐鲁番到乌鲁木齐一带。车师前国、车师后国，分别有5000—6000人，其余都不到2000人。最小的单桓，只有27户，194人。汉简中记载乌孙的材料最丰富，其次是关于车师的。其他小国如胡狐、且弥、乌贪訾离等也有记载。下面举车师和乌孙两个例子。车师前国在交河城，是进入西域的东部门户，汉与匈奴曾有过"五争车师"的战役，战略地位十分重要。汉元帝初元元年（前48）派戊己校尉屯田车师，从此掌握了控扼西域的主动权。汉简中有大量车师屯田和戊己校尉的材料。从汉简看，戊校尉和己校尉是分设的，各领500戍卒，平是屯田，战时打仗，归西域都护管辖。车师屯田、伊循屯田和渠犁屯田以及在乌孙的赤谷城屯田，形成了西汉在西域的驻兵和屯田格局，有力地保障了西域的稳定和丝绸之路的畅通。如"出粟六升。以食车师侯令史薛谭罢诣北军，再食，食三升"。（Ⅰ90DXT0210①：72）这是车师屯田吏卒屯戍期满回京师路过悬泉置吃过两顿饭的记录。"出粟一斗二升。以食车师左部后曲池当，从者一人，人再食，食三升。"（Ⅱ90DXT0112③：118）也是同上类似的材料。"五月壬辰，敦煌大守强、长史章、丞敞，下使都护西域骑都尉、将田车师戊己校尉、部都尉、小府官县，承书从事下当用者，书到白大扁书乡亭市里高显处，令亡人命者尽知之。上赦者人数，大守府别之如诏书。"（Ⅱ90DXT0115②：16）这是敦煌太守府传达的一份朝廷的大赦诏书，令各地大扁书乡亭市里，要那些重案在身亡命在外的都能知道。文件中专门提到了"将田车师戊己校尉"。还有，"永光五年五月甲辰朔己巳，将田车师己校尉长乐兼行戊校尉事，右部司马丞行……"（Ⅱ90DXT0215②：21）这是戊校尉和己校尉分设，有戊校尉长乐兼行己校尉事的记载，时在公元前39年七月十七日。总之，汉简中关于车师屯田的材料，对我们了解当时车师屯田的建制、规模、隶属关系以及它在守护西域东大门，保障西域安全方面的作用具有重要意义。

汉简中关于乌孙的材料也极为重要。乌孙最早出现在中国的史书是公元前2世纪，到公元5世纪，他们已消失在茫茫人海中了。但是在两汉时期尤其在西汉的两个世纪里，他们发挥过重要的历史作用。在匈奴、乌孙、汉朝的三角关系中，他们的态度和向背举足轻重。按《汉书·西域传》的记载："始张骞言乌孙本与大月氏共在敦煌间"，似乎乌孙是河西走廊一个古老的民族。但是时至今日在河西走廊并未发现确指为乌孙的遗存。所以乌孙在"敦煌间"的哪一段或者究竟是否曾在河西走廊游牧过，还是学术界争论的一个问题。按照体质人类学的研究，乌孙的人种主要属于印欧人种，但有轻微蒙古人种的影响。从西汉末年的户口统计看，乌孙有户 12 万，有口 63 万，胜兵 18.8 万。跟汉人差不多，五口之家。张骞第一次出使西域联络大月氏共击匈奴，不得要领而还。紧接着第二次出使西域，目标就是联络乌孙东居故地，以断匈奴之右臂。乌孙虽然未能如汉朝所愿东还故地，但张骞之行却促成了汉朝与乌孙的和亲，先是细君公主，而后是解忧公主。成其是解忧公主在乌孙的 50 多年里，汉朝与乌孙、汉朝与匈奴的关系都发生了重大变化。公主和亲、公主侍女冯夫人锦车持节往来于汉乌之间、长罗侯常惠多次出使乌孙，乌孙最终分为大小昆弥受汉朝封拜，在汉简中都有大量记载。如《悬泉置元康五年正月过长罗侯费用簿》有简 18 枚，是一份公元前 61 年长罗侯常惠的部属路过悬泉置消费酒、肉、鱼、米、豉、酱的记录。吏卒的身份有长吏、军候丞、司马、斥候、弛刑士等。路过的人数分别为 12 人、72 人、75 人、300 人不等，这是汉朝派长罗侯常惠出使乌孙的生动记载。

"神爵二年正月丁未朔己酉，县泉置啬夫弘敢言之，遣佐长富持传迎长罗侯敦煌。禀小石九石六斗，簿入十月。今敦煌音言不簿入。谨问佐长富，禀小石九石六斗，今移券致敦煌□□。"（Ⅰ91DXT0309③：215）这是公元前 60 年二月四日，悬泉置啬夫回复敦煌的文件，事因是置佐长富去敦煌迎接长罗侯时所用粮食的账目尚未报销，对方正在催促办理。

"上书二封。其一封长罗侯、一封乌孙公主。甘露二年二月辛未日夕时受平望译骑当富。县泉译骑朱定付万年译骑。"（Ⅱ90DXT0113④：65）这是公元前 52 年三月九日，长罗侯常惠和乌孙公主给朝廷的上书经过悬泉置传递的记录。年前，由于乌孙内乱，翁归靡之子乌就屠袭杀泥靡自立为昆弥，汉遣破羌将军辛武贤率兵万五千人至敦煌，欲讨之。后来长罗侯常惠赴乌孙，立解忧公主之子元贵靡为大昆弥，改立乌就屠为小昆弥，均赐汉印绶。长罗侯三校人马屯田赤谷，保护其地界人民。此时，公主和常惠随时有很多重要军情上报朝廷，这两封上书就是在这种背景下上奏朝廷的。

"甘露二年二月庚申朔丙戌，鱼离置啬夫禹移县泉置，遣佐光持传马十匹为冯夫人柱，廪穬麦小石卅二石七斗。又荽廿五石二钧。今写券墨移书到，受簿入三月报，毋令缪如律令。"（Ⅱ90DXT0115③：96）"甘露二年四月庚申朔丁丑，乐官令充敢言之，诏书以骑马助传马，送破羌将军、穿渠校尉、使者冯夫人。军吏远者至敦煌郡。军吏晨夜行，吏御逐马前后不相及，马罢亟，或道弃，逐索未得。谨遣骑士张世等以物色逐各如牒。唯府告部、县官、旁郡，有得此马者，以与世等。敢言之。"（Ⅴ92DXT1311④：82）解忧公主的侍女冯嫽"能史书，习事，尝持汉节为公主使，行赏赐于城郭诸国，敬信之，号曰冯夫人。"乌孙内乱时，汉宣帝亲诏冯夫人回京问询，征求意见。冯夫人回到乌孙宣布朝廷恩威，迫使乌就屠放弃大号，"愿得小号"，从此有了大小昆弥顺利划分，保证了乌孙的内部稳定，也保证了汉朝与乌孙的正常关系。冯夫人可谓功勋卓著。以上两条汉简，前者是公元前52年四月十三日，敦煌的鱼离置和悬泉置为报销冯夫人路过敦煌所用粮草的账目而来往的文件。后者是公元前52年六月三日，因沿途地方接送冯夫人时军情紧急，日夜兼行，走失了马匹，乐涫县令在事后发公函请求协助查找的文件。

此外，乌孙分为大、小昆弥后直到西汉末年的半个世纪里，昆弥本人或者使者经常到京师朝贺，悬泉汉简中留下了他路过悬泉置的大量记载，都是我们研究汉乌关系、汉匈关系以及匈奴与乌孙关系的珍贵资料。

总之，悬泉汉简保留了大量西域都护府设立后直到西汉末年西域三十多个国家前来京师路过悬泉置停留的珍贵记录。他们的身份有国王、有王后、有质子、有侍子、有贵人、有随从、有使者、有副使。他们的目的有来贺拜的、有来受封的、有来和亲的、有来贡献的、有来纳质的、有来学习的、有来观光的、有来完成其他使命的。就其性质而言，有的属于军事外交，有的属于进贡通好，有的属于文化交流。汉武帝时随着对北方匈奴的节节胜利而对西域采取的一系列军事外交政策，到宣帝及其以后产生了广泛影响。汉朝设置西域都护府总领西域，而对西域各国不采取内地的郡县制而仍其旧俗；在重要的战略地区驻兵屯田，以保障不受匈奴侵犯并负责地方治安；对乌孙和龟兹这样的大国辅之以和亲，结昆弟之好；注重汉文化与西域文化的交流，等等，对西域广大地区进行了有效管理。从汉简材料还可看出，西域各国通过频繁地来汉活动，依附感、归属感和向心力不断增强，他们需要汉王朝的强力保护。按照《汉书·西域传》的记载，到汉朝末年，"最凡国五十。自译长、城长、君、监、吏、大禄、百长、千长、都尉、且渠、当户、将、相至侯、王，皆佩汉印绶，凡三百七十六人。而康居、大月氏、安息、罽宾、乌弋之属，皆以绝远不在数中，其来贡献则相与报，不督录总领也"。也就是说，史书的记载和出土汉简的佐证充分说明，西域都护府建立以后，汉与西域已完全形成一个统一整体。

三　悬泉汉简记载的汉王朝与中亚的关系：大宛和康居

中国最早的官方外交就是张骞出使，就是同中亚打交道。上面所讲汉与乌孙的关系已经涉及中亚，因为乌孙当时的地盘，西面一部分就在今天的吉尔吉斯斯坦和哈萨克斯坦东部。下面所讲大宛和康居，主要就是汉王朝与当时中亚地区的关系。

大宛，地处费尔干纳盆地，东南北三面矗立着天山山脉、吉萨尔—阿赖山脉，中间一块盆地东西长300多公里，南北宽70多公里。总面积在7800多平方公里。乌兹别克斯坦、塔吉克斯坦、吉尔吉斯斯坦三国边界犬牙交错，但盆地内的大部分土地属于乌兹别克。两千多年前张骞首到此地时，以农耕定居的居民已经有了好几百年的历史。公元前9—前7世纪的楚斯特（Chust）文化，已经调查发掘过80多处，有原始的灌溉系统和发达的手工业，显示了当时绿洲城邦国家的逐渐形成。其后公元前6—前4世纪的埃拉坦（Eylatan）遗址是该时期费尔干纳盆地最大的城堡遗址。公元前3—4世纪，有明特佩（Mingtepa）和阿赫斯克特（Akhsiket）遗址，以其具有坚固城防的古代城市成为大宛绿洲国家城市遗址的代表。谷地西部的出口处，有历史文化名城苦盏（列宁纳巴德）和乌拉秋别，都是丝绸之路上的重镇。据说亚历山大进入中亚建立的最东面的城市就是苦盏（当时叫俱战提），因此希腊文化的影响辐射到了这片相对独立的天地。后来塞人南迁，游牧文化的冲击也使此地深受影响。张骞到大宛，已见到大小城邑七十多座，有人民数十万。其最早祖先应属塞人的一支，所谓"自宛以西至安息国，虽颇异言，然大同，自相晓知也。"说明他们统属于印欧语系的伊兰语族；其相貌特征是"皆深目，多须髯"，亦即塞人的特点；"善贾市，争分铢"，说明商业比较发达，生活中的日常必需品得靠商贸交换来满足；"贵女子，女子所言，丈夫乃决正"。这是希腊文化的影响。

张骞于公元前138年出使西域，途中被匈奴扣留十多年。在公元前128年左右脱身后第一站就到了大宛。当时的汉朝和大宛还完全处在隔绝的状态，所谓"大宛之迹，始自张骞"就是这个意思。当时的大宛对来自远方的使者相当热情，供吃供喝，还派向导车骑，把张骞送到康居。但是大宛并不了解这一东方大国的实力和富厚。当汉武帝派人带着币帛重礼去求取汗血马的时候，大宛的国王和贵人变脸了。不光没有答应汉武帝的要求，还攻杀汉使，劫夺财物。这就导致了公元前104—前101年贰师将军李广利远征大宛的行动。最后订城下之盟，获善马数十匹而还。史书云："自贰师将军伐大宛之后，西域震惧，多遣使来贡献，汉使西域者益得职。"汉与大宛的关系在此后的一个世纪里，也基本保持了和平来往的友好关系。《汉书·西域传》把大宛列入西域都护的管辖范围，明言"康居、大月氏、安息、罽宾、乌弋之属，皆以绝远不在数中"，说明大宛同汉朝的关系不同于上述几个国家。悬泉汉简中有关大宛的记载，提供了史书上不曾见到的材料。

比如有一枚汉简，抄录的是公元前74年十二月二十八日御史大夫田广明签发的一份文件，意思是朝廷派专人前往敦煌迎取天马，出了长安以后，从右扶风往西直到敦煌，沿途驿站传舍，都要按规定接待并提供车马食宿。此时，离太初四年（前101）李广利伐大宛之后约定"岁献天马二匹"，已有二十六年时间，说明当时两国所签盟约至少在公元前一世纪的前四分之一时间里一直是践行的。朝廷专门派官员远赴敦煌迎取天马，也说明汉政府对象征两国关系的天马西来十分重视。再比如："大宛贵人食七十一·凡三百一十八人。"（Ⅴ92DXT1311③：216）三百一十八人中可能有其他国家的人，也可能是人次的计法，但就七十一人的使团，也是够庞大的。"大宛贵人乌莫塞献橐他一匹，黄、乘、须两耳、絜一丈。死县泉置。"（Ⅱ90DXT0214②：53）这是贡献的骆驼死到悬泉置的记载。其实，这种贡献只具有象征意义，主要体现政治上的羁縻关系。
"建平五年十一月庚申，遣卒史赵平送自来大菀（宛）使者侯陵奉献，诣
在所以（当为'诣行在所'）"（Ⅱ90DXT0114④：57）这是公元前2年十
二月二十一日。西域都护派人送大宛使者来京师的记载。此时的西汉帝
国已形同落日夕阳，丝绸之路的第一段繁荣期也同此简的记录一样定格
在了此时。

　　大宛往西就是康居，它是丝绸之路上的又一中亚大国。其地理范围
包括哈萨克斯坦和乌兹别克斯坦大部地区。按照史书的记载，康居"与
大月氏同俗"。而"大月氏本行国也，随畜移徙，与匈奴同俗"。一句话，
匈奴、康居、大月氏，都是游牧部族，同大宛那样城郭定居的农耕部族
有着不同的文化。康居作为游牧部族，主要的游牧地区当在锡尔河北岸，
即哈萨克斯坦南部草原。但是康居有五小王，苏薤王在今乌兹别克斯坦
东南部卡什卡塔里亚省的沙赫里夏波兹（Shahrisabz），附墨王在今乌兹别
克斯坦纳沃伊，窳匿王在今乌兹别克首都塔什干。罽王在今乌兹别克斯
坦的布哈拉，奥鞬王在今乌兹别克斯坦西部阿姆河下游花拉子模州首府
乌尔根奇（Urgench）。五小王的分布地区都在今乌兹别克斯坦的农耕
地区。

　　康居与汉朝的关系有一个发展的过程。张骞初次来此，曾得到康居
的友好接待。"康居传致大月氏。"同样是派车派人把张骞送到大月氏。
其后太初年间（前104—前101）李广利伐大宛，康居怕唇亡而齿寒，曾
为大宛后援。北匈奴郅支单于西逃塔拉斯河（今江布尔州），康居与之结
盟，互为翁婿。建昭三年（前36）陈汤伐郅支，康居又暗地里支持郅支。
古往今来的国际外交从来都是以自身的利益为转移，从来都是以实力为
后盾的相互博弈。康居在当时错综复杂的周边环境下，不同时期采取不
同的态度，都属于外交史上一种正常的动态反应。悬泉汉简关于康居的
记载，大都属于往来通好路过时留下的记录，主要反映两国间的友好关
系。比如"甘露二年正月庚戌，敦煌太守千秋、库令贺兼行丞事，敢告
酒泉大守府卒人：安远侯遣比胥鞬罷军侯丞赵千秋上书，送康居王使者
二人、贵人十人、从者六十四人。献马二匹、橐他十匹。私马九匹、驴
卌一匹、橐他廿五匹、牛一。戊申入玉门关，已阅（名）籍、畜财、财
物。"（Ⅱ90DXT0213③：6＋T0214③：83）这是敦煌太守府发往酒泉太

守府的平行文书，时在公元前 52 年三月八日。此次康居王所派使团从使者、贵人到从者，一共 76 人，随行大牲畜 78 头。这在当时中西交通的大道上不能不说是一支浩浩荡荡的队伍。要接待这样一支庞大的使团，沿途如敦煌、酒泉等地的地方官员必须认真办理，否则要受到朝廷的追责。康居使团所带 78 头大牲畜中，有贡献的马匹和骆驼若干，有私马、驴、驼、牛若干，前者是给朝廷的贡物，后者可能是使团人员自己的乘驾。至于牛，或可为沿途遇到困难时，以供宰杀食用。如果我们编写丝绸之路编年史或者中国与中亚的交往史，公元前 53 年三月六日，有 76 人的康居使团带着 78 头牛马、骆驼等贡物浩浩荡荡开进玉门关并得到沿途官员的热情接待。这是一件特别需要记述的事。还有一件完整的《康成王使者奉献册》，七简组成，编绳尚在。全文 293 字，记录康居王使者和苏薤王使者及贵人前来贡献，在酒泉评价贡物时发生了纠纷，朝廷责令敦煌郡和效谷县调查上报。其中简册中有几个值得注意的问题：一是纠纷发生地方在酒泉，而我们看到的简文则出自敦煌，说明朝廷对此事的调查是全面的，可见其朝廷对此事的重视；二是简册中提到"数为王奉献"，说明康居等使者来汉地为其王奉献贡物不是偶然的，是一种常态化行为；三是进贡的使者进入汉地后其食宿车辆要由地方当局安排，而且评估物要由双方当事人参加，这是惯例；四是由于违背了惯例，进贡的客人可以直接上告朝廷。此事发生在公元前 39 年七月到九月汉成帝时期。虽然反映的是康居使者入境时发生的一桩矛盾和纠纷，但它折射的是两国之间正常的外交关系。

在古代中国与中亚的外交关系自从张骞出使后揭开了新的篇章，而大量的汉简材料又为其增添了许多鲜活的细节，具体而生动。"一带一路"的战略，最早的源头可以追溯到 2000 多年以前。

四 悬泉汉简记载的汉王朝与西亚的关系：大月氏和乌弋山离

大月氏最早是河西走廊的一个游牧部落。《汉书·西域传》："随畜移徙，与匈奴同俗。控弦十余万，故强轻匈奴。本居敦煌、祁连间。"但根据近年的考古调查，可能从天山以东到河西走廊都曾是大月氏的活动范围。汉朝初年，由于匈奴崛起，迫使大月氏不断西迁，最终定居在阿富汗北部。第一次迁往伊犁河流域，大致在公元前176—前174年（学术界尚有争论）。后来乌孙在匈奴支持下不断西进，又迫使大月氏从伊犁河流域迁往阿姆河流域，都妫水北为王庭（布哈拉一带），时当公元前132—前130年。张骞到来时，大月氏已臣服大夏，都蓝氏城（史书也作监氏城），在今阿富汗北部的巴尔赫。张骞第一次出使西域就是因为月氏曾受到过匈奴的压迫，同匈奴有怨。汉武帝想利用矛盾，同月氏联手打击匈奴。但是此时的大月氏已从游牧生活逐步转为农耕定居，《汉书·张骞传》："既臣大夏而君之，地肥饶，少寇，志安乐，又自以远远汉，殊无报胡之心。骞从月氏至大夏，竟不能得月氏要领。"大夏有五翕侯，一曰休密翎侯，二曰双靡翎侯，三曰贵霜翎侯，四曰肸顿翎侯，五曰高附翎侯，大致都分布在今天的瓦罕峡谷，仍属游牧部落。到公元以后的半个世纪里，五翕侯当中的贵霜翕侯逐步强大，统一大夏，建立了贵霜帝国。在以后的几个世纪里，贵霜帝国、波斯帝国、罗马帝国同东方的中国成为欧亚大陆的四大帝国，对世界历史的发展产生过重大影响。

贵霜帝国的历史，学术界根据出土文物尤其是贵霜钱币，大致能排列出一个完整的世系王统。但是从大月氏臣服大夏到贵霜帝国建立之前一个多世纪，由于材料的缺乏，我们还处在一种无法认知的茫然状态，因之学术界称其为"黑暗时代"。悬泉汉简关于大月氏的记载，正是公元前半个世纪的材料，可以使这段黑暗时代看到不少光明。如"甘露二年三月丙午，使主客郎中臣超承制诏侍御史曰顷都内令霸、副侯忠使送大月氏诸国客，与斤候张寿、侯尊俱为驾二封轺传、二人共载。御属臣弘行御史大夫事，下扶风廐，承书以次为驾，当舍传舍，如律令。"（V92DXT1411②：35）这是公元前52年五月三日，御史大夫府开具的一封传信。要求从扶风廐以西的沿途驿站馆舍都要为前送大月氏诸国客的使者提供食宿和车辆。简中所谓"大月氏诸国客"者，说明除大月氏使者外，还有其他西域国家的客人。上已言及，从史书记载看，宣帝甘露年间（前53—前50），汉与乌孙的关系可谓浓墨重彩，而汉与大月氏关系却只能在汉简中才能看到。还有，"使大月氏副右将军史柏、圣忠将大月氏双靡翕侯使者万若，山副使苏赖，皆奉献言事诣行在所，以令为驾一乘传。永光元年四月丁酉朔壬寅，敦煌大守千秋、长史章、仓长光兼行丞事，谓敦煌：以次为驾，当传舍，如律令。四月丙午过，东"。（Ⅴ 92DXT1210③：132）这是敦煌太守出具的传信，时在公元前 43 年五月十二日。四天以后，即五月十六日路过悬泉置。大意是朝廷派出使者出使大月氏东返时与大月氏双靡翖侯的使者万若和山国使者苏赖一同路过敦煌悬泉置。他们要"奉献言事诣行在所"，即要面见天子，有事情上奏。大月氏有五翖侯，此简有双靡翖侯派使者来汉，同康居王以下苏薤王派使者来汉的情况相似，他们事实上是康居王、大月氏领属下并有独立外交的地方君长。"入粟三斗，马二匹。鸿嘉三年闰月乙亥，敦煌廥官奴章受县泉啬夫长送大月氏囗"（Ⅱ90DXT0214②：241）此事与大月氏使者的过往有关，时在公元前 18 年。又，"出粟一斗八升。以食守属周生广送自来大月氏使者积六食，食三升。六石八斗四升，五石九斗四升"。（Ⅱ90DXT0214①：126）此简的时间根据同层出土的纪年简判断，大致在西汉后期。关于佛教的东传《三国志》引《西戎传》有一条最早的记载："汉哀帝元寿元年（前 2），博士弟子景卢受大月氏王使伊存口受《浮屠经》。"不管这条材料的真实性如何，大月氏在贵霜帝建立前已经笃信佛教，西汉末年的大月氏仍与汉王朝保持着密切的来往，这是可以肯定的事实。贵霜帝国在中西文化的交流，尤其在佛教的传播方面做出过重大贡献，后世前来中土的传法高僧如支楼迦谶、支谦、支昙钥、释昙迁等都是月支人。敦煌高僧竺法护，其先也是月支人。或许，他们的历史都可追溯到汉简的时代。

乌弋山离，《汉书·西域传》记载其"户口胜兵（多），大国也"。"地暑热莽平，其草木、畜产、五谷、果菜、食饮、宫室、市列、钱货、兵器、金珠之属皆与罽宾同，而有桃拔、师子、犀牛。俗重妄杀。其钱独文为人头，幕为骑马。以金银饰杖。绝远，汉使希至。自玉门、阳关出南道，历鄯善而南行，至乌弋山离，南道极矣。转北而东得安息。"

乌弋山离在安息的东部，是往昔安息东部的德兰努亚那和阿拉科细亚两个行省的地盘，以阿富汗南部的坎大哈和锡斯坦为中心，西到兴都库什山，东到克尔曼沙漠。实际上地跨阿富汗和伊朗两境。此地早先是安息王朝的统治地区。在公元前 128 年左右，大批塞人南下引起十数年的动乱，安息王派贵族苏林（Suren）率军镇压。结果苏林镇压塞人后，建起了自己的独裁政权，从此才有了乌弋山离。《汉书》中专条记载了乌弋山离，悬泉汉简也有乌弋山离来汉的记录。如"遮要第一传车为乌弋山离使者□"（Ⅱ 90DXT0115②：95），说的就是乌弋山离使者路过敦煌的情况。

阿富汗和伊朗地处西亚，如《西域传》所记，"自玉门、阳关出西域有两道。从鄯善傍南山北，波河西行至莎车，为南道。南道西逾葱岭则出大月氏、安息"。这是汉朝通往阿富汗和伊朗高原的又一条道路。汉简的记载用原始档案把汉朝和乌弋山离连在了一起。

罽宾是大月氏西迁中亚后迫使塞人南迁建立的一个国家，所谓"昔匈奴破大月氏，大月氏西君大夏，而塞王南君罽宾"。王治循鲜城，在今天巴基斯坦西北部的塔克西拉（怛叉始罗）。此地四面环山，但山间盆地的自然环境良好，是今天巴基斯坦的工业基地。过去几十年里，由于中国政府的援建，工业发展很快。

但在两千年前的汉朝，由西域通往罽宾的道路极其艰险。史书记载其道路绝远，"又历大头痛、小头痛之山，赤土、身热之阪，令人身热无色，头痛呕吐，驴畜尽然"。就是现在所说的高原反应强烈；"又有三池、盘石阪，道狭者尺六七寸，长者径三十里。行者骑步相持，绳索相引，二千余里乃到悬度"。不光道路崎岖，还要经过悬度，就是在悬崖深涧，要利用绳索才能悬空而度，十分危险。"畜坠，未半阬谷尽靡碎；人堕，势不得相收视。险阻危害，不可胜言。"

根据史书的记载，汉武帝时期已通罽宾，但罽宾王自以为道路绝远"兵不至也"。先有乌头劳剽杀汉使，后有阴末赴杀汉副使以下七十余人，所以汉与罽宾的关系时断时续。英国考古学家约翰·马歇尔（1876—1958）曾在 20 世纪前 50 年里，在印度和巴基斯坦进行了长达半个世纪的考古发掘，除发掘了哈拉帕和摩亨佐达罗两座古代文明外，还发掘了塔克西拉，出版了《塔克西拉》三卷本巨著（国内有秦立彦译本，云南人民出版社 2002 年版）。发现了距今 2500 年前波斯统治时期到佛教兴起后的大量遗迹遗物，证明此处曾是早期的佛教圣地。悬泉汉简中有关罽宾的记载，如："出钱百六十，沽酒一石六斗。以食守属董并、叶贺所送沙车使者一人、罽宾使者二人、祭越使者一人，凡四人，人四食，食一斗。"（Ⅱ 90DXT0113②：24）招待外国使者吃饭，每顿都要喝酒，每人一斗，当时一斗酒需十钱。再如"☒以给都吏董卿，所送罽宾使者□☒"

（Ⅱ90DXT0213②∶37）这是派人护送罽宾使者的记录。

不管史书上对汉与罽宾的关系如何记载，但悬泉汉简给我们留下的材料，是汉与南亚次大陆通使证明。张骞给汉武帝报告："臣在大夏时，见邛竹杖、蜀布。问曰：'安得此？'大夏国人曰：'吾贾人往市之身毒。身毒在大夏东南可数千里。其俗土著，大与大夏同，而卑湿暑热云。其人民乘象以战。其国临大水焉。'以骞度之，大夏去汉万二千里，居汉西南。今身毒国又居大夏东南数千里，有蜀物，此其去蜀不远矣。"似乎汉与南亚次大陆的来往远早于张骞西使。汉简与史书记载前后印证，说明了中原与南亚次大陆的久远关系。

（甘肃简牍博物馆）

西汉简牍文书所见职官长史识小

张俊民

长史，秦官。西汉时，在丞相、御史、将军府中均有设，秩千石。相国亦有长史，官秩不明。边郡有长史，掌兵马，秩六百石。这是史书所记录的西汉长史。前一段时间整理敦煌郡的长史数据，发现简牍文书记录的长史可能与史书的记录稍稍有点差异。正是这种差异为我们认识西汉职官在郡中存在的长史提供了新的信息。在此将不成熟的几点认识提出来，求教于方家。敬请赐教！

一　简牍文书所见长史与史书的差异

长史，按照一般史书的记载称其为秦官。西汉时，在丞相、御史、将军府中均有设，秩千石；相国亦有长史，官秩不明。"（郡守）有丞，边郡又有长史，掌兵马，秩皆六百石。"① 而在《汉官解诂》中又将其产生的历史前推了一段时间，作：

> 前、后、左、右将军，皆周末官，秦因之，位上卿，金印紫绶，皆掌兵及四夷。有长史，秩千石。②

在传统的史书文献中，我们利用现代的检索方法可以查到很多与

---

① 班固：《汉书》卷一九上《百官公卿表第七上》，中华书局1962年版，第742页。
② 孙星衍等辑，周天游点校：《汉官六种》，中华书局1990年版，第12页。

"长史"相关的资料，其中还有很多是某人任长史的信息。史书的这些资料，无须赘述。我们主要介绍西北汉简中出现的职官"长史"，特别是史书不曾记录者。

简牍文书中除郡长史之外，可以见到的长史有将军长史和相国长史。这是史书中曾经出现与记载的。简文如：

简1）出鸡三　　以食车骑将军长史尊使敦煌往来再食东
　　　　　　　　　　　　　　　　Ⅴ T1511④：9
简2）☑□中尉宣兼行相事中尉丞乔兼行长史事
☑郡大守诸侯相关都尉府卒人后长秋长乔　　Ⅰ T0210①：65

简1）类似悬泉汉简中著名的"食鸡簿"，记录车骑将军长史在悬泉置吃了两顿饭（再食），共食用了三只鸡。这里的三只鸡只是车骑将军长史食用的部分物品而已，并不是仅仅的三只鸡，还有其他食物。而这一位"车骑将军长史"之所以能往来敦煌，当与其出使大宛有关。如：

简3）使大宛车骑将军长史尊使斥候张☑
行在所以令为驾一乘传☑　　　　　Ⅱ T0314②：121

本简下残，属于传文书抄件，传文书的签发人是"使大宛车骑将军长史尊"，由其随从"斥候张某"上书皇帝"行在所"，其中出现的"车骑将军长史尊"与简1）相同，可以将二简联系起来。悬泉汉简的另一枚削衣文字，也应与之有关。简文是：

简4）以食使大宛车骑将军长史（削衣）　　Ⅰ T0112③：30

简2）并没有直接出现相国长史，不过从"中尉宣兼行相事、中尉丞乔兼行长史事"，我们可以推断其中的长史应该是相国长史。本简是王国之中相府吏员联署的公文书抄件，在一定程度上体现了王国之中相府的运作方式。

相对于简牍文书与史书相符的长史记录，我们更注意的是简牍文书

与史书记录存在差异的"长史"。如都护长史就是史书不曾出现的,如:

简5)齿七岁高五尺八寸乃九月丙子送都护长史还病中涕出饮食不尽度医诊治不☐   Ⅱ T0215②:45

本简下残,上部文字因在前简没有出现,不过从现有文字分析,本简属于传马病死爰书部分。① 一匹马因为送都护长史回来之后生病,或者说因为都护长史的使用生病,"涕出,饮食不尽",马医治疗没有效果。其中的都护无疑就是西域都护,由之可见,西域都护府中亦设有"长史"之官。

简牍文书中不见史书所记"丞相长史",② 却见"丞相史"或"丞相少史"。如:

简6)出鸡一只 以食丞相史范卿往来再食东
                                    Ⅰ T0112③:116

简7)甘露元年七月甲午朔甲午广至置丞强友移县泉书曰遣啬夫禹御筜

福持传马送丞相史任卿所送敝车过廪穬麦小石七石六斗 A

啬夫禹   B   Ⅰ T0114③:25AB

简8)敦煌长史行大守事遣卒史尹建上使护

玉门塞外穿渠漕转丞相少史鲁千秋劾事

公交车司马以令为驾二封轺传   (以上第一栏)

甘露四年八月丙子朔乙酉敦煌长史奉惠行大守事

丞破胡谓敦煌以次为驾当舍传舍如律令 (以上第二栏)
                                    Ⅱ T0216②:657

简9)永光五年六月癸卯朔乙亥御史大夫弘移丞相车骑将军将军中二千石二千石郡大守

诸侯相五月庚申丞相少史李忠

守御史假一封传信监尝麦祠   Ⅱ T0216②:867

---

① 张俊民:《悬泉汉简传马病死爰书及其他》,《简帛》第三辑,上海古籍出版社2008年版。
② 班固《汉书·黄霸传》记黄霸曾任此职。

以上四简，前二简为地方文书，称"丞相史"；后二简是中央文书，均出现"丞相少史"；即从文书的形成机构上来看具有明显的差异。其中类似后者的称谓仅此而已，而前者的出现则比较多。如：

简10）乃正月中送客丞相史西到遮要置以雨衣一袭一帛布囊一青布囊　　　　　　　　　　　　　　　　　　Ⅱ T0214①：106

简11）☐一完　　送丞相史未还　　执骑一☐
　　　　　　　　　　　　　　　　　　Ⅱ T0216②：364

简12）如丞相史条律☐　　　　　Ⅳ T0317③：75A

简13）九月甲戌效谷守长光丞立谓遮要县泉置写移书到趣移车师戊己校尉以下乘传传副会月三日

如丞相史府书律令/掾昌啬夫辅　　　Ⅴ T1812②：120

简牍文书还可以见到"御史少史"，但不见御史长史或御史史。简文如：

简14）御史中丞臣强守侍御史少史臣忠昧死言尚书奉御史大夫吉奏丞相相上酒泉大守武贤敦煌大守

快书言二事其一事武贤前书穬麦皮芒厚以廪当食者小石三石少不足丞相请郡当食廪穬麦者石加　　　Ⅰ T0309③：221

简15）初元年八月戊子
御史少史任增诏迎护敦煌塞外穿临渠漕　　Ⅱ T0114③：463

二　长史官秩问题

长史，特别是郡中的长史一般都认为是六百石，郡长史位在郡丞之下。[1]

---

① 严耕望：《中国地方行政制度史　甲部——秦汉地方行政制度》，"中研院"历史语言研究所1997年版，第102—103页；申超：《秦汉长史研究》，硕士论文，陕西师范大学，2010年。

汉代上计时，也多以上计丞、长史并称。但是，根据简牍文书中长史出现的位置和有关长史的其他记载，郡长史的地位可能与史书所记存在一定的差异。主要表现在：

简牍文书中出现的长史，多数是以其与郡太守、郡丞一并联署公文的形式出现的。这种固定格式的联署位置，可能与官秩的高低有关。如：

简 16）神爵二年三月丙午朔甲戌敦煌大守快长史布施丞德谓县
郡库大守行县归传车被具多
敝坐为论易□□□□□遣吏迎受输敝被具郡库相与校计如律令
A
掾坚来守属敝给事令史广意佐富昌　　　　B
　　　　　　　　　　　　　　Ⅰ T0309③：236AB

简 17）建平二年十一月甲申朔壬子敦煌大守永长史临丞涉谓过
所使龙勒少内啬夫泛政与守部千人古成迁市缮兵物长安当舍传舍从
者如律令　二人　　　　　　　　　　　Ⅰ T0114①：50

简 18）建始二年八月丙辰朔壬申敦煌大守延守部候强行长史事
丞义谓县□╱
言胡客数遣在道马谷使外国今少恐乏调给有书大司农□□□□╱
　　　　　　　　　　　　　　Ⅱ T0114②：291

文书中固定出现的郡太守、长史、丞三者顺序，郡丞是六百石官，长史若也是六百石，为什么可以在郡丞之前呢？是不是有可能郡长史比郡丞高一级呢？① 可以为之提供旁证资料的是时间比较早的（宣帝之前）"鼓令册"。鼓令册击鼓的数字显然与官秩有一定联系，且有一简明记候丞、县丞、县尉因为官秩是三百石击三鼓。为之，可以推测郡长史的官秩是八百石。

---

① 郡府中的丞与长史官秩问题，严耕望曾有简单研究，将郡丞位在长史之上，又言建武十四年罢郡守丞，由长史领任。见氏著《中国地方行政制度史　甲部——秦汉地方行政制度》，第102—103 页。

简 19) 使者持节击廿五鼓☐   II T0314②：222

简 20) 使者不持节击十五鼓   II T0314②：326

简 21) 长史到击八鼓数之   II T0314②：337

简 22) 守丞到击六鼓数之   II T0314②：349

简 23) 候丞县丞尉秩三百击三鼓☐   II T0113③：101

上述五简组成的残册书暂名"鼓令册",① 从击鼓数字的大小来看,数字大官秩与地位自当高,数字小官秩低;特别是简 23) 明记候丞、县丞、尉因(官)秩三百(石),击三鼓,那么郡丞击六鼓就是六百石,长史击八鼓就有可能是八百石。其中郡中丞作"守丞"与县丞的区别是相当明显的。

郡长史八百石是有渊源可溯的,似与西汉早期存在的长史八百石有关。"二年律令"对汉初的官员秩次有具体的规定,有郡守、郡尉乃至县、乡,官秩从二千石至百六十石不等,但是没有郡中的长史数据。② 也许此时郡中尚没有长史一职。"二年律令"记长史秩千石,或秩八百石,隶属于丞相府、将军府或王国相府。具体简文为:

> 御史丞,丞相、相国长史,秩各千石。
> 丞相长史正、监,卫将军长史,秩各八百石。

这一点又反映出简牍文书与史书的差异。

《汉书》所记长史六百石可能与汉成帝吏制改革有关。阳朔二年(前 23) 成帝将八百石秩改从六百石、五百石改从四百石。史书记:

> 五月,除吏八百石、五百石秩。

此条李奇注作:"除八百就六百,除五百就四百。"③

---

① 牛路军、张俊民:《悬泉汉简所见鼓与鼓令》,《敦煌研究》2009 年第 2 期。

② 张家山汉墓竹简整理小组:《张家山汉墓竹简》之《秩律》,文物出版社 2001 年版。

③ 班固:《汉书》卷一〇《成帝纪》,第 312 页。

"适"令册中也有一条简文,是将长史位列在守丞之上。① 简文是:

简24)侍使者丞相御史长史守丞及具有谴适千里　　当所办不
办适□百里　　　　　　　　　　　　　　Ⅱ T0216③:133

本简是对接待官员不力之时的惩处规定,用在类似悬泉置的接待机
构中应该是合理的,其中官员的排列顺序是先有丞相、御史和长史,再
有守丞。也可以补证长史的官秩级别高。

长史官秩之高,也可以通过长史与其他官吏"行太守事"文字记录
的差异反映出来。一郡之长官"太守"缺职或离岗外出,所执掌之事暂
由长史兼领,而不是由郡丞兼行。此种情况在悬泉汉简中出现得比较
多,如:

简25)甘露二年八月戊午朔乙丑敦煌长史奉憙行大守事谓郡
库□□□
书告县泉置官卒徒御卅七人砲二合皆敝尽不可用调给有
Ⅱ T0216③:54
简26)初元四年十月丙午朔乙丑敦煌长史襃行大守事丞□□☑
到告……付受不相应书到逐辟谨案县置☑　Ⅴ T1310③:166
简27)建昭二年九月庚申朔壬戌敦煌长史渊以私印行大守事丞
敞敢言告部都尉卒人谓
南塞三候县郡仓令曰敦煌酒泉地执寒不雨蚤级民田倍种穬麦皮
芒厚以廪当食者小石　　　　　　　　　　Ⅱ T0215③:46

此外,悬泉汉简中还出现有敦煌郡太守和长史二人一并出缺的情况,
此时的事务暂由敦煌县之长兼行,而其兼行的方式,并不是直接兼领,
而是敦煌县长先有兼行长史的身份之后才能兼行郡太守事。简文如:

简28)☑朔戊申敦煌长尚以近次行长史事行大守事仓长殷兼行

---

① 张俊民:《敦煌悬泉汉简所见"适"与"适令"》,《兰州学刊》2009 年第 11 期。

丞事谓过所遣守卒史葛悍上书

☑□从者如律令　　十月乙丑过东/掾钦卒史隆书佐修

ⅡT0115③：208

此等情况的出现，可能一方面与郡守只能由长史兼行有关，另一方面与郡长史的身份地位有关。仓长不仅可以代行丞事，还可以兼行太守事。简文如：

简29）甘露三年五月癸未朔丁酉肩水仓长延年以近次行大守事库丞奉憙兼行丞事谓过所遣氐池

东鄣隧长司马承明以诏书送施刑士阳关乘所占用马当舍传舍从者如律令　　ⅡT0214③：64

简30）☑张掖肩水仓长临以近次兼行大守事丞倩谓所遣……

☑舍传舍从者如律令　/掾严昌守属竞助府佐史杨亘

ⅡT0215②：86

以上三简无论是县长兼行太守事，还是仓长兼行太守事，均出现有"以近次"一词，可见汉代职官的兼行是有严格制度的，官秩的大小是其能否兼行的一个主要标准。而长史行太守事与县长、仓长兼行太守事用词的不同，则体现出长史身份的独特。长史用的是"行"，而县长、仓长用的是"以近次兼行"。

至东汉建武十四年（38），内郡长史取代郡丞而存在。① 取代的原因，也许应该与长史官秩高、权威重有关。

三　内郡之长史

按照史书的记载，郡中的长史设在边郡。简牍文书中记载天水郡有长史，但是天水郡与长安的地理位置应该属于京畿近郊；即便不算近郊，

① 甘谷汉简中出现的汉阳郡长史，时间是延熹元年，当属此例。甘肃文物工作队、甘肃省博物馆编：《汉简研究文集》，甘肃人民出版社1984年版，第93页。

归为边郡恐也是有问题的。其郡有长史，是不是与史书所言边郡设"长史"有点出入呢？悬泉汉简记：

简31）▨十二月甲戌朔丙戌天水大守曜长史方益阿□长博□▨

▨言以诏书送牛车敦煌郡玉门仓当舍传从者如律令▨

Ⅱ T0214③：131

简32）始建国二年八月甲午朔丁未天水大尹普长史立右骑千人

行丞事谓过 Ⅲ T0909④：9

二简均为传文书，前简缺少具体纪年时间，而其中的"十二月甲戌朔"在悬泉汉简中属于甘露四年（前50）的可能性比较大，属于始元六年（前81）的可能性就非常小。简牍文字残泐，后面的"方益"为长史的人名，"阿□长"疑为天水郡阿阳长。后简时间比较明确，是始建国二年（10），天水郡仍有长史。

天水郡有长史，是不是与天水郡最早为边郡有关呢？因为金城郡是"取天水、陇西、张掖郡"各二县设立的，金城郡从天水郡分走的二县可能就是天水郡的边县。金城郡设立后，天水郡虽然不再与边塞接壤，但是，郡中的长史仍然得以保留了下来。我们今天看到的《中国历史地图集》中的天水郡，实际上是西汉后期的天水郡而已。①

四 赵充国幕府中的长史"董通年"应是"董延年"

"延""通"二字在简牍的释文过程中，可能会因为字迹不清楚而造成混淆。以前在检讨敦煌郡太守时，发现一位名"延"的太守。② 简文是：

---

① 中国历史地图集编辑组编辑：《中国历史地图集》第一册，中华地图学社1975年版，第22—23页。

② 张俊民：《敦煌郡太守人名编年与其他》，《简帛研究 二〇〇五》，广西师范大学出版社2008年版。

简33）建始二年八月丙辰朔壬申敦煌大守延守部候强行长史事
丞义谓县□▨

言胡客数遣在道马谷使外国今少恐乏调给有书大司农□□□□▨
ⅡT0114②：291

本简"敦煌太守延"仅此一见，其后的"丞义"在它简是与"大守
通"一并出现的，且名"通"的简文比较多。如：

简34）建昭元年□□辛卯朔癸巳敦煌……
使者
行　在所
令为驾　　（以上为第一栏）
敦煌大守通丞义……当舍传▨　　（以上为第二栏）
ⅤT1712②：42A
简35）▨□月丙戌朔戊子敦煌大守通丞□▨
▨□□□□轮柔敝尽县□▨　　ⅤT1611③：310
简36）三月乙亥敦煌大守通丞义下部都尉南塞候县承书从事
下当用者如诏书／掾圣卒史曾书佐登　　ⅤT1813②：7

以上三简均出现有"大守通"，前后二简下接"丞义"，中间简的
"丞□"恐亦是"丞义"。简34）之辛卯朔在建昭本年不存在，"昭"
"始"二字在部分简牍上区分不明显，疑为建昭元年（前38）是建始元
年（前32）。简35）记"□月丙戌朔"，查《朔闰表》时间最为接近的
是建始二年七月，所以，简35）可以定为是建始二年。简34）"敦煌太
守通、丞义"与简36）相同。前述简33）时间是建始二年八月比简35）
晚一个月，"丞义"人名没有变化，太守名"延"。这里出现的敦煌太守
人名的不同是什么原因呢？可能就是"延""通"二字在释文过程中混淆
造成的。二字混淆这一点，可以联想到史书记载中出现的一例。即《汉
书·赵充国传》出现有一个叫"董通年"的长史，[1] 也许就是传抄之误。

① 班固：《汉书》卷六九《赵充国传》，第2978页。

天子下其书充国，令与校尉以下吏士知羌事者博议。充国及长史董通年以为武贤欲轻引万骑，分为两道出张掖，回远千里。以一马自佗负三十日食，为米二斛四斗，麦八斛，又有衣装兵器，难以追逐。

另外，人名"通年"与汉代的习俗有点不合，因为在目前出土的汉简中常见的人名是"延年"。"延年""益寿"汉时取吉利之义为名，这是汉代人取名的一个原则。① 检索《汉书》名"通年"者仅此一见。在台北史语所的金石简帛数据库中，没有一例名"通年"者，只有名"通"的人年龄是多少，断句为"某通，年若干"。罗福颐主编《秦汉南北朝官印征存》，亦无名"通年"者。② 在悬泉汉简中也没有一例名"通年"人名的记录。

通过以上几个方面对简牍文书所见长史的检讨，我们可以清楚长史一职在汉代的产生乃至其演变过程，汉初的长史承袭秦制而来，主要存在于丞相府、御史府和将军府中，官秩千石。王国相府中亦有长史，官秩不明。可是在出土的简牍文书中，汉初的长史官秩已经不单单是千石，不仅相国长史秩千石可补史书之缺，而且卫将军长史已是八百石。西汉在边郡所设的长史，按照史书所记官秩是六百石，可是从悬泉汉简反映的长史数据来看，长史应该是八百石。表现在长史在与郡太守、郡丞三者联署公文的位置中是高于六百石郡丞的，兼行太守一职的方式（长史可以直接行太守事，而县长却需要先兼行长史事之后才能有资格兼行太守事）；汉代接待官员的击鼓数字是与官秩对应的，长史到时要求的击鼓数字为八，守丞仅是六，按照候丞、县丞、（县）尉秩三百击三鼓的规定，长史应该是八百石，守丞是六百石。我们之所以见到史书所记长史官秩为六百石，是因为汉成帝阳朔二年的吏制改革，八百石被六百石取代而不存在了。西汉之时的长史出现在边郡之中，而到东汉建武之后，内郡也出现了长史，它的出现则是因为郡长史取代郡丞的结果。将简牍

① 王辉：《汉简人名"延年"身份考》，《南都学坛》2013 年第 5 期。
② 罗福颐主编：《秦汉南北朝官印征存》，文物出版社 1987 年版。

文书所见的长史资料做一番整理之后，发现的这几个小问题，对于我们认识汉代职官长史一职无疑是很好的补充。

（甘肃省文物考古研究所）

汉代河西市场的织品

——出土汉简资料与遗址发掘收获
相结合的丝绸之路考察

王子今

    在张骞"凿空"之前，丝绸之路已经发挥着联系中原与中亚、西亚地方经济往来与文化交流的作用。[①] 汉武帝时代占有河西，列置四郡，打通西域道路之后，这条东西通路的历史意义更为显著。国外有的汉学家评价当时西域丝绸之路开通的意义时，曾经指出："其在中国史的重要性，绝不亚于美洲之发现在欧洲史上的重要。"[②] 对于汉代丝路贸易实际情形的考察，限于资料的缺乏，推进颇有难度。结合出土汉简资料与遗址发掘收获了解河西地区民间市场的中原织品，可以增进对于当时丝绸之路经济与文化功能的认识。

    士卒贳卖衣财物，是中原织品流向河西的特殊形式。出土汉简简文与汉代遗址发掘获得的实物资料可以证实相关现象。活跃的西域"贾胡"可能亦对这些商品继续向西转运，发挥了积极的作用。而河西毛织品的发现，也可以增进我们对丝绸之路贸易的认识。

[①] 参见王子今《穆天子神话和早期中西交通》，《学习时报》2001 年 6 月 11 日；《前张骞的丝绸之路与西域史的匈奴时代》，《甘肃社会科学》2015 年第 2 期。

[②] 俄罗斯学者比楚林（Бичурин）语，见［苏］В. Н. 狄雅可夫、Н. М. 尼科尔斯基编《古代世界史》，日知译，中央人民政府高等教育部教材编审处 1954 年版，第 224 页。

一 《盐铁论》："夫中国一端之缦，得匈奴累金之物"

《盐铁论·力耕》记录了"大夫"与"文学"关于农商政策导向的争论。"大夫"肯定汉武帝以来经济管理的成功于军政发展的意义："往者财用不足，战士或不得禄，而山东被灾，齐、赵大饥，赖均输之畜，仓廪之积，战士以奉，饥民以赈。故均输之物，府库之财，非所以贾万民而专奉兵师之用，亦所以赈困乏而备水旱之灾也。""文学"则强调只有"务本""躬耕"方可以实现"国富""民安"："古者，十一而税，泽梁以时入而无禁，黎民咸被南亩而不失其务。故三年耕而余一年之蓄，九年耕有三年之蓄。此禹、汤所以备水旱而安百姓也。草莱不辟，田畴不治，虽擅山海之财，通百末之利，犹不能赡也。是以古者尚力务本而种树繁，躬耕趣时而衣食足，虽累凶年而人不病也。故衣食者民之本，稼穑者民之务也。二者修，则国富而民安也。《诗》云：'百室盈止，妇子宁止'也。""大夫"的回应，指出商业活动的积极作用："贤圣治家非一宝，富国非一道。昔管仲以权谲霸，而纪氏以强本亡。使治家养生必于农，则舜不甄陶而伊尹不为庖。故善为国者，天下之下我高，天下之轻我重。以末易其本，以虚荡其实。"又特别说明了与"外国"贸易的意义："……是则外国之物内流，而利不外泄也。异物内流则国用饶，利不外泄则民用给矣。《诗》曰：'百室盈止，妇子宁止。'"

辩论双方都引诵《诗·周颂·良耜》"百室盈止，妇子宁止"句，表现对儒学传统的尊崇。但是实际上，在儒学经典著述的时代，儒家思想领袖们并没有看到，也不可能预想到大一统政体形成之后商业的繁荣；同样并没有看到，也不可能预想到中原与"外国"密切的经济往来。

"大夫"言"末""本""虚""实"，讨论涉及"中国"与"外国""敌国"的贸易交往：

今山泽之财，均输之藏，所以御轻重而役诸侯也。汝、汉之金，纤微之贡，所以诱外国而钓胡、羌之宝也。夫中国一端之缦，得匈奴累金之物，而损敌国之用。是以骡驴馲驼，衔尾入塞，騨騱騵马，尽为我畜，羳貂狐貉，采旃文罽，充于内府，而璧玉珊瑚琉璃，咸为国之宝。

"所以诱外国而钓胡、羌之宝"的代价，包括"纤微之贡"。所谓"夫中国一端之缦，得匈奴累金之物，而损敌国之用"，直接说到与匈奴的丝绸贸易。"是以骡驴馲驼，衔尾入塞，驒騱騵马，尽为我畜……"指出多种异方"奇畜"进入中土成为生产动力和运输动力的情形。[①] 所谓"骡驴馲驼，衔尾入塞"，是可以得到可靠的文物资料的证明的。[②] 如敦煌汉简"降归义乌孙女子""献驴"简文："□降归义乌孙女子」复幂献驴一匹骓牡」两拢齿□岁封颈以」敦煌王都尉章。"（1906）也可以作为明确的文物实证。[③]

二 "匈奴好汉缯絮"

《盐铁论》所说"夫中国一端之缦，得匈奴累金之物，而损敌国之用"的具体的经济交易形式，其实并不明朗。有关汉地丝绸等物进入草原民族日常生活的情形，在《史记》卷一一〇《匈奴列传》中也只有片段反映：

初，匈奴好汉缯絮食物，中行说曰："匈奴人众不能当汉之一郡，然所以强者，以衣食异，无仰于汉也。今单于变俗好汉物，汉物不过什二，则匈奴尽归于汉矣。其得汉缯絮，以驰草棘中，衣袴皆裂敝，以示不如旃裘之完善也。得汉食物皆去之，以示不如湩酪之便美也。"

---

① 《史记》卷一一〇《匈奴列传》："其奇畜则橐驼、驴、骡、駃騠、駒騟、騨騱。"《汉书》卷九四上《匈奴传上》："其奇畜则橐佗、驴、骡、駃騠、駒騟、騨騱。"顾炎武《日知录》卷二九"驴骡"条："自秦以上，传记无言驴者。意其虽有，而非人家所常畜也。""尝考驴之为物，至汉而名，至孝武而得充上林，至孝灵而贵幸。然其种大抵出于塞外。"

② 王子今：《李斯〈谏逐客书〉"駃騠"考论——秦与北方民族交通史个案研究》，《人文杂志》2013年第2期；《论汉昭帝平陵从葬驴的发现》，《南都学坛》2015年第1期。

③ 王子今：《骡驴馲驼，衔尾入塞——汉代动物考古和丝路史研究的一个课题》，《国学学刊》2013年第4期。

中行说所谓"今单于变俗好汉物,汉物不过什二,则匈奴尽归于汉矣",裴骃《集解》:"韦昭曰:'言汉物什中之二入匈奴,匈奴则动心归汉矣。'"可知他站在匈奴立场上,觉察到"汉缯絮"等物质生产方面的优势,可能会导致文化的民族征服,即所谓"则匈奴尽归于汉矣"。不过,中行说不能挽回"匈奴好汉缯絮"的物欲趋势,他要求"汉使""顾汉所输匈奴缯絮米糵,令其量中,必善美而已矣"。有学者理解为:"当时的匈奴已经被汉朝的物品麻醉得太深而不能接受中行说的建议。乃至于中行说本人最终也认识到,他能够给他的胡族主人提供的最好服务莫过于要求汉朝给匈奴输送保质保量的丝绸和谷物。"①

贾谊《新书·关市》确曾提出通过"关市"贸易"招民"即使匈奴"动心归汉"的策略:"夫关市者,固匈奴所犯滑而深求也,愿上遣使厚与之和,以不得已,许之大市。使者反,因于要险之所多为凿开,众而延之,关吏卒使足以自守。大每一关,屠沽者、卖饭食者、羹臛炙膹者,每物各一二百人,则胡人著于长城下矣。是王将彊北之,必攻其王矣。以匈奴之饥,饭羹啖膹炙,嘽口多饮酒,此则亡竭可立待也。赐大而愈饥,多财而愈困,汉者所希心而慕也,则匈奴贵人以其千人至者,显其二三,以其万人至者,显其十余人。夫显荣者,招民之机也。故远期五岁,近期三年之内,匈奴亡矣。此谓德胜。"贾谊设计的通过"关市"以先进的农耕社会物质文明征服匈奴人心的策略,因为使用非战争的手段,所以说"此谓德胜"。陶鸿庆《读诸子札记》则以为这是一种经济战或者商业战、贸易战。他对"赐大而愈饥,多财而愈困"的理解是:"言汉许匈奴大市,阴以汉物耗匈奴之财。"有人则对"赐大而愈饥,多财而愈困,汉者所希心而慕也"作了这样的解说:"给的赏赐愈多,他们愈加感到饥饿,给的钱财愈多,他们愈加感到穷困,汉朝便成了他们倾心向往的地方了。"② 所谓用以"耗匈奴之财"的"汉物",应当包括匈奴所

---

① 余英时:《汉代贸易与扩张:汉胡经济关系结构研究》,邬文玲等译,上海古籍出版社2005年版,40页。

② 王洲明、徐超校注:《贾谊集校注》,人民文学出版社1996年版,第150页。

"好"之"缯絮"等纺织品。①

据《史记》卷一一〇《匈奴列传》，汉武帝时代，"关市"贸易受到重视，"今帝即位，明和亲约束，厚遇，通关市，饶给之。匈奴自单于以下皆亲汉，往来长城下"。马邑之谋后，尽管汉与匈奴进入交战状态，"关市"依然发挥着经济联系的作用，"匈奴绝和亲，攻当路塞，往往入盗于汉边，不可胜数。然匈奴贪，尚乐关市，嗜汉财物，汉亦尚关市不绝以中之"②。

迎合匈奴"好汉缯絮"需求，汉帝国有提供相关物资以求边境安定的策略。汉高祖时代，就有"岁奉""絮缯"事。③ 贾谊也说："汉岁致金絮采缯以奉之。"④ 商业贸易也逐渐发展起来。有学者指出："匈奴族十分重视与汉族互通关市。除汉族外，匈奴与羌族经常发生商业交换；对乌桓族和西域各族也发生过交换。""（匈奴）并通过西域，间接和希腊人及其他西方各族人民发生交换。"⑤ 这一时期丝路商道的形势，有的学者作过这样的分析："匈奴人……亟欲控制商道，垄断东西贸易，以取得暴利。"⑥ 有学者以为，"匈奴贵族""做着丝绸贸易"，"匈奴人""进行丝绸贸易"，或说"丝绢贸易"。亦有关于"当时匈奴贵族向西方贩运的丝

---

① 贾谊《新书·匈奴》："匈奴之来者，家长已上固必衣绣，家少者必衣文锦。"《汉书》卷四八《贾谊传》赞："欲试属国，施五饵三表以系单于。"贾谊《新书·匈奴》建议以"饵"物诱匈奴贵族，反复说到"绣衣"。"赏赐"，是丝绸流出中原的重要形式。《史记》卷一二三《大宛列传》说到汉武帝对于"外国客""散财帛以赏赐，厚具以饶给之，以览示汉富厚焉"的情形。《汉书》卷九六下《西域传下》记载，汉宣帝元康元年（前65），龟兹王来朝贺，"赐以……绮绣杂缯琦珍凡数千万"。有学者指出"这种例子不胜枚举"。安作璋：《两汉与西域关系史》，齐鲁书社1979年版，第129页。班固称之为"赂遗赠送，万里相奉"。《汉书》卷九六下《西域传下》这种织品流通形式，有学者称作"礼物贸易"或"通贡贸易"。参见余英时《汉代贸易与扩张：汉胡经济关系结构研究》，邬文玲等译，第13页。
② 参见王子今、李禹阶《汉代北边的"关市"》，《中国边疆史地研究》2007年第3期。
③ 《史记》卷一一〇《匈奴列传》："冒顿常往来侵盗代地。于是汉患之，高帝乃使刘敬奉宗室女公主为单于阏氏，岁奉匈奴絮缯酒米食物各有数，约为昆弟以和亲，冒顿乃少止。"
④ 《汉书》卷四八《贾谊传》。
⑤ 林干：《匈奴通史》，第3、146—147页。
⑥ 殷晴：《丝绸之路与西域经济——十二世纪前新疆开发史稿》，中华书局2007年版，第111页。

绸的道路"的分析。① 然而这些论说,现在看来,似乎缺乏确切的史料支
持。② 不过,东方丝绸因草原民族的交通机动性优势向西方传播的可能性
是存在的。

三 "戍卒赀卖衣财物"与"吏民""赀卖"现象

"戍卒赀卖衣财物",是河西汉简社会生活史料和社会经济史料中常
见的现象。居延汉简可见如下题名的简册:

(1)●第廿三部甘露二年卒行道赀卖衣物名籍(E. P. T56:
265)

(2)⊠甘露三年戍卒行道赀卖

衣财物名籍□□(E. P. T53:218)

(3)●不侵侯长尊部甘露三年戍卒行道赀卖衣财物名籍
(E. P. T56:253)

(4)第十七部甘露四年卒行道赀卖名籍(E. P. T3:2)

(5)☑□年戍卒赀卖衣财物名籍(E. P. T59:47)

(6)元康四年六月丁巳朔庚申左前侯长禹敢言之谨移戍卒赀卖
衣财

物爰书名籍一编敢言之(10.34A)

印曰蔺禹

六月壬戌金关卒延寿以来　　侯史充国(10.34B)

(7)甘露二年五月己丑朔戊戍侯长寿敢言之谨移戍卒自言赀卖
财物

吏民所定一编敢言之(E. P. T53:25)

(8)甘露三年二月卒赀卖名籍(E. P. T56:263)

---

① 苏北海:《汉、唐时期我国北方的草原丝路》,张志尧主编《草原丝绸之路与中亚文明》,新疆美术摄影出版社1994年版,第28页。

② 王子今:《前张骞的丝绸之路与西域史的匈奴时代》,《甘肃社会科学》2015年第2期。

（1）至（5）是年度统计"戍卒行道赍卖衣财物名籍"。（6）（7）有具体制作日期，但是统计时限不明确。（8）所见"卒赍卖名籍"似乎可以理解为逐月造作上报。

与前引《卒行道赍卖衣物名籍》《戍卒行道赍卖衣财物名籍》《卒行道赍卖名籍》①《戍卒赍卖衣财物爰书名籍》等文书相对应，我们还看到有《亭卒不赍买名籍》。例如：

（9）元康二年三月乘胡隧长张常业亭卒不赍买名籍（564.25）

有简文说明，这类"赍卖"行为是受到"禁止"的：

（10）二月戊寅张掖大守福库丞承熹兼行丞事敢告张掖农都尉护田校尉府卒人谓县律曰臧它物非

钱者以十月平贾计案戍田卒受官袍衣物贪利贵贾赍予贫困民吏不禁止浸益多又不以时验问（4.1）

按照官方文书的说法，戍田卒"赍卖衣财物"的出发点似乎主要是"贪利"。然而，简文则又可以看到这样的文句：

（11）辞贫急毋馀财独有私故练袭▨（180.23）

所陈说的似乎是因"赍卖衣财物"受到责罚者的辩解之词，自称其动机只是"贫急毋余财"，不得不变卖所"独有"的"私故练袭"。又如：

（12）将军哀赍贷罪法复令见日月叩头死罪死罪（E. P. F16：54）

---

① 张俊民指出，"行道"即"戍卒办事行于道路之中"。《居延汉简赍卖衣物刍议——汉简札记之一》，《西北史地》1990 年第 1 期。

简文内容则表述了因"赇贷"致罪受到宽恕之后的感忭之心。①

居延汉简简文又可见参与类似"赇卖""赇买"行为的主体是一般"吏民"的情形：

（13）☑□□□

□行禁吏民毋赇卖☑（239.115）

（14）☑□平吏民毋赇买☑（255.26）

似乎"吏民""赇卖""赇买"也是常见的经济交易现象。②"禁吏民毋赇卖"简文，体现这一情形也受到禁止。③居延汉简简文有：

（15）戍卒魏郡内黄利居里杜收　赇卖鹑缕一匹直千广地万年隧长孙中前所平六（112.27，A8，203）

（16）第五隧卒马赦赇卖□　袍县絮装直千二百五十第六隧长王常利所今比平予赦钱六百（E. P. T56：17）

（14）的"平"与（15）所谓"前所平"以及（16）所谓"今比平"的"平"，可能体现出另一种对戍卒"私赇卖衣财物"活动的控制手段。"赇卖"似乎是一种不"平"的交易方式。有的学者认

---

① 李天虹说："戍卒赇卖的物品主要是布匹和衣物。""对官府配备的衣物，边塞大概是明令禁止买卖的，主要防止戍卒以官物谋取私利，'不赇卖（买）名籍'的编制大概就与类似的规定有关"，"但对私衣物的买卖，官府并不禁止，否则不会有诸多赇卖（买）衣物的簿籍，官府也不会负责处理因赇卖（买）而产生的债务纠纷。事实上，边塞对官衣物的买卖也没有进行绝对的禁止……"《居延汉简簿籍分类研究》，科学出版社2003年版，第138—139页。今按：是否"禁止"或"进行绝对的禁止"，其实不宜用相关事实是否存在判断。

② 有学者曾经指出"买卖双方均非军职人员"的情形，以为"以往说边塞衣服的买卖均在军事系统吏卒之间进行，这种说法值得商榷"。徐乐尧：《居延汉简所见的市》，《秦汉简牍论文集》，甘肃人民出版社1989年版。然而所举简例"元康二年十一月丙申朔壬寅居延临仁里耐长卿赇买上党潞县直里常寿字长孙青复绔一两直五百五十约至春钱毕姚子方☑"（E. P. T57：72），并不能确证"买卖双方均非军职人员"。

③ 王子今：《汉代丝路贸易的一种特殊形式：论"戍卒行道赇卖衣财物"》，《简帛研究汇刊》第1辑"第一届简帛学术讨论会论文集"，中国文化大学历史系、简帛学文教基金会筹备处2003年版，《西北史研究》第3辑，天津古籍出版社2005年版。

为，"这里'比平'即平抑物价。"① 简文"平"的具体含义还可以继续讨论，但是这种形式限制"贳卖衣财物"的意义，却是大体明确的。

"吏"予以"禁止"的，首先是"戍田卒受官袍衣物贪利贵贾贳予贫困民"现象。如：

（17）☐☐☐外贳卖官袭一领备南隧长陈长买所贾钱☐ （88.13）

（18）本始元年七月庚寅朔甲寅楼里陈长子卖官绔柘里黄子公贾八十 （91.1）

（19）阳又卖同隧卒莱意官袭绔遮虏庱季游君所直千六百五☐ （E. P. T11：3）

（20）☐贳卖官复袍若干领直若干某所隧长王乙所☐☐它财☐ （E. P. T56：230）

（21）☐自言贳卖官袍一领直☐ （E. P. T59：923）

（22）☐☐☐外贳卖官袭一领备南隧长陈长买所贾钱☐ （88.13）

这些简文，似乎原本属于所谓《卒居署贳卖官物簿》 （271.15A） 等文书。有学者认为，"居署贳卖"与"行道贳卖"形成对应关系。② 认识"贳卖官物"情形，可以参考《汉书》卷六一《张骞传》有关汉使团西行的记载："妄言无行之徒皆争相效。其使皆私县官赍物，欲贱市以私其利。"③ 颜师古注："言所赍官物，窃自用之，同于私有。""所市之物，得利多者，不尽入官也。"以"官物""贱市以私其利"，虽然为法令和军纪禁止，但仍然是普遍的情形。

我们又看到戍卒私人衣物即所谓"卒所赍衣物" （56.16） 以"贳

① 论者分析（16）简文，"士卒一件装了丝絮的冬袍原值一千二百五十钱，结果被砍价一半多，物主最后只得到六百钱"。龚留柱：《中国古代军市初探》，《史学月刊》1994年第3期。今按："物主最后只得到六百钱"的解说或可商榷，"今比平予赦钱六百"也许是说王常利又补付马赦"钱六百"。
② 李天虹说："戍卒的贳卖（买）活动或发生在'居署'，或发生于'行道'，'居署'与'行道'相对而言。"《居延汉简簿籍分类研究》，第138页。
③ 参看张德芳《汉帝国在政治军事上对丝绸之路交通体系的支撑》，《甘肃社会科学》2015年第2期。

卖"方式进入市场的普遍情形。如：

（23）☑辞贫急毋余财独有私故练袭☑（180.23）

所陈说的似乎是因"赍卖衣财物"受到责罚者的辩解之词，自称其动机只是"贫急毋余财"，只得变卖所"独有"的"私故练袭"。邵台新指出，这些简例反映的"都是布匹、衣物的买卖，价值不高，在买卖的过程中还有证人，买卖完成要以沽酒酬劳证人"[①]。

据简牍文字提供的信息，除成衣之外，作为衣料的成匹的织物也成为买卖对象。

四　边塞织品简牍记录

在相关交易与债务记录中，可以看到买卖对象并非成衣的情形。衣料的"赍卖""赍买"在简文中有所反映。例如：

（24）☑收房隧卒丁守责故隧长石钦粟桼斗皂布三尺（E. P. T59：114）

（25）白素五尺☑☑☑

白素五尺十七☑（E. P. T65：524）

（26）吞远隧卒夏收　自言责代胡隧长张赦之赦之买收缣一丈直钱三百六十

（217.15，217.19）

这种交易，已经并非"衣物"。[②]

赍卖成匹的织品，在简牍资料中也可以看到数量可观的记录。如：

① 邵台新：《汉代河西四郡的拓展》，台湾商务印书馆1988年版，第208页。
② 如"☑始五年二月部卒赍卖衣物骑司马令史所名籍"（E. P. T51：210A）说到的交易形式。

（27）●□觻得庞音夫子恩所贳买

甲渠鉼庭隧卒兖科毋尊布一匹（E. P. T51：329）

五凤二年五☒

（28）贳券课元赤缣一□☒（E. P. T51：338）

（29）灭虏隧戍卒梁国蒙东阳里公乘左咸年卅六自言责故乐哉隧长张中实皂练一匹直千二百今中实见为甲渠令史（35.6）

（30）惊虏隧卒东郡临邑吕里王广

□上字次君　贳卖八稷布一匹直二百九十觻得定安里方子惠所舍上中门第二里三门东入

任者阎少季薛少卿（287.13）

（31）☒月贳□□一匹□□月中……

☒谒报居延敢言之（E. P. T51：722）

（32）☒人先□□□乃受直布一匹直四百当得□单□□□☒（E. P. T59：657）

（33）□鄣卒张霸　受阁帛一匹　出帛二丈三尺□（E. P. T65：63）

（34）☒一匹　出帛一匹从民吴□买贷缯缣一领□绛（E. P. T65：65）

（35）□鄣卒王□　出帛一丈为母治襦□□一领

□□□□□

今毋余帛（E. P. T65：106）

出帛一丈买韦绛一

（36）□鄣卒王□　　　　　　　今毋余帛

出帛一丈买□八斤（E. P. T65：107）

（37）受阁帛一匹　出帛一匹从客民李子春买□

□鄣卒田恽☒（E. P. T65：107）

（38）受阁帛一匹

止害隧卒张骏☒（E. P. T65：160）

甲渠尉取直谷

（39）吞远候长卒侯匡自言官阁匡帛一匹二丈官不阁卒（E. P. F22：293）

（40）☑缣一匹直六百☑ （E. P. F31：34）

"出阁帛"情形现在尚不明朗。而多数以"一匹"为计的织物交易均为士兵个人私物买卖。典型例证有额济纳简又有：

（41）☑第九隧卒史义角布一匹贾钱五百约至八月钱必已钱即不必☑

（2000ES9SF4：22）

此简例织物"一匹"已经完成交易过程。简文有"贾钱"记录，并说明"约至八月钱必已"。这是典型的"赊卖"形式。又如：

（42）☑帛匹八尺四寸　　羊伟一枚
☑絮十斤四两
☑布匹八尺 （2000ES14SF2：5）

以上织品数量皆为"一匹"，又有记录"匹"数更多的简文：

（43）已入五百
责第卅二队卒纪常富字子严　布二匹直千五百　侯史张君卿任少千 （E. P. T59：70）
（44）戍卒东郡聊成昌国里繺何齐　赊卖七稯布三匹直千五十
屋兰定里石
平所舍在郭东道南任者屋兰力田亲功　临木隧 （E. P. T56：10）
（45）终古隧卒东郡临邑高平里召胜字游翁　赊卖九稯麹布三匹
四三百卅三凡　直千繺得富里　张公子所舍在里中二门东入任者同里徐广君 （282.5）
（46）☑
廉敞赊缣三匹券在宋始☑ （155.13A）
取☑刀　取钱四千☑
取白布单衣　为责郝☑☑ （155.13B）

（47）宣成与横俱求保任为卒又任横取阁帛布各五匹横偿
（E. P. T59：113）

（48）戍卒魏郡贝丘珂里杨通

贳卖八稯布八匹匹直二百卅并直千八百卅卖郑富安里二匹不实
贾知

券常利里淳于中君（311.20）

肩水金关简有如下简例：

（49）出钱千八百　毋尊布三匹匹四百☒

黄缣一匹直□□☒（73EJT24：389）

（50）帛四丈九尺尺九直百卅四　絮一绳直……☒

□三丈尺九直二百七十　带一直……☒

素六尺尺十直六十　□直……☒

□□□匹直百九十　□一直……☒（73EJT29：26）

（51）出帛七匹三丈一尺七寸直千八百☒（73EJT9：5）

（52）☒□缣十三匹□☒（73EJT21：259）

（53）布十三匹二丈其五匹□定见八匹　出二匹□取☒
（73EJT24：745A）

又有一例多至"卅九匹"者：

（54）今余广汉八稯布卅九匹直万一千一百廿七钱九分
（73EJT10：72）

简文还可以看到织品数额更大的情形：

（55）始元三年三月丙申朔丁巳北乡啬夫定世敢言之☒

□□二百卅七匹八尺直廿九万八千一百☒（47.3）

（56）入七稯布二千七百九十七匹九尺六寸五分直六十万八千四
百　率匹二百一十七钱五分（73EJT26：23）

（55）据价格"直廿九万八千一百"，可知"□□二百卅七匹"应为"一千二百卅七匹"。（56）"入七稯布二千七百九十七匹九尺六寸五分"，这样的数量，当然有满足部队被服制作需求的可能。我们看到有涉及"袭"的数量的简例，如甲渠候官简：

（57）其二领物故
受正月余袭二百卌二领
今余二百卌领（E. P. T51：192）

"袭"显然是部队军装。"二百卌二领"仅仅只是"余袭"，可知军需数量确实是可观的。我们还可以分析以下简例：

（58）其十四人已前出　用羊韦八十三件
定受奉八十三人　交钱五万九百八钱
最凡吏九十七人
用绛一匹
用布十八匹（E. P. T40：6B）

现在不能确定"用绛一匹""用布十八匹"这两项织品消费的具体用途，但推想可能是"吏""定受奉八十三人"制衣所用。汉代尺度规格，每匹四丈。《说文·匚部》："匹，四丈也。八揲一匹。"① 《急就篇》卷二："资货市赢匹幅全。"颜师古注："四丈为匹。"《汉书》卷二四下《食货志下》："布帛广二尺二寸为幅，长四丈为匹。"参考简（58），合计十九匹，平均每人 0. 2289 匹。那么，（56）"入七稯布二千七百九十七匹九尺六寸五分"，按照这一比例，可以满足"吏"12220. 36 人"用绛"

---

① 段玉裁注："按'四丈'之上当有'布帛'二字。《杂记》曰：纳币一束，束五两，两五寻。郑曰：纳币谓昏礼纳征也。十个为束，贵成数，两两合其卷，是谓五两。八尺曰寻。五两，两五寻，谓每两五寻则每卷二丈也。合之则四十尺。今谓之匹。犹匹偶之云与。"今按：居延汉简 168.10 "三楪□长三丈三尺以直钱三百五十□"，"楪"似应即《说文》"八揲一匹"的"揲"。

"用布"数量需求。制作成衣使用衣料的数量，还有另一参考值：

（59）▨□□□五练袭一领表里用帛一匹糸絮（203.45）

即言"表里"，所说应为复袭。"一领""用帛一匹"，则（55）"七稷布二千七百九十七匹"可以制作这样的"袭"2797领。

简（55）"入七稷布二千七百九十七匹九尺六寸五分直六十万八千四百"，有总价值数字，"率匹二百一十七钱五分"，每匹的价格也是明确的。如果推测这批"七稷布"之"入"与河西织物市场直接相关，是有一定的合理性的。有这样的简例体现"帛"在河西的买卖：

（60）▨钱十一万三千五百八十六
其十一万四百卅四调钱　二百九十库所买直
二千八百六十二赵丹所买帛六匹直（168.13）

所谓"库所买直"，意义还并不清楚。

以上所举简例，大致织物"一匹"者，很可能由戍卒自家乡携带至边地。如肩水金关简所见情形："广野隧卒勤忘　赍卖缥一匹隧长屋兰富昌里尹野所"（73EJT23：965），可能具有典型性。

大庭脩曾经分析居延破城子出土的这一木简："右南阳私衣物橐百一十一"（E. P. T52：84），推断当时内地各郡国是将戍卒的衣物橐以郡或国为单位，集中数十或上百个运往居延地区的。[1]萧璠赞同这一认识，并举例以为补证："E. P. T58：115号衣物橐封检是一件所谓的圆锥火山形封检，中央封泥槽两边的文字书写的方向正好相反；一边写的是：'戍卒陈留郡平丘里赵野袭练橐，封以陈留太守章'，另一边则记载各类衣物及其数量。戍卒本人当然是不可能取得太守印章的，那么这很可能是表示

---

① ［日］大庭脩：《再论"检"》，《简帛研究》第1辑，法律出版社1993年版。今按：简文所见"私橐"（E. P. T61：13，E. P. T65：139），可能也属于同类情形。可参看有关"衣橐""衣箧"的简文。沈刚：《居延汉简语词汇释》，科学出版社2008年版，第95页。

戍卒个人的衣装橐在集中起来之后，由官府来执行封缄，再交付运输的。"① 这样说来，简（48）所见普通戍卒多至"八匹"加"二匹"共计十四或者更多的织物作为"衣装"是怎样封缄运输至于河西的，显然也是值得讨论的问题。②

敦煌汉简中有关于"出牛车转绢如牒毋失期"（1383）的记录，可知河西地方织品供应成为重要运输内容。"毋失期"，说明"转绢"运输任务有严格的绩效规定和时限要求。

五　边塞织品文物遗存

邵博《邵氏闻见后录》卷二七记载了"天都"地方汉章帝章和时代（87—88）"木简札"的发现：

> 崇宁初，经略天都，开地得瓦器，实以木简札，上广下狭，长尺许，书为章草，或参以朱字，表物数，曰："缣几匹，绵几屯，钱米若干"。皆"章和"年号。松为之，如新成者，字道古若飞动，非今所畜书帖中比也。其出于书吏之手尚如此。正古谓之"札书"，见《汉武纪》、《郊祀志》。乃简书之小者耳。张浮休《跋王君求家章草月仪》云尔。

"天都"在宋与西夏战争前线，也应相当汉代北边。③ 看来，"缣几匹，绵几屯"简文传递的信息在宋代已经为学者关注。

---

① 萧璠：《关于额济纳河流域发现的八点二号汉代封检》，《居延汉简补编》（"中央"研究院历史语言研究所专刊之九十九）。今按：居延汉简可见"戍卒簏检"（E. P. T52：667），可能封缄形式有所不同。

② 据杨继承提示，参考睡虎地秦简"黑夫"与"惊"私信，河西织品是否有自原籍邮寄的可能，思考这一问题，或许应注意这一简文："☐自言行道到县索官寄一匹练绮☐」☐城北☐里男子王子高家"（135.13）。简文所记录的情形，很可能是近距离寄出。

③ 《宋史》卷八七《地理志三》："天都砦。元符二年，洒水平新砦赐名天都，东至临羌砦二十里，西至西安州二十六里，南至天都山一十里，北至绥戎堡六十五里。"据谭其骧主编《中国历史地图集》，地在今宁海原。《中国历史地图集》，中国地图出版社1982年版，第6册第20—21页。参见史为乐主编《中国历史地名大辞典》，中国社会科学出版社2005年版，第307页。

甘肃考古学者在总结敦煌西部汉代长城烽燧遗址出土实物时，列言"生产工具、兵器、丝绸……"① 丝绸位居第三。

据贝格曼在额济纳河流域的考察，许多汉代烽燧遗址发现织品遗存。如烽燧 A6 与汉代封泥、木简同出有"敞开的、织造精美的覆盖有黑色胶质的丝织品残片；丝质纤维填料；细股的红麻线"等文物。通称"破城子"的城障 A8 与诸多汉代文物同出"天然丝，丝绸纤维填料"，"植物纤维织物"，"天然褐色和其他颜色的丝绸残片"，"不同颜色的丝织物、丝绸填料、植物纤维材料残片"。烽燧 P1 发现"黄色天然丝绸的小块残片和羊毛纱线"，烽燧 A9 发现"一块红丝绸"。障亭 A10 发现包括"褐色、红色、绿色和蓝色"的"不同颜色的丝绸残片"。台地地区"地点 1"标号为 P.398 的遗存，发现"（天然）褐色、黄色、深红色、深蓝色、浅蓝色、深绿色、浅绿色"的"小块丝绸残片"。"地点 7"标号为 P.443 的遗存也发现丝织物，"色泽有褐色（天然）、黄褐色、浅绿色、深绿色、蓝绿色、和深蓝色"。金关遗址 A32"地点 A"发现"有朱红色阴影的鲜红丝绸残片"，"地点 B"发现"玫瑰红、天然褐色丝绸和丝绸填料残片"，"地点 C"发现"天然褐色、褐色和酒红色丝绸残片"，"地点 E"发现"丝质服装、丝绸填料和纤维织物残片"，"部分缝补过的丝绸为天然褐色、绿色、蓝绿色、蓝色和红色"。地湾遗址 A33"地点 4"发现的丝绸残片，色彩包括"褐色、浅红色、深红色、绿黄棕色、黄绿色和黄色"又据记述，"色度为：接近白色、褐色、红色、绿色、普鲁士蓝"。大湾遗址 A35 地点 1、地点 2、地点 5、地点 12 发现"丝绸残片"，地点 4、地点 6、地点 7、地点 8、地点 9、地点 10 发现"纺织物残片"。"地点 1"标号为 P.66 的遗存，发现"各种颜色（浅黄色、灰色、褐色、绿色和玫瑰红色）的丝绸残片"②。

---

① 岳邦湖：《丝绸之路与汉塞烽燧》，关西大学东西学术研究所编《东西学术研究所纪要》第 25 辑（1992 年 3 月），《简帛研究》第 1 辑，法律出版社 1993 年版。

② ［瑞典］弗克·贝格曼考察；［瑞典］博·索马斯特勒姆整理；黄晓宏等翻译；张德芳审校：《内蒙古额济纳河流域考古报告：斯文·赫定博士率领的中瑞联合科学考查团中国西部诸省科学考察报告考古类第 8 和第 9》，学苑出版社 2014 年版，第 34—35、60、86、94、284、288、333、334、339、350、376—377 页。

有的丝绸残片是在鼠洞里发现的。① 额济纳河流域汉代遗址的丝绸遗存普遍经过鼠害破坏，因此每多残碎。但是台地地区"地点7"标号为P. 402 的发现，据记录："黄色（天然）丝绸残片，其中一块的整体宽51.5—51.7 厘米。"② 地湾遗址 A33"地点6"发现的丝绸残片中，"第2件和第19件保留了完整的宽度，其宽分别为45 厘米和40 厘米"③。

对照前引《汉书》卷二四下《食货志下》关于"布帛广二尺二寸为幅，长四丈为匹"的规格，"广二尺二寸为幅"以西汉尺度通常23.1 厘米计，应为50.82 厘米，"整体宽51.5—51.7 厘米"的形制与此接近。而以东汉尺单位量值23.5 厘米计④，"广二尺二寸为幅"恰好为51.7厘米。

以51.7 厘米为幅宽，前引简（55）"入七稷布二千七百九十七匹九尺六寸五分"总面积达 13594 平方米。

马圈湾烽燧遗址出土纺织品 140 件，其中丝织品 114 件。"品种有锦、罗、纱、绢等。"所谓"绿地云气菱纹锦"，"以绿色作地，黄色为花，蓝色勾递，基本纹样为云气和菱形几何图案"，"织锦的工艺技术要求是相当高的"。"马圈湾出土的四经绞罗，是一个不多见的品种，其经纬纤度极细……""轻薄柔美，是少见的精品。""黄色实地花纱"1 件，"是目前我国所见最早的实地花纱，在丝绸纺织史上占有一定的地位"。绢 92 件，研究者分析了其中 61 件标本，"其特点是经纬一般均不加拈，织物平挺、紧密，色彩丰富、绚丽"。"颜色有：红、黄、绿、蓝、青、乌黑、紫、本色、青绿、草绿、墨绿、深绿、朱红、桔红、暗红、褪红、深红、绯红、妃色、褐黄、土黄、红褐、藕褐、蓝青、湖蓝等二十

---

① 《内蒙古额济纳河流域考古报告：斯文·赫定博士率领的中瑞联合科学考查团中国西部诸省科学考察报告考古类第 8 和第 9》，第 275 页。

② 同上书，第 288 页。

③ 同上书，第 359 页。

④ 据丘光明编著《中国历代度量衡考》，"西汉和新莽每尺平均长 23.2 和 23.09 厘米，二者相差甚微，考虑到数据的一惯性，故厘定为 23.1 厘米。而东汉尺的实际长度略有增长，平均每尺长 23.5 厘米。为了尊重实测数据，故东汉尺单位量值暂定为 23.5 厘米。"科学出版社 1992年版，第 55 页。

五种。"①

　　贝格曼考察额济纳河流域多处遗址发现的织品均颜色鲜丽，特别引人注目。瓦因托尼一线的"障亭10"试掘出土"各种颜色的丝绸"制作的"丝质缝缀物"，"9块丝绸衬里的颜色为：深酒红色、绿色、浅灰绿、深蓝、蓝绿色；3块丝绸面子的颜色为：深红色（主要的两部分）、深天蓝色（三角形的角）"②。鲜艳华美的织品竟然在以"寒苦"为生活基调，甚至往往"至冬寒衣履敝毋以买"的边塞军人身边发现③，使得我们不得不注意导致这种异常现象发生的特殊的织物市场背景。

　　汉代制度礼俗，色彩的使用依身份尊卑有所不同。如《续汉书·舆服志下》："公主、贵人、妃以上，嫁娶得服锦绮罗縠缯，采十二色，重缘袍。特进、列侯以上锦缯，采十二色。六百石以上重练，采九色，禁丹紫绀。三百石以上五色采，青绛黄红绿。二百石以上四采，青黄红绿。贾人，缃缥而已。"自"采十二色""采九色""五色采""四采"至所谓"缃缥"，形成了等级差别。"缃缥"，是极普通的单一之色。刘昭注补："《博物记》曰：'交州南有虫，长减一寸，形似白英，不知其名，视之无色，在阴地多缃色，则赤黄之色也。'"这种"贾人"服用的所谓"缃缥"，在有的条件下显示"赤黄之色"，通常则"视之无色"。很有可能就是不加漂染的原色织品，即前引文字所谓"黄色（天然）""褐色（天然）"。有学者注意到，汉代墓葬发掘资料中织品衣物色彩品种的多少，也依地位高下有所不同。④　在这样的文化背景下，河西边塞遗址发现的织品之色彩纷杂绚丽，如果以为普通军人所服用，也是不好理解的。

　　考古学者发现，边塞遗址发现的织物质量，竟然可以看到对可能用以满足远销需要的设计美学品级追求。前说"障亭10"发现的丝绸残件中，可见这样的作品，"华丽的复合经线棱纹丝绸残片，底色为苔藓黄，

①　甘肃省文物考古研究所：《敦煌马圈湾汉代烽燧遗址发掘报告》，《敦煌汉简》，中华书局1991年版，第54—55页。

②　《内蒙古额济纳河流域考古报告：斯文·赫定博士率领的中瑞联合科学考察团中国西部诸省科学考察报告考古类第8和第9》，第93—94页。

③　参见王子今《汉代西北边塞吏卒的"寒苦"体验》，《简帛研究　二〇一〇》，广西师范大学出版社2012年版；《居延汉简"寒吏"称谓解读》，《居延敦煌汉简出土遗址实地考察论文集》，上海古籍出版社2012年版。"至冬寒衣履敝毋以买"简文见甲渠候官出土简E. P. T59：60。

④　杨继承：《白衣再考——汉代的服色、等级与符命》，待刊稿。

简单的斜纹菱形图案的交叉处有蓝绿色和浅绿色条纹，缝缀在一块普通的灰绿色丝绸上"。又如，"2块华丽的复合经线棱纹丝绸残片，有蓝色、绿色、灰白色，其中一块缝缀在另一块上面"。有学者认为，"其制作水平从技术和艺术两个方面来讲都很高。图案属于很特别的类型，堪与欧亚地区流行的动物风格相媲美"[①]。

有经济史研究者注意到，"至今仍不时在沿丝路沙漠中发现成捆的汉代丝织品"。当时丝路交通形势十分复杂，"所谓通西域的丝路，实际上是在亭障遍地、烽墩林立和烟火相接的严密保护下才畅通无阻的"[②]。而河西烽燧遗址发现的大量的"汉代丝织品"，也成为丝绸之路贸易史的生动见证。

六 "禄帛""禄布""禄絮"

汉武帝控制河西，"移民开发河西"，"变河西游牧之区为农业定居之区"，对于丝绸之路交通有重要意义。[③] 不过，河西地区距中原经济重心地区路途遥远，正如有的学者所分析的，"一些财政收入缺乏的地区，要仰赖中央或其他地方发来钱币，有时便不能如期发放俸钱"。于是，"汉简中常有官吏数月未能领取俸钱的记录，甚至以实物计价发给官吏替代俸钱"。例如：

（61）始元三年九月四日以从受物给长中帛若干匹直若干以给始元三年正月

尽八月积八月奉（509.19）

（62）出河内廿两帛八匹一丈三尺四寸大半寸直二千九百七十八给佐史一人

元凤三年正月尽九月积八月少半日奉（303.5）

---

① 《内蒙古额济纳河流域考古报告：斯文·赫定博士率领的中瑞联合科学考察团中国西部诸省科学考察报告考古类第8和第9》，第96页。

② 傅筑夫：《中国封建社会经济史》第2卷，人民出版社1982年版，第440、439页。

③ 梁加农：《早期丝路研究》，朱新予主编《中国丝绸史》，中国纺织工业出版社1997年版，第307页。

（63）布一匹直四百　　凡直八百

入　　　　　　始元四▨

絓絮二斤八两直四百　给始元四年三月四月奉　（308.7）①

简文涉及作为"奉"的"替代"的实物，有"帛""布""絮"。

居延汉简中又多见政府用中原织品支付军人俸饷，即应用所谓"奉帛"（89.12），"禄帛"（39.30，95.7，266.9，394.1，E. P. T65：79等），"禄用帛"（210.27，266.15，480.11）"禄布"（E. P. T59.297），"禄县絮"（E. P. T6：81）的情形。边地军队指挥部门和地方行政机构可以提供充备的织品，提示我们关于这种特殊物资供应体系之工作效能的信息。

"帛""布""絮"作为"禄"的形式为军队官兵所接收，也反映了当地市场交易条件以及以此为基础形成的对于相关商品的社会感觉和价值知识。内地出产的织物成为交换各种商品的等价物，对于河西地方市场的丝绸流通无疑也会产生重要的影响。

《汉书》卷九九中《王莽传中》："（天凤三年）五月，莽下吏禄制度，曰：'予遭阳九之厄，百六之会，国用不足，民人骚动，自公卿以下，一月之禄十缥布二匹，或帛一匹。予每念之，未尝不戚焉。今厄会已度，府帑虽未能充，略颇稍给，其以六月朔庚寅始，赋吏禄皆如制度。'"有学者指出，"现知居延简中以布帛充奉的只有始元三年、四年以及元凤三年等年号"以及"新莽时以布帛充奉"现象。论者特别指出，"凡以布帛充奉各简，并无赋奉未到的记载"②。由此似可反映河西地方"府帑"储备中"布帛"比较充足的情形。

七　河西的"市"与织品贸易

上文所说戍卒与吏民之间的私人"赁卖衣财物"形式，属于民间交

①　何德章：《两汉俸禄制度》，黄惠贤、陈锋主编《中国俸禄制度史》，武汉大学出版社1996年版，第47—48页。

②　薛英群、何双全、李永良注：《居延新简释粹》，兰州大学出版社1988年版，第7—8页。

易。而（60）"赵丹所买帛六匹"则可能通过市场。（54）"今余广汉八
稷布卅九匹直万一千一百廿七钱九分"，（55）"□□二百卌七匹八尺直廿
九万八千一百□"，（56）"入七稷布二千七百九十七匹九尺六寸五分直六
十万八千四百率匹二百一十七钱五分"数例可以称作人宗的买卖，大概
也应如此。

然而也有"贩卖衣物于都市"的情形：

（64）·甲渠言部吏毋铸作钱发冢
贩卖衣物于都市者（E. P. F22. 37）

有学者根据出土简牍资料分析"投入居延市场的货物"中，有"衣
服类"和"布帛类"：

衣服类，计有：
皂布衣、韦绔、皂袭、皮绔、皂襜褕、布复襦、绛单襦、皂练
复袍、布复袍、皂襦、缥复袍、白绅襦、袭布绔、皂复绔、单衣、
缣长袍、皂绔、表、绐复襦等。
布帛类，计有：
七稷布、八稷布、九稷布、练、缣、皂练、白素、皂布、布、
絣、鹑缕、廿两帛、白缣、絮巾、缇绩、系絮、丝等。①

"衣服类"中"韦绔""皮绔""裘"等大致不属于我们讨论的对象。"布
帛类"中可能"絮巾"不宜列入。"系絮"应为"糸絮"之误。现今我
们看到的"衣服类"和"布帛类"的品种数量，已经远远超过了当时的
统计。

《汉书》卷二八下《地理志下》说河西四郡风俗："其俗风雨时节，
谷籴常贱，少盗贼，有和气之应，贤于内郡。""谷籴常贱"，已经言及市
场形势。《后汉书》卷三一《孔奋传》记述："时天下扰乱，唯河西独
安，而姑臧称为富邑，通货羌胡，市日四合，每居县者，不盈数月辄致

---

① 徐乐尧：《居延汉简所见的市》，《秦汉简牍论文集》，甘肃人民出版社1989年版。

丰积。"对于所谓"市日四合",李贤注:"古者为市,一日三合。《周礼》曰:'大市日侧而市,百族为主。朝市朝时而市,商贾为主。夕市夕时而市,贩夫贩妇为主。'今既人货殷繁,故一日四合也。"河西地方的富足和市场的繁荣,得到史籍的明确记录。有学者指出:"居延地区靠近汉代中西交通大道,有条件发展转运贸易,这也是居延的商业市场具有一定水平和商业得以发展的有利条件。"[①] 这样的判断是有根据的。正是在"市日四合""人货殷繁"的情况下,织品实现了"通货羌胡"的贸易程序。

居延汉简可见"为官市"简文(456.2)。又有"居延市吏"称谓,这一职任似乎亦参与织品交易的管理:

玉门花海汉代烽燧遗址出土"禽寇燧卒冯时赍卖衣物契约券",亦出"所买布疏":

> (65) 所买布踈
> 大□郭成买布三尺五寸直一石四斗
> 始乐尹虎买布三尺五寸直一石四斗   索卿☐
> 万赍范融买布一丈二尺直四石二斗
> 长生赵伯二石
> 凡九斛前付卿已入 (77. J. H. S:17A. B)[②]

"布"的"直"以谷物计,或许体现了河西市场在特殊情况下特殊的交换方式。

八 河西军人消费生活中的毛织品

马圈湾烽燧遗址发掘出土毛织品13件,"品种有罽、褐、绯毛带、毡垫、毡靴等"。有"图案非常精美"的"方格罽"1件。又有"晕繝

① 徐乐尧:《居延汉简所见的市》,《秦汉简牍论文集》,甘肃人民出版社1989年版。
② 嘉峪关市《文物》保管所:《玉门花海汉代烽燧遗址调查报告》,《汉简研究文集》,甘肃人民出版社1984年版。

罽"1件，"花部依次由黄向蓝变化，呈晕色效果。这是目前我国发现最
早的一件晕繝毛织物，它对唐代晕繝锦的产生，无疑起过重大影响"。又
有"红罽"2件，"深红罽"2件，"莲紫罽"1件，"黄罽"1件，"青褐
斑罽"1件。①

贝格曼考古报告中也有许多关于毛织品发现的记录。

河西出土麻织品可能多来自中原地区，而毛织品，特别是质量较高
的毛织品不能排除来自西域地方的可能。河西汉塞的毛织品遗存可能经
由匈奴传入②，活跃的西域商人或许也曾经直接促成了这种商品在丝绸之
路沿途市场的流通。

西域商人曾经有非常活跃的历史表演。如《后汉书》卷八九《南匈
奴传》记载："（建武）二十八年，北匈奴复遣使诣阙，贡马及裘，更乞
和亲，并请音乐，又求率西域诸国胡客与俱献见。"③ "西域诸国胡客"
和匈奴使团同行"与俱献见"，值得我们注意。此外，又有《后汉书》卷
四七《班超传》的说法："超遂发龟兹、鄯善等八国兵合七万人，及吏士
贾客千四百人讨焉耆。"可知西域"贾客"亦参与战争。有学者以"游牧
民族商业化的倾向，也就愈益显著"的说法概括匈奴对"贸易权益"的
追求。④ 其实西域诸国可能更突出地体现出"商业化的倾向"。

《后汉书》卷五一《李恂传》写道："复征拜谒者，使持节领西域副
校尉。西域殷富，多珍宝，诸国侍子及督使贾胡数遗恂奴婢、宛马、金
银、香、罽之属，一无所受。"所谓"贾胡数遗""奴婢、宛马、金银、
香、罽之属"，应是一种贿赂行为。也许这种行为曲折体现了匈奴占领时
期特殊经济形式的历史惯性。其中"罽"正是西域特产。"贾胡"身份，

---

① 甘肃省文物考古研究所：《敦煌马圈湾汉代烽燧遗址发掘报告》，《敦煌汉简》，第55—
56页。

② 有学者指出："僮仆都尉驻准噶尔盆地直通塔里木盆地的天山南麓焉耆、危须、尉犁三
个小国之间，征发三十六国互于农、牧、工、矿各方面的产品，以及草原大道之外的沃洲大道上
商业利润，构成匈奴经济面不可缺的一环节。"姚大中：《古代北西中国》，台北三民书局1981
年版，第76页。

③ 《太平广记》卷四〇二《鬻饼胡》："……但知市肆之间，有西国胡客至者，即以问之，
当大得价。生许之。……将出市，无人问者。已经三岁，忽闻新有胡客到城，因以珠市之……"
可知"胡客"多是"贾胡"。

④ 殷晴：《丝绸之路与西域经济——十二世纪前新疆开发史稿》，第111页。

应是西域商人。李贤注："贾胡，胡之商贾也。"西汉中期，即有西域商人活跃于北边的史实记录。如陈连庆所说，"在中西交通开通之后，西域贾胡迅即登场"①。以敦煌汉简为例，所见乌孙人（88，90，1906），车师人（88），"☒知何国胡"（698）②，等等，未可排除来自西域的商人的可能。《后汉书》卷八八《西域传》篇末有以"论曰"形式发表的对于西域问题的总结性文字，其中说到"商胡贩客"："论曰：西域风土之载，前古未闻也。汉世张骞怀致远之略，班超奋封侯之志，终能立功西遐，羁服外域。自兵威之所肃服，财赂之所怀诱，莫不献方奇，纳爱质，露顶肘行，东向而朝天子。故设戊己之官，分任其事；建都护之帅，总领其权。先驯则赏纂金而赐龟绶，后服则系头颡而衅北阙。立屯田于膏腴之野，列邮置于要害之路。驰命走驿，不绝于时月；商胡贩客，日款于塞下。"

据斯坦因的考察记录，在敦煌地方的烽燧遗址中，"得到半段木简，上书古撒马尔干同布哈拉通行的古窣利语；这半段显然是作为符节之用"。"在这一段长城一座烽燧尘封堆积的室中发简历八封干干净净用古窣利文字体写在纸上的书函……其中有些找到时外面用绢包裹，有些只用绳缠住。这种字体因为过于弯曲以及其他原故，极难认识，现在知道这是中亚一带商人到中国以后发回的私人通讯。他们显然很喜欢用新发明的纸作书写材料，而不喜用中国人所墨守着的木简。"经造纸史权威学者考察，"证明这些书函的材料是现在所知道的最古的纸"③。邵台新据此认为，河西"有胡商居住且与中国商贾贸易是不容置疑的"④。如果这一发现真确不误，这些书信遗存应当反映了"中亚一带商人"在河西活动，而他们的书信也通过汉王朝驿传邮置向远方转递的事实。斯坦因河西汉代烽燧考察记录中写道："所得诸有趣的遗物中有一件是古代的绢，头上

---

① 陈连庆：《汉唐之际的西域贾胡》，《中国古代史研究：陈连庆教授学术论文集》，吉林文史出版社 1991 年版。

② 吴礽骧、李永良、马建华释校：《敦煌汉简释文》，甘肃人民出版社 1991 年版，第 9、202、71 页。

③ ［英］Bir Aurel Stein：《斯坦因西域考古记》，向达译，中华书局 1936 年版，第 128、133 页。

④ 邵台新：《汉代河西四郡的拓展》，第 212 页。

书汉字同婆罗谜文，这是古代绢缯贸易的孑遗。绢头上面备记产地，以及一定的大小重量等项。这块即是从那疋上割下来的。"① 这当然是丝绸之路上"绢缯贸易"的文物确证。而烽燧戍卒也参与了"胡商"积极从事的这种贸易，值得我们关注。

对于马援南征进击迟缓以至"失利"的指责，有"类西域贾胡，到一处辄止"的说法。② 李贤解释说："言似商胡，所至之处辄停留。"《马援传》说"西域贾胡"，李贤注称"言似商胡"，可知"商胡"和"贾胡"称谓大致指代相同的身份。可能正是由于"商胡""贾胡"的活跃，促成了"罽"等毛织品流入内地，进入了河西军人的消费生活。这种商品继续向东转输，应当是丝绸之路贸易活动中很自然的情形。

《史记》卷三〇《平准书》："天下已平，高祖乃令贾人不得衣丝乘车，重租税以困辱之。"《汉书》卷一下《高帝纪下》的记载较为具体："（八年）春三月，行如雒阳。令……贾人毋得衣锦绣绮縠絺纻罽，操兵，乘骑马。"颜师古注："罽，织毛若今毹及氀毺之类也。"《汉书》卷六五《东方朔传》："狗马被缋罽。"颜师古注："罽，织毛也，即氀毺之属。"《说文·系部》："罽，西胡毳布也。"③ 段玉裁注："毳者，兽细毛也。用织为布，是曰罽。亦假罽为之。"班固《与弟超书》说西域方向贸易，言及毛织品的输入："窦侍中令载杂彩七百疋，市月氏马、苏合香。""窦侍中前寄人钱八十万，市得杂罽十余张也。"④ "月支毺大小相杂但细好而已。""今赍白素三百疋欲以市月支马、苏合香、罽登。"⑤ 可知中原人对"罽""毺""罽登"等毛织品的需求。曹植《辩道论》写道："（甘始）又言：'诸梁时，西域胡来献香、罽、腰带、割玉刀，时悔不取也。'"⑥ 说明"罽"传入中原，"西域胡"的活动发挥了重要作用。

---

① ［英］Bir Aurel Stein：《斯坦因西域考古记》，向达译，第 134 页。

② 《后汉书》卷二四《马援传》。

③ 《太平御览》卷八一六引《说文》曰："罽，西胡毳布也。"

④ 《太平御览》卷八一六引班固《与弟超书》曰："窦侍中前寄人钱八十万，市得杂罽十余张也。"

⑤ 《汉魏六朝百三家集》卷一一，文渊阁《四库全书》本。

⑥ （魏）曹植著，赵幼文校注：《曹植集校注》，人民文学出版社 1984 年版，第 188、193 页。断句作"西域胡来献香罽腰带、割玉刀"，注释："香罽，具有香气之毛织物。"《太平御览》卷八一六引引曹植《辩道论》曰："甘始谓王曰：诸梁时西域胡来献罽，悔不取也。"

《盐铁论·力耕》载"文学"曰："今骡驴之用，不中牛马之功，氍貂旃罽，不益锦绨之实。""西胡"之"骡驴"与中土之"牛马"，"西胡"之"氍貂旃罽"与中土之"锦绨"，形成对照。而很可能在丝绸之路上，正是"锦绨"与"旃罽"作为产地各在东西，品质亦显著不同的商品，经历辗转历程实现了交换。在当时特殊的商运程序中，河西地方似乎发挥了重要的中转作用。而汉简文字与烽燧遗存提供的信息，反映来自内地的戍防军人也在一定意义上参与其中，这是值得我们特别注意的。

（附注：本文写作，得到杨继承、李兰芳、杜晓的帮助，谨此致谢）

（中国人民大学国学院，出土文献与中国古代文明研究协同创新中心）

说"鉼庭"

孙兆华

　　西北地区出土的居延汉简、居延新简、额济纳汉简是有关汉代边防屯戍的材料宝库。[①] 这些汉简所见的"鉼庭"是甲渠候官所辖一个部的名字，即鉼庭部，治所即鉼庭隧。[②] 以往学者曾对其上级的甲渠候官进行考察[③]，而单对其中一个部进行细致的研究则尚未开展。本文即由此发端。

一　"鉼庭"的位置和遗迹

　　汉代张掖郡沿古弱水密布烽隧。古弱水如一条扁担，一头是肩水都尉护卫的驿马屯田区，一头是居延都尉护卫的居延屯田区。就后者而言，居延都尉辖区北有殄北候官，西有甲渠候官，南有卅井候官，东面是天然屏障居延泽。

---

　　① 对本文中简号的说明：形式如 EPF16：1，引自马怡、张荣强主编《居延新简释校》，天津古籍出版社 2013 年版。形式如 49.22 或甲附 22，引自谢桂华、李均明、朱国炤《居延汉简释文合校》，文物出版社 1987 年版。形式如 99ES17SH1：46，引自孙家洲主编《额济纳汉简释文校本》，文物出版社 2007 年版。形式如 73EJT4：89，引自甘肃简牍保护研究中心、甘肃省文物考古研究所、甘肃省博物馆、中国文化遗产研究院古文献研究室、中国社会科学院简帛研究中心编《肩水金关汉简（壹）》，中西书局 2011 年版。

　　② "隧"字，本文统一作此，汉简里还有不同的写法，如又写作"燧""隊""隧""嬘""队"等。

　　③ 李均明：《甲渠候官规模考》（上、下），《文史》（第三十四、三十五辑），中华书局1992 年版；宋会群、李振宏：《汉代居延甲渠候官部燧考》，《史学月刊》1994 年第 3 期；［日］吉村昌之著、杨振红译：《居延甲渠塞的部隧设置》，李学勤、谢桂华主编《简帛研究　二〇〇一》（下），广西师范大学出版社 2001 年版。

从地理位置上看，分布于古弱水下游的甲渠塞可分为"甲渠河南道上塞"（EPF16：3）和"甲渠河北塞"（EPF16：2、EPT50：134A）①。其中甲渠河北塞的部隧配置大体上呈直线分布，如下（部、隧的次序基本上为由南向北）：

> 万岁部（第三部）隧6所：万岁、却适、临之、第一～第三
> 第四部隧7所：第四～第九、临桐
> 第十部隧7所：第十一～第十六
> 第十七部隧6所：第十七～第廿二
> 第廿三部隧8所：第廿三～第廿九、箕山
> 鉼庭部隧10所：第卅～第卅八、鉼庭

甲渠河南道上塞各部隧配置并非直线分布，如下（部的次序为由南向北，但其中大部分隧的详细位置还不能确定）：

> 临木部隧7所：临木、木中、武贤、终古、望虏、穷虏、毋伤
> 诚北部隧7所②：诚北、武强、俱起、俱南、执胡、惊虏、□虏
> 吞远部隧9所：吞远、次吞、吞北、万年、执胡、惊虏、制虏、平虏、逆胡
> 不侵部隧7所：不侵、当曲、止害、止北、驷望、察微、伐胡

其中临木、诚北、吞远（以及次吞）、不侵四隧分别是各部最南端的隧。③
由上可见，鉼庭部位于甲渠河北塞的北端，也即是甲渠塞最北面的一个部，大致位于居延防区的西北角，今额济纳河支流伊肯河下游流经此处。鉼庭部前9个隧都是序数隧，有1个实名隧。④ 在新莽时期，"卅"改写作"三十"，"七"改写作"桼"，所以比如第卅七隧，当时写作第

---

① 关于甲渠两塞，参见孙兆华、田家溧《说"甲渠河南道"》，曾磊等编《飞軨广路：中国古代交通史论集》，中国社会科学出版社2015年版，第233—246页。
② "诚北"在汉简中又写作"城北"，如EPT5：93作"诚北"，EPT4：52作"城北"。
③ 宋会群、李振宏：《汉代居延甲渠候官部燧考》。
④ 关于序数隧和实名隧，参见蒋丹丹、孙兆华《早期中国边塞防御组织再认识——以甲渠候官的实名燧、序数燧为中心》，《南都学坛》2015年第5期。

三十椠隧，而在建武初年，又恢复了原来的写法。① 因着两千年流水冲击、风沙淹没的缘故，鉼庭部隧的遗存不多。据学者推断，鉼庭隧对应的现存遗址是 A1a，第卅五隧则是 A2。②

根据相关简文和遗址经纬度可以得到关于鉼庭部、隧位置等的一些数字化信息。鉼庭隧（A1a）东南距居延都尉府（K688）"一百五十二里"（28.1），按照一汉里约 414 米换算，大概是 63 公里。又，据两地点的经纬度可以计算出之间的直线距离，学者曾对河西汉塞各遗址的经纬度有所关注，这提供了数据上的便利。③ A1a（101°12′39.06″E，42°06′55.98″），K688（101°11′47.00″E，41°54′30.94″N），则鉼庭隧距居延都尉府的直线距离是 23 公里。可见其间路途并非是直线。甲渠候官（A8）的经纬度是（100°56′56.71″E，41°47′35.36″N），那么鉼庭隧距甲渠候官的直线距离，据经纬度推算，约 42 公里。又，A8 及其以北有甲渠塞的烽隧 33 座，按烽隧间距为 1.3 公里计④，则 A1a 到 A8 也恰约 42 公里。经推算，鉼庭部塞大致的直线长度是 11.7 公里，甲渠河北塞则是 55.5 公里，鉼庭部塞的长度大约是甲渠河北塞的五分之一。⑤

---

① 新莽时期鉼庭部名的变化可参考本文后面对鉼庭部相关的纪年简详细考察部分。

② 宋会群、李振宏：《汉代居延甲渠候官部燧考》。甲渠候官其他部隧与现存遗址的对应关系参见邢义田《地不爱宝：汉代的简牍》，中华书局 2011 年版，第 248 页。

③ 已知两点的经纬度计算两点距离的近似公式是：设一点 A 的经纬度为（LonA，LatA），另一点 B 的经纬度为（LonB，LatB），按照 0 度经线的基准，东经取经度的正值（Longitude），西经取经度负值（－Longitude），北纬取 90－纬度值（90-Latitude），南纬取 90＋纬度值（90＋Latitude），经上述处理后的两点被计为（MLonA，MLatA）和（MLonB，MLatB）。据三角推导，可得到计算两点距离的公式，如下：

C ＝ sin（MLatA）＊ sin（MLatB）＊ cos（MLonA-MLonB）＋ cos（MLatA）＊ cos（MLatB）；

Distance ＝ R ＊ Arccos（C）＊ Pi/180。

R 为地球的平均半径，6371.004 公里。

A1a、K688、A8 的经纬度数据参见邢义田《地不爱宝：汉代的简牍》，第 238、241 页，A8 的数据从邢义田。

④ 陈梦家：《汉简缀述》，中华书局 1980 年版，第 32 页。

⑤ 现已知鉼庭部附近其他甲渠塞烽隧相距平均为 1.3 公里，鉼庭部烽隧 10 所，则鉼庭部的防线长约为 11.7 公里。又，已知居延汉塞烽隧遗址 A1（殄北候官）、A1a、A2、T21（万岁隧）呈东北—西南走向排列，A1 到 A2 的距离是 12 公里，A1 到 A1a 的距离是 4.5 公里，则 A1a 到 A2 的距离是 7.5 公里。又知 A2 到 T21 的距离是 48 公里，则 A1a 到 T21 的距离是 55.5 公里。相关数据来源参见本文正文和陈梦家《汉简缀述》（第 4 页）里的记录。

对于 A1a、A2 烽隧遗址，甘肃省文物考古队这样描述①：

　　A1a：距全吉阿玛障西南约 4.5 公里处，所谓登达河干涸河道旁，烽燧呈圆丘形，顶部暴露出土坯层，高 4.5 米，地面汉代陶片较多，周围红柳丛，东北有两株大沙枣树。此燧，考察团可能未曾到达。

　　A2 烽燧：蒙语、察汉全吉，即白墩子，位于索果淖公社西北约 7.5 公里，烽燧附近为红柳丛林，周围无明显标记，燧系三层土坯间夹茇茇草砌筑。高 4 米，东西 9.5×6 米。南端有房屋建筑（西北考察团在此试掘过），我们调查时采集到狩猎工具一件，丝绸残片若干。

1930 年中瑞西北考察团在 A2 试掘的情况及其遗存信息还可参考索马斯特罗姆整理的报告。②

简牍的出土地点信息对于研究简文是很重要的。运用史语所"汉代简牍资料库"检索，可得知 A2（察汗松治）第卅五隧出土简牍 28 枚③，品名分别是人面桃符、汉简、封检匣、楬、木方。其中简 393.9 有纪年，前后两面文字完全相同：

　　第卅五隧蘪索长三丈一完
　　▨
　　元延二年造　　　393.9

---

①　甘肃省文物工作队、甘肃省博物馆编：《汉简研究文集》，甘肃人民出版社 1984 年版，第 64 页。

②　Bo Sommarström, *Archaeological Researches in the Edsen-gol Region Inner Mongolia* (Reports from the Scientific Expedition to the North-Western Provinces of China under the Leadership of DrSven Hedin: the Sino-Swedish Expedition Publication 39, Ⅶ. Archaeology, 8), Stockholm: Statens Etnografiska museum, 1956, pp. 34 – 36.

③　简号分别是：357.3、358.1、358.2、358.3、358.4、358.5、358.6、358.7、358.8、358.9、358.10、358.11、358.12、393.1、393.2、393.3、393.4、393.5、393.7、393.8、393.9、393.10 + 393.6、393.11、432.1、432.2、432.3、432.4、432.6。

"元延"是汉成帝的第七个年号，是其执政晚期；"元延二年"是公元前11年。简文表明第卅五隧的一条薰索造于元延二年。

简393.5和393.8，包括上面的393.9，因为是楬，简文记有"第卅五隧"且出土于A2，可以作为推断A2为第卅五隧的依据。

第卅五隧

● ▢

兰一完　　　393.5

■第卅五隧稟矢铜鏃五十完　　　393.8

其他有关鉼庭部隧情况的简牍多于甲渠候官遗址和第四隧出土，此外还有一些采集简。[①]

二 "鉼庭"的规模

鉼庭部是甲渠候官规模最大的一个部。在甲渠塞的范围内，鉼庭部拥有以下几个"最"的纪录。

首先，鉼庭部的防线长度最长。上述鉼庭部塞的直线长度占甲渠河北塞的五分之一。而甲渠河南道上塞各部隧并非南北直线排列，其防线长度自然比不上河北塞诸部。

其次，鉼庭部辖有的烽隧数最多。共10所，而其他的部辖隧为6—9所，一般是7所。甲渠塞共10个部，鉼庭部是十分之一；而甲渠塞辖隧74所，鉼庭部隧数约占14%。

再次，鉼庭部的吏卒数量最多。甲渠候官各部的吏员数量是有标准的，吏有候长1人、士吏1人、候史1人、各隧隧长1人。按此标准，鉼庭部在满员情况下有吏13人。又按照每个隧有卒2—4人的一般标准，鉼庭部包括戍卒20—40人。这样看来，鉼庭部吏卒33—53人。不计吏员，甲渠候官其他的部大多辖隧6—9所，总体上每个部有卒12—36人。

---

① 分别以"鉼庭""第卅""第三十"为关键词进行检索，可以得到所需的鉼庭部相关简文。

显示鉼庭部各隧人数的简文如：

■右第卅一隧卒四人　　82.24
鉼庭卒董恽、单昌、沐恽●凡三人　　EPT43：39A
■右第卅五隧卒三人　　EPT51：78
甲渠第卅三隧卒二人　　EPT56：139A

可见，鉼庭部各隧的隧卒人数基本保持在2—4人的规模，这是符合一般标准的。因为各种原因，常不足员，简文可见鉼庭部卒30人、22人等不同时期的数据。

简28.13揭示了供应盐给鉼庭部卒30人的情况。

入盐八斗七升　给鉼庭部卒卅人
闰月食　阳朔五年正月辛亥，第卅三卒夏奇、第卅四卒范客子
受守阁卒音。　　28.13

简EPT59：231谈到鉼庭部卒22人用食的情况，这个人数可能也是当时实际的鉼庭部人数。①

●右鉼庭部卒二十二人　　用食　☒　　EPT59：231

而低到十多人的统计，很可能反映的不是鉼庭部的全部人数。比如以下两简：

■右鉼庭部吏卒十三人　　EPT17：7
●右鉼庭部十七人麦☒　　EPT56：204

最后，除了甲渠候官，鉼庭部拥有的武器装备最多。在10个部里，

---

① 类似的简文还有EPW：12"■右鉼庭隧□□人"，此简不清楚人数。

鉼庭部毕竟比其他的部多出几个隧,所以武器装备理应比其他部的要多。

新莽时期的一个简册 EPF22:175—185 显示了甲渠候官武器装备中弦和矢的数量。① 简化为表格如下:

部/候官	弦	稾矢			茞矢		
		原有	见	出或少	原有	见	出或少
万岁部	30	2700	1900	(800)	1200	1200	0
第三部	44	3050	2255	795	2550	1966	(584 = 284 + 300)
第十部	27	3500	1450	1402 + 648	2400	1028	372
第十桼部	47	3100	2150	950	2300	2100	200
第二十三部	37	3400	2600	800	2550	1400	1150
鉼庭部	?	4350	4350	(0)	?	(2184)	?
推木	46	3000	2361	639	2100	1800	300
诚北	54	3500	3100	400	2400	2300	100
吞远	44	2200	2169	31	2100	1800	300
不侵	48	3150	2500	650	2100	1800	300
甲渠候官	?	?	?	?	?	4400	?
总计	(377 + ?)	(31950 + ?)	(24835 + ?)	(7115 + ?)	(19700 + ?)	(21978)	(3306 + ?)

编者注:"( )"内是推算的数据;"?"表示数据不明确。

由上表阴影部分可见,鉼庭部的稾矢原有量在十个部中是最多的;虽然不知道鉼庭部茞矢的原有量以及"出或少"即使用量,但"见"即现存量仅仅比诚北部少,排第二位。从这样的武器保有量上也大致可推测鉼庭部的规模,说它是甲渠候官最大的部是不为过的。

---

① 宋会群、李振宏将 EPF22:174 也归入这个简册(《汉代居延甲渠候官部燧考》),从最新的释文来看,此简文为:"□里□死",应与此简册无关。因此,基于此而得出的当时甲渠候官辖 11 部的看法是有问题的。

三　"鉼庭"的屯戍活动时限与命名

学者通过分析与甲渠候官各部有关的年号简，认为"常见 10 部的形成不晚于汉宣帝末年"，"居延一带连续性的屯戍活动可能于建武八年后不久便停止"，"但至东汉中晚期，甲渠候官所属障隧尚有零星的活动"。并且列出了鉼庭部系有较早年号的简：神爵二年（前 60）EPT53：36，较晚年号的简：建武初年 EPF22：110，后者注释为："包括 EPF22：110 简在内的 EPF22：83—124 简为一廪食簿，该簿所见令史谭，多见于建武初年简，如 EPF22：700 简：建武奉年十月辛酉朔壬戌主官令史谭敢言之……故知此簿为建武初年物。EPF22：110 简亦当为建武初年简。"① 可见，神爵二年到建武初年近百年间，鉼庭部的活动是频繁的。

对鉼庭部相关的纪年简进行详细考察（可以检索年号简，同时通过简文里的月朔等记录推测出纪年信息，这样的方法学者早已采用②），则发现如下情况：

鉼庭部：神爵二年（前 60，EPT53：36）；五凤四年（前 54，45.15）；建昭元年（前 38，EPT58：107）；河平四年（前 25，EPF22：705）；阳朔五年（前 20，28.13）；新莽时期（EPT17：7、EPT59：231、EPF22：180）

鉼庭亭部：鸿嘉四年（前 17，EPT65：382）

鉼庭士吏：天凤四年（17，EPT59：193）

鉼庭候长：五凤二年（前 56，24.15、EPT52：82、EPT51：396）；甘露元年（前 53，EPT56：254）；永始元年（前 16，160.6）；新莽时期（EPF22：381）；建武初年（EPT65：228、EPF22：86）

鉼庭守候长：建武初年（EPF22：110）

鉼庭候史：五凤二年（前 56，24.15、EPT52：82、EPT51：

---

① 李均明：《甲渠候官规模考》（上），《文史》（第三十四辑），中华书局 1992 年版，第 35—36、45 页。

② 参见李均明《居延汉简编年——居延编》，新文丰出版公司 2003 年版。

396）；元延三年（前10，甲附22）

第三十隧：五凤二年（前56，24.15、EPT52：82、EPT51：396）；建武初年（EPT65：67A、EPF22：114）

第三十隧：新莽时期（EPT48：157、EPT59：104、EPT59：250、EPT59：324、EPT59：624、EPF22：269，EPC：38、26.18、154.29）

第三十一隧：建武初年（EPT65：67A、EPT68：224）

第三十一隧：新莽时期（EPT65：187）

第三十二隧：建武初年（EPF22：209）

第三十二隧：新莽时期（EPT4：2、EPT48：120、EPT65：12）

第三十三隧：始建国元年（前9，EPT17：3）

第三十三隧：新莽时期（EPT43：23、EPT59：496、EPT65：66）

第三十四隧：阳朔五年（前20，28.13）

第三十五隧：元延二年（前11，393.9）

第三十五隧：新莽时期（EPT59：538、EPF22：707）

第三十六隧：建武初年（EPT65：67A）

第三十七隧：始元五年（前82，EPS4T2：12），建平元年（EPT65：408）

第三十隧：新莽时期（EPT65：293）

第三十八隧：五凤二年（前56，EPT51：238）

第三十八隧：新莽时期（EPT49：5、EPT59：111）

鉼庭隧：五凤二年（前56，24.15、EPT52：82、EPT51：396）；建昭三年（前36，EPT51：83A）；阳朔元年（前24，157.5A）；阳朔三年（前22，28.1）；鸿嘉三年（前18，279.2）；成帝时期（73.29），新莽时期（EPT43：39A）

可见，最早在汉昭帝始元年间即有第三十一七隧的活动记录，不排除当时就存在鉼庭部完整建置可能性。

据上，目前汉简所见"鉼庭"作为部名最早是在神爵二年（前60），并一直用到建武初年而未更改。① 通过对纪年简材料的梳理，甚至可以将鉼庭部屯戍活动的上限提前到汉昭帝始元年间。

熟稔居延汉简、居延新简之后会发现这样一个现象：甲渠候官部名的得来一般是由部治所在的隧名决定，且大都以部内最南端一隧的隧名作为部名。从上文甲渠两塞的部隧配置可以明显地看出这一部名命名现象。

甲渠候官各部大都以最南端一隧的隧名作为部名，也就是说，部治所大多在部的南端。例外有两个：一个是鉼庭部，另一个万岁部。鉼庭部是以最北端的鉼庭隧为治所的，而万岁部曾更名第三部，即治所曾在部内最北端的第三隧。

下列万岁部（第三部）相关纪年简：

万岁部：建平五年（前 2，55.24 + 137.20）；居摄元年（6，EPT59：573）；新莽时期或东汉初年（EPF22：175）；建武三年（27，EPF22：432，EPF22：373）

第三部：初元元年（前 48，EPT51：193）；

万岁士吏：建武八年（32，EPT68：125）；

万岁候长：天凤四年（前 54，82.39）；初元四年（前 45，267.10）；建平三年（前 4，EPT43：6）；建武三年（27，EPF22：61）；建武四年（28，EPF22：328）；建武五年（29，EPF22：288、EPF22：256、EPF22：249）

万岁候史：天凤四年（17，EPT59：191）

可见，万岁部仅在初元元年改名为第三部，即治所曾短时期移到了该部北端的第三隧，这之前和之后的其他的其他时期都名为万岁部。为何治所曾移动到第三隧，目前的材料还无法说明。

鉼庭部为何把治所设在部的北端？在考察这个问题过程中，我们发

---

① 新莽时期甲渠候官更改的唯一部名是临木部，改作了推木部，建武初年又改了回来。临木部的纪年简显示了这一点，五凤二年有临木部（EPT56：406），新莽时期则在上文简册相当于临木部的位置可见推木部（EPF22：181），建武八年又见临木部（EPF20：2）。

现简文可见"鉼庭里",这是居延县的一个里,"鉼庭隧"之名是否与
"鉼庭里"有关?

汉简可见"鉼庭里"(EPT65:219、EPF22:653、73EJT4:89、
2000ES14SF1:9),据73EJT4:89"关啬夫居延鉼庭里薛安世"简文可
知,其属于居延县。周振鹤曾指出:"里名和燧名有一致性。"① 显然,可
以得到这样的认识:鉼庭隧之名与鉼庭里当具有一致性。学者以下的意
见值得我们关注:

> 若居延县里名与县境其他地名相同者有地缘上之关系,则三泉
> 里似乎即位在三泉亭隧附近,收降里位在居延收降亭隧附近,孤山
> 里位在孤山部隧附近,通泽里位在最早开发之通泽地区(内有数
> 亭),庶虏里位在庶虏仓附近(即遮虏障、遮虏辟、遮虏置、遮虏田
> 舍等设施至附近),万岁里位在甲渠候官南之万岁部隧附近,广地里
> 位在广地候官亭隧附近,广利里位在广利隧附近,鉼庭里位在甲渠
> 鉼庭部隧附近。由此显示汉代张掖郡居延县所辖之各里,在空间上
> 似乎散布于县境各重要地点。②

虽然得出了鉼庭隧与鉼庭里有地缘联系的认识,但我们还是无法明
白治所设于鉼庭隧的原因。目前,学者如下的解释大致可以信从。宋会
群、李振宏在《汉代居延甲渠候官部燧考》一文中指出:"鉼庭燧的位置
当在序号燧的直线防线上,在第卅八燧的北边,是鉼庭部也是整个甲渠
候官最北边的一个燧,位置极为重要,故以此为候部的治所。"③

虽然未能根本上厘清鉼庭部治所为何设于鉼庭隧的问题,但我们注
意到:鉼庭部与北邻的殄北候官联系紧密。这一点从简文所见的烽火传
递、债务追讨等例子可以看出。

---

① 周振鹤:《新旧汉简所见县名和里名》,复旦大学中国历史地理研究中心编《历史地理》
(第十二辑),上海人民出版社1995年版,第165页。
② 吴昌廉:《汉居延县"里"新考》,《白沙历史地理学报》2007年第3期。
③ 宋会群、李振宏:《汉代居延甲渠候官部隧考》。

积薪，日入三分，鉼庭隧长周安付殄北 161.6

☑敢言之：还推辟到第廿桼隧，验问隧长徐并，辞曰：第廿三隧
EPT44：30A

☑燔一积薪，数令并举一苣火、燔一积，付卅隧长王猛，并候不
EPT44：30B

☑以北吏士皆具，已敕鉼庭趣言付殄北火日时。敢言之。
EPT44：30C

以上简 161.6 是鉼庭隧传递烽火给殄北候官某隧的记录。简 EPT44：30A～C则是甲渠候官对此种烽火传递记录的核查。

阳朔元年五月丁未朔丙辰，殄北守候塞尉广移甲渠候官书曰：
第廿五隧☑

责殄北石隧长王子恩官袍一领，直千五百；鉼庭隧卒赵回责殄北
备寇☑ 157.5A

元延三年四月丙戌朔庚戌，鉼庭候史□敢言之：府移殄北书
曰□□

隧卒子章自言责第卅八隧长赵□官袍一领，直千四百五十。验问
收 甲附22

以上简 157.5A 记录了殄北候官为鉼庭隧卒向本部某隧吏卒追讨债务的情况，虽然也牵涉第廿五隧卒与本部人员的债务，但终究也提供了一个表现鉼庭部与殄北候官联系的例证。简甲附22 则正相反，反映的是殄北候官一个隧卒向鉼庭部第卅八隧长追讨债务的情况。

如上所述，也许正是出于联络的需要，甲渠候官所属的鉼庭部把治所设在部的北端，能更加方便快捷地与殄北候官进行各方面的沟通。

（首都师范大学历史学院；出土文献与中国古代文明研究协同创新中心）

说书榎

马　怡

　　书榎是古人用来借承与收装书籍的一种用具。《集韵》曰："榎，借书具。一曰取鱼具。"①《类篇》亦曰："榎……借书具。一曰取鱼具。"②又，《书叙指南》曰："承书夹曰书榎，又曰书帙。"③《说文解字·巾部》曰："帙，书衣也。从巾失声。袠，帙或从衣。"按此，书榎的功能当与书帙（袠）略似，是"借书具""承书夹"和"书衣"。

　　书榎的形制与用法是怎样的？东汉杜笃《书榎赋》曰：

　　　　惟书榎而丽容，象君子之淑德。载方矩而履规，加文藻之修饰。能屈伸以和礼，体清净而坐立。承尊者之至意，惟高下而消息。虽转旋而屈桡，时倾斜而反侧。抱六艺而卷舒，敷五经之典式。④

这段文字是较早的关于书榎的记载。其辞颇工雅，但未具体记述书榎的形制与用法。不过，从"象君子之淑德"，"载方矩而履规"，"能屈伸以和礼，体清净而坐立"，"虽转旋而屈桡，时倾斜而反侧"，"抱六艺而卷舒，敷五经之典式"等句看，书榎的样式当较为规整，可平置、立置，

---

　　① （宋）丁度等编：《宋刻集韵》卷五《上声五·姥第十》，中华书局1989年版，第99页上栏。

　　② （宋）司马光等编：《类篇》六中，卷之十七，中华书局1984年版，第209页下栏。

　　③ （宋）任广撰：《书叙指南》卷五《文房众物》，文渊阁《四库全书》本。

　　④ （唐）欧阳询编：《艺文类聚》卷五五《杂文部·经典》，上海古籍出版社1982年版，第985页。

可屈卷、张开，可包卷和敷陈书卷。

杜笃，东汉人，有文才，曾得光武帝赏识，卒于章帝建初三年（公元78），《后汉书》卷八十有传。从书写载体的演变过程看，纸虽在西汉时就已出现，[①] 但并未迅即取代简牍。自20世纪初以来，大量的古代简牍在中国各地陆续出土，迄今已达百余批数十万枚。其中，两汉到三国的简牍数量颇巨，此是该时段之主要书写载体为简牍的证据。直到东晋后期，桓玄颁令以纸代简，简牍才基本废止了。[②] 故杜笃所记述的书橮，应属于简牍时代。

简牍时代的书籍包括简书与帛书。简书写在简册上。简册是用绳子将狭长而硬挺的竹、木简支编连而成，其收存应以卷起为便，此法并可保护简册的编绳。帛书写在细软的帛、素等丝织物上。帛、素等较贵，不如竹、木简支使用普遍，多用来抄写重要的文字和绘图。长篇的帛书，其收存亦应以卷起为便，此法并可避免折痕。[③] 当收装卷轴的时候，将其裹卷、兜卷恐为较佳方法。书橮的形制与用法皆应与此相关。

书橮的"橮"字从"木"，表示该物多用木来制作。简书质硬而重，依情理推测，其借承与收装之具当结实、耐磨。木制品较为粗厚，可适合收装简书。书帙的"帙"字从"巾"，表示该物多用纺织品来制作。纺织质量薄而软，故书帙相对轻巧，最初大概主要是用于收装帛书，后来又用于收装纸书。王嘉《拾遗记·秦始皇》记载："（张仪、苏秦）遇见《坟》《典》，行途无所题记，以墨书掌及股里，夜还而写之，析竹为简。二人每假食于路，剥树皮编以为书帙，以盛天下良书。"[④] 则树皮可编为

---

① 如《汉书》卷九七《外戚传·孝成赵皇后》记载，汉成帝时，赵昭仪差人给产子的中宫史曹宫送去"赫蹏书"和毒药，"赫蹏书"当为薄小的字纸。又如，甘肃天水放马滩汉墓曾出土文景时期的绘有地图的"放马滩纸"，甘肃敦煌悬泉置遗址曾出土武帝时期的"悬泉纸"，甘肃额济纳汉代居延遗址曾出土可能是昭宣时期的"查科尔帖纸"等。参潘吉星《中国造纸史》，上海人民出版社2009年版，第8、53—65页。

② 《初学记》载《桓玄伪事》曰："古无帋，故用简，非主于敬也。今诸用简者，皆以黄纸代之。"见（唐）徐坚等《初学记》卷二一《文部·纸》，中华书局1962年版，第517页。

③ 在湖南长沙马王堆3号汉墓所出的帛书中，窄幅的卷于竹木条，宽幅的折叠成长方形，放在漆盒内。见中国科学院考古研究所、湖南省博物馆写作小组《马王堆二、三号汉墓发掘的主要收获》，《考古》1975年第1期，第48页。此是随葬帛书之收存的例子。

④ （晋）王嘉：《拾遗记》卷四，中华书局1981年版，第104页。

书帙，以盛放竹简之书。但要注意，此段文字记先秦之事，其所谓收装简书的"书帙"很可能是指书槶。王嘉为两晋间人，殆其时书槶或已少见，或已与书帙混同。

文献中关于书槶的记载不多，这大概有两个原因。第一，书槶的使用原本就不是很普遍。由于简书笨重，不好携带，数量较多时往往被放入书箧。"箧"是竹箱。① 《汉书·张安世传》："上行幸河东，尝亡书三箧。"《三国志·魏书·胡质传》："家无余财，惟有赐衣、书箧而已。"又《汉书·贾谊传》："俗吏之所务，在于刀笔筐箧。"颜师古注："刀所以削书札。筐箧所以盛书。"② 其实，简牍之不便，写作之不易，又使得书籍往往"单篇别行"，③ 而单篇简书的携行与流转也并非一定要使用书槶这种装具。第二，简牍之废的影响。这一点或为主要原因。书槶虽然可放简书，但其质粗厚，同帛卷、纸卷不很相配。故进入纸时代以后，简牍既废，书槶也就基本不用了。在后世的文献中，即便有零星出现的"书槶"，也未必是其本物。例如，宋代洪适《跋登瀛图》记载："香鼎、燎炉、书槶、印室、笔墨、巾幂，用之器十有八。"④ 此处的"书槶"，就很可能是指某种样貌古旧的书帙（其用材大约是竹而非纺织品）。⑤ 又苏颂《谢赐常平免役敕令》曰："恭启签胜，但疲精于编摘，秘藏巾槶，冀传宝于昆云。"⑥ 此处的"巾槶"，或亦指书帙。

那么，我们能否在文献之外找到一些有关书槶的信息，以开阔眼界，增加我们对简牍时代的认识？在汉代画像石中，有若干图像数据似可揣摩。

---

① 《说文解字·匚部》释"医"："藏也。"段玉裁注："医或从竹。按《广韵》曰医，藏也。箧，箱箧也。"

② 分见《汉书》卷五九《张安世传》，第 2647 页；《三国志》卷二七《魏书·胡质传》，第 743 页；《汉书》卷四八《贾谊传》，第 2245 页。

③ 参余嘉锡《古书通例》卷一《案著录第一》之"释别本单行之例"，卷三《论编次第三》之"古书单篇别行之例"，收入所著《目录学发微古书通例》，中华书局 2007 年版，第 224—229、265—269 页。

④ （宋）洪适：《跋登瀛图》，见《盘洲文集》卷六三，文渊阁《四库全书》本。

⑤ 约自东晋以后，竹帙大为流行。竹帙之用，可参看萧统的《赋书帙诗》（逯钦立辑校：《先秦汉魏晋南北朝诗》，《梁诗》卷一四）。

⑥ （宋）苏颂：《谢赐常平免役敕令》，见《苏魏公文集》卷四三，文渊阁《四库全书》本。

山东临沂白庄东汉墓所出的一块画像石上，刻画了几个跪坐的交谈者，其中有人手捧简册；在他们身后的墙壁上，竖向悬挂着一个被称作"简书"（或"简册"）的物品（见图1）。《中国画像石全集》将该图题作"读经"，认为其内容是"诸儒生捧卷阅读"，"还悬挂有简书"。[①] 邢义田先生也曾留意该图，认为其内容是"有人手持编简，壁上有悬挂的简册"，并指出：这个悬挂的"简册"的编绳"较一般麻绳为粗，疑为韦编之皮书，唯无确证，俟考"[②]。

图1　山东临沂白庄画像石，东汉

这个悬挂的物品颇值得研究，包括其竖向的挂法和宽粗的绳带。先来看其挂法。中国古人的书写方式，无论是在何种材品上（包括简、牍、帛、纸），都一律是竖写的。尤其是，当古人以手执简册之卷而写的时候，想不竖写也办不到。[③] 写好的简册，在需要宣示或公告其文字内容时，就用编绳在简册的左、右端各系两个绳环，将简册横向展开并悬挂

---

① 中国画像石编辑委员会编：《中国画像石全集》第3册《山东画像石》，山东美术出版社、河南美术出版社2000年版，第10页，第11图；《图版说明》，第4页。

② 邢义田：《汉代简牍的体积、重量和使用》，收入所著《地不爱宝：汉代的简牍》，中华书局2011年版，第19页。

③ 可参见马怡《汉画所见简牍时代的书写》，收入《中国汉画学会第14届年会论文集》，三秦出版社2013年版，第151—181页；马怡《中国古代书写方式探源》，《文史》2013年第3辑，第147—189页。

起来。这样的简册就是所谓"扁书",例见额济纳汉简"专部士吏典趣
辄"册（图2）。① 因此,图1中的那个竖向的悬挂之物不是"扁书",也
不像是其他供人观览的文字载体。

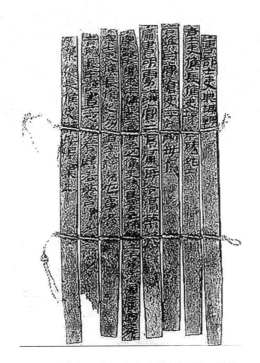

图2　扁书,"专部士吏典趣辄"册,汉代

　　再来看其绳带。简册的编绳,从今存的实物看,都是直径2毫米左
右的细麻绳或丝绳。② 在汉画像中的简册,有两道或三道编绳的最为常
见,多用细横线来表示。例如,在图1中,左起第一人和第四人各捧了
一卷简册,简册上的一条条较密的竖线是简支,与简支相垂直的横线则

　　① 魏坚主编:《额济纳汉简》,广西师范大学出版社2005年版,第73页,99ES16ST1∶1—
8。并可参见马怡《扁书试探》,武汉大学简帛研究中心编《简帛》第一辑,上海古籍出版社
2006年版,第415—428页。
　　② 可看李均明、刘军《简牍文书学》,广西教育出版社1999年版,第17页。图2额济
纳汉简"专部士吏典趣辄"的编绳为细麻绳。

是编绳。编绳之细，又见于图3：①

图3　画像砖，四川什邡，东汉（左）；画像石，
山东费县垛庄镇，东汉（右）

　　图3中的两幅画面，分别来自四川的东汉画像砖、山东的东汉画像石。这两幅画面里的简册皆有一端下垂，其样貌恰可与图1那个在壁上竖垂的悬挂物互看。比较之下，可知前者的编绳都很细，横列于简册的上下两端；后者的绳带位置虽与前者的编绳位置略同，但绳带本身却宽粗得多，不像细麻绳、丝绳，绳带上的纹理也不像。那么，图1中那个悬挂物的绳带会不会是编连简册的"皮韦"？

　　据《史记·孔子世家》记载：孔子"读《易》，韦编三绝"②。《说文解字·韦部》释"韦"："相背也……兽皮之韦，可以束枉戾相韦背，故借以为皮韦。"历代学者多以为"韦编"是用兽皮制作的编简的皮绳。例如《史记会注考证》："古者用韦编简，故曰韦编。三绝，言批阅之勤也。"③ 但近年有人提出了不同的意见，认为"韦"是横线之"纬"，指

　　① 《中国画像砖全集》编辑委员会编：《中国画像砖全集·四川画像砖》，四川美术出版社2006年版，第115页，图156；中国画像石编辑委员会编：《中国画像石全集》第3卷《山东画像石》，山东美术出版社、河南美术出版社2000年版，第75页，图88。
　　② 《史记》卷四七《孔子世家》，第1937页。
　　③ ［日］泷川资言考证，水泽利忠校补：《史记会注考证附校补》卷四七《孔子世家》，上海古籍出版社1986年版，第1161页右下。

编简的"粗丝线和细麻线",而非兽皮之"韦"。① 不过,无论古人是否曾用皮绳编简,这个壁上悬挂物的绳带对于简册来说是显得太宽了。如果用这样的绳带、按通常的编法来缀联简支,简册的阅读面就会被遮挡太多,很不方便。另外,细审此物,可见其不单是悬绳宽粗、缀联条片的绳带宽粗,连那些条片也比一般的简支宽粗(图1下方的3幅小图可供比较)。总之,这个悬挂物的挂法、绳带和规制都同普通的简册有别。那么,它究竟是何物?

《太平御览》卷四九六引崔寔《政论》:"故里语曰:州郡记,如霹雳;得诏书,但挂壁。"② 崔寔(约103—约170),汉献帝时人。按此可知,在东汉末年,诏书传至地方基层官署后往往"挂壁"。诏书当怎样"挂壁"?若是为了公告诏书的内容,就应如前所述,采取"扁书"的形式,将其横向悬挂起来,供人观览。不过,从《政论》所引"里语"的口气看,"得诏书,但挂壁"似是将诏书存放了事之意。③ 那么,诏书之类的文件或书籍又是怎样以"挂壁"的方式来存放的?

在山西永济永乐宫纯阳殿西壁的壁画上,有一幅元人所绘的"村学图"。画面中,一间屋舍内,有位先生模样的人手持纸卷和笔,正在讲学;其旁有几个学童坐在桌前,正在聆听或看书。在学童身后的墙上有两个悬挂物,里面所存放的似是书卷。该画面不是很清晰,不过,从这两个悬挂物的样式和功用看,它们应是书帙。见图4。④

---

① 这些学者的理由是:出土的编简之物皆为丝、麻质细绳,未见皮绳;编简所用之物应柔且细,伸卷自如,而皮绳很硬,并不相宜。见商承祚《韦编三绝中的韦字音义必须明确》,收入《商承祚文集》,中山大学出版社2004年版,第460—462页。张显成的意见同此,见所著《简帛文献学通论》,中华书局2004年版,第122页。不过,对"韦编"的解释仍是一个可讨论的问题。因为普通的丝、麻编绳颇易损断,说这样的编绳"三绝",似乎还不足以证明孔子读《易》之勤。况且,用皮绳来缀联简支,其方法也未必与用丝、麻绳全然一致。

② 《太平御览》卷四九六《人事部一百三十七》,第1082页。

③ 参邢义田,前引书,第18页。该书并认为,山东临沂白庄画像石(本文图1)中那个壁上的悬挂物是竖挂存放的简册。此可备一说。

④ 金维诺主编:《永乐宫壁画全集》,天津人民美术出版社1997年版,图224。

图4　村学图，山西永济永乐宫纯阳殿西壁壁画（局部），元代

明人马轼（？—1457 年后）在其《归去来辞·稚子候门图》中，将这种在壁上存放书卷的方式描画得颇为清晰。见图 5。①

图5　《归去来辞·稚子候门图》（局部），马轼，明代

画面中，屋舍临窗的墙壁上竖挂着一幅图画，图画的下端用绳子牵住向后卷起，绳子也挂在墙上，形成了一个承书之具，里面放了多个（大约是 10 个）卷轴。这个承书之具可能是一幅被用作书帙的图画。但它也可能本身就是书帙，而且是竹帙，其上的绘画或略如后世的竹帘画。

图 4、图 5 都是以挂壁的方式存放纸卷的例子。在书籍发展史上，卷轴是一种古老的形态。从简牍时代的简书之卷、帛书之卷到后世的纸卷，其间应当有传承的关系。或可猜想，以"挂壁"来存放卷轴可能是一种古老的做法，而简书、帛书的挂壁存放情形则可能与图 4、图 5 中的纸卷

---

① 中国古代书画鉴定组编：《中国绘画全集》第 10 卷，明（1），浙江人民美术出版社、文物出版社 2000 年版，第 115 页，图 109。原画现藏辽宁省博物馆。

类同。倘若此推测不误，图1中的那个壁上悬挂物就可能是承书之具。《集韵》《类编》皆称"楄"为"借书具"，《书叙指南》则称为"承书夹"，其借承功能应当不仅是平铺而敷陈书卷，也包括悬挂而承置书卷。此外，《集韵》《类编》还称"楄"为"取鱼具"。"楄"通"簋"。① 《宋本广韵》卷三："簋，海中取鱼竹名曰簋。"② 而渔具"簋"可能也是包卷或悬吊起来使用的。综上所述，从外观看，图1中的那个竖垂的壁上悬挂物略似竹帙而显笨重，或为木制；该物有宽粗的绳带，可以捆、吊；而且，该物出现在有人捧持简书的场景中；因此，它有可能是一个书楄。

作为承书之具，这个壁上悬挂物不像图4中的那两件在两端露出卷轴，也不像图5中的那件不仅露出卷轴且其下半部分膨起，恐是由于画像石的刻画较为简单稚拙之故。还有一种可能，即此物是一个空书楄，原放置其内的简册已取出，被人捧在手中。

图6　山东临沂白庄东汉墓画像石，临沂市博物馆，2012年9月作者摄

（中国社会科学院历史研究所）

---

① （宋）丁度等编：《宋刻集韵》卷五《上声五·姥第十》："簋，取鱼竹罔。通作楄、沪。"见第99页上栏。

② 《宋本广韵》卷三《上声·姥第十》，中国书店1982年版，第247页。

先秦巫者的祝诅放蛊活动

[韩国] 赵容俊

一 绪 论

祝诅放蛊之事，因古人相信巫者能为祝诅放蛊之事，遂成为巫者从事之重要职事。巫者不仅能解除人之灾祸，而且能以其术害人，学术术语称为"黑巫术""凶巫术"，于制敌、制人、作弄敌对者时，便施行此法。

二 甲骨卜辞所见之祝诅放蛊

首先，祝诅之术，又称诅咒、诅语、咒语、巫辞、巫术语言等，因以朗诵或歌唱的形式表达巫术语言，或属于其人的对象上施行祝诅巫术，故从而成为祈求危害对方的巫术形式。

若视商代的祝诅盟誓与诅咒巫术之类，于商代的甲骨卜辞中，因难以得见其具体记录，故无法陈述。即使如此，甲骨文的"盟（盟）"字，因其字形为 𝌆𝌆𝌆𝌆𝌆𝌆，又金文的字形为 𝌆𝌆𝌆𝌆𝌆𝌆𝌆，故许进雄认为，皿中盛血，结盟时饮之以立誓之意①。

又甲骨文的"祝（𝌆𝌆𝌆𝌆𝌆𝌆）"字，作一人仰头或前伸双手，陈说祝愿于神示之前之状。或作头戴祝者之帽于示前，陈说祝愿之状。② 尤

---

① 许进雄：《古文谐声字根·盟》，台湾商务印书馆 1995 年版，第 124 页。
② 许进雄：《古文谐声字根·祝》，第 327 页。

其，若视卜辞中"癸亥卜：呪（祝）于祖丁？（《小屯》3035）"的辞例，其中的"呪（👋）"字，应读为"祝"字，故知甲骨文中的"呪（咒）"字与"祝"字，即同字异形。①

由此观之，商代的祝诅盟誓与诅咒巫术，虽于甲骨卜辞的辞例中，不易得见，即使如此，于甲骨文的"盟（盟）""祝（呪）"等字中，亦可窥见其意一二。

其次，除此祝诅巫术之外，于中国巫术传统上，较为神秘且令人惧怕的一种，则为放蛊毒人之术。即在《说文解字·蛊》谓："🐛，腹中虫也。《春秋传》曰：'皿虫为蛊。'晦淫之所生也。枭磔死之鬼，亦为蛊。从虫，从皿。皿，物之用也。"② 之下，段玉裁注云③：

> 蛊，以鬼物饮食害人。

此种放蛊毒人之术，于古籍文献中则多见之，如在《汉书·江充传》中便有其记载，其云：

> 后上幸甘泉，疾病，充见上年老，恐晏驾后为太子所诛，因是为奸，奏言："上疾祟在巫蛊。"于是上以充为使者治巫蛊。充将胡巫掘地求偶人，捕蛊及夜祠，视鬼，染污令有处。

由此可知，汉代喧闹一时的巫蛊之狱，成为政治斗争的工具。

若论商代的放蛊毒人之术，于商代甲骨文中的"蛊（🐛🐛）"字，作皿中畜有诸多小虫之状④，此与后世传说的畜蛊之法，并无二致，故知此种畜蛊之习俗，由来尚矣⑤。

---

① 詹鄞鑫：《心智的误区——巫术与中国巫术文化》，上海教育出版社 2001 年版，第629—630 页。

② （清）段玉裁注：《说文解字注》第十三篇注下《蛊》，台北艺文印书馆 1994 年版，第683 页。

③ 同上。

④ 许进雄：《中国古代社会——文字与人类学的透视》（修订本），台湾商务印书馆 1995年版，第 500 页。

⑤ 詹鄞鑫：《心智的误区——巫术与中国巫术文化》，第 644—646 页。

对于放蛊毒人之术的记载，可追溯至三千年前的商代，于商代甲骨卜辞中，即可见之，兹略举数例于下：

贞：王囚（祸），隹（惟）蛊？

贞：王囚（祸），不隹（惟）蛊？（以上皆见于《合》00201 正）

乙卯卜，永贞：隹（惟）母丙壱（害）？

贞：母丙亡蛊？

贞：母丙允有蛊？（以上皆见于《合》02530 正）

王固（占）曰："母丙有蛊于……"（《合》02530 反）

庚申卜，争贞：旨其伐，有蛊翟？

旨弗其伐，有蛊翟？二告。（以上皆见于《合》06016 正）

有疾，不蛊？（《合》13796）

☐疾，不蛊？（《合》13797）

贞：有灾，不隹（惟）蛊？（《合》17183）

贞：隹（惟）蛊？二告。不悟蛛。

不隹（惟）蛊？（以上皆见于《合》17184）

贞：允隹（惟）蛊至☐？二告。

贞：不隹（惟）蛊至☐？小告。不悟蛛。（以上皆见于《合》17185 正）

☐不隹（惟）蛊虐？（《合》17187）

据此可以得知，于殷商时期，已盛行放蛊毒人之术。

尤其，卜辞中的"乙卯卜，永贞：隹（惟）母丙壱（害）？贞：母丙亡蛊？贞：母丙允有蛊？（以上皆见于《合》02530 正）"，以及"王固（占）曰："母丙有蛊于☐。"（《合》02530 反）的文例可知，当时巫者便占问蛊害是否由已故母丙为害引起①。

不宁唯是，卜辞中"庚申卜，争贞：旨其伐，有蛊翟？旨弗其伐，有蛊翟？二告。"（以上皆见于《合》06016 正）的辞例可知，巫者卜问若

---

① 詹鄞鑫：《心智的误区——巫术与中国巫术文化》，第 645 页。

征伐旨方，便遭受蛊害与否。①

由此观之，于殷商时期，此种祝诅放蛊巫术的流行，已可证实。尤其，于商代的甲骨卜辞中，放蛊毒人巫术的辞例，屡见不鲜，故可知此种放蛊毒人的巫术，于商代之前便已盛行。②

三 两周文献中的祝诅放蛊

（一）祝诅巫术

1. 祝诅盟誓

巫者从事祝诅盟誓之术，由于其中保留不少晦涩的语言，以及属于其人的对象上施行的祝诅巫术，足以影响对方的观念，则加上更大的神秘性，正因为如此，颇为流行于一般民间之中。此事如《尚书·吕刑》便有其记载，其云③：

> 民兴胥（相）渐（诈），泯泯棼棼，罔中于信，以覆（反）诅盟。

由此可知，此种祝诅盟誓之术，于中国古时，颇为流行于一般民间之中。

不宁唯是，于两周古籍文献中，已记载祝诅盟誓巫术流行之甚广，又盛行于朝廷之中等事，如《周礼·诅祝》曰④：

> 诅祝：掌盟、诅、类、造、攻、说、禬、禜之祝号。作盟诅之载辞，以叙国之信用，以质邦国之剂信。

---

① 詹鄞鑫：《心智的误区——巫术与中国巫术文化》，第645页。
② 同上书，第644—646页。
③ （清）阮元校刻：《十三经注疏（附校勘记）》（上册），《尚书·周书》卷十九，《吕刑》，中华书局1980年版，第247页。
④ （清）阮元校刻：《十三经注疏（附校勘记）》（上册），《周礼·春官宗伯》卷二十六，《诅祝》，第816页。

又《周礼·司盟》亦云①：

> 司盟：掌盟载之灋（法）。凡邦国有疑会同，则掌其盟约之载，及其礼仪，北面诏明神。既盟，则贰之。

由此不难得知，于周朝朝廷中，已设负责诅祝盟誓之官之可能。②

除此传世文献之外，若视两周出土文献的记载，亦可多见盟誓的记录。如在 2009 年 4 月，浙江大学艺术与考古博物馆入藏一批战国楚简，此楚简的年代，约为公元前 340 年。③

其中在《春秋左氏传》篇中，便有诸侯在相会举行盟誓仪式时，古人重视执行其盟誓之言的内容，其简文曰：④

> 子驷、子展曰："……盟誓之言，岂敢背之？且要盟〔无〕质，神弗临也，所临之唯信〔＝〕（信。信）者，言之瑞（符）也，朕（善）之宝（主）也，是古（故）尋（得）此临之。明神尋（得）之〔不蠲（洁）〕要盟，背之可〔也〕。"

由此可知，古人在举行盟誓仪式时，便重视其盟誓之言的执行。

---

① （清）阮元校刻：《十三经注疏（附校勘记）》（上册），《周礼·秋官司寇》卷三十六，《司盟》，第 881 页。

② 若视盟誓载书的基本仪节，如《周礼·司盟》便有其记载，于"司盟：掌盟载之灋（法）"之下，郑玄注云："载，盟辞也。盟者书其辞于策，杀牲取血，坎其牲，加书于上而埋之，谓之载书。"（清）阮元校刻：《十三经注疏（附校勘记）》（上册），《周礼·秋官司寇》卷三十六，《司盟》，第 881 页。

③ 曹锦炎编：《浙江大学藏战国楚简·序》，浙江大学出版社 2011 年版，第 1 页。

④ 曹锦炎编：《浙江大学藏战国楚简·春秋左氏传》，第 80 简下至第 85 简上，第 154—155 页。此文亦可见于《春秋左传·襄公九年》之中，其云："子驷、子展曰：'……盟誓之言，岂敢背之？且要盟无质，神弗临也，所临唯信。信者，言之瑞（符）也，善之主也，是故临之。明神不蠲（洁）要盟，背之可也。'"（清）阮元校刻：《十三经注疏（附校勘记）》（下册），《春秋左传》卷三十，《襄公九年》，第 1943 页。

除此在诸侯相会时举行盟誓载书仪节之外①，又由《诅楚文》②的
"箸诸石章，以盟大神之威神"③之句可知，巫者将盟诅之词上告鬼神，
且作为盟诅之监察者。此事在侯马盟书"委质类"的载书中，亦有其记
载，其云④：

> 既质之后，而敢不啻（巫）覡（觋）〔祝〕史戬（荐）绕
> （绥），绎之皇君斋（之所），则永亟（极）觋（视）之，麻（灭）
> 塞（夷）非（彼）是（氏）。

由此可见，巫觋祝史所荐的"说释"即盟辞，其盟书之陈告必能沟通人
神意旨，故证明巫者确实负责将盟诅之词上告鬼神。⑤由此观之，祝诅巫
术，除民间之外，亦盛行于朝廷、贵族社会之中。

2. 诅咒巫术

就传世文献所见之诅咒巫术而言，于浩如烟海的两周古籍文献中，
亦屡见不鲜，如《尚书·无逸》便有其记载，其云⑥：

> 周公曰："呜呼！我闻曰：'古之人，犹胥训告，胥保惠、胥教

---

① 除此《周礼·司盟》的记载之外，有关诸侯相会时举行的盟誓仪节，如《说文解字·盥（盟）》亦有其记载，其云："盥，《周礼》曰：'国有疑则盥（盟）。'诸侯再相与会，十二岁一盥（盟）。北面诏天之司慎司命。盥（盟），杀牲歃血，朱盘玉敦，目（以）立牛耳。从囧，皿声。盟，篆文，从明。盟（盟）"，第317—318页。对此"盥（盟）"字，甲骨文的字形为　，金文的字形为　，故许进雄认为，皿中盛血，结盟时饮之以立誓。许进雄《古文谐声字根·盟》，第124页。

② 对于《诅楚文》写成的背景，杨宽在《战国史》书中曾提及，其云："当秦惠文王更元十二年（公元前三一三年）秦、楚初次大战前，秦王曾使宗祝在巫咸和大沈厥湫两个神前，举行这样咒诅楚王的祭礼，北宋出土的《诅楚文》石刻，就是当时宗祝奉命所作，把楚王诅得如同商纣一样的暴虐残忍，请天神加以惩罚，从而'克剂楚师'。"杨宽：《战国史》（增订本），上海人民出版社1998年版，第543页。

③ 参见郭沫若《石鼓文研究——诅楚文考释》，科学出版社1982年版，第298页。

④ 山西省文物工作委员会编：《侯马盟书》，文物出版社1976年版，第38页。

⑤ 参见林志鹏《殷代巫觋活动研究》，台湾大学中文所2003年硕士学位论文，第327—328页。

⑥ （清）阮元校刻：《十三经注疏（附校勘记）》（上册），《尚书·周书》卷十六，《无逸》，第222—223页。

诲，民无或胥诪张为幻。'此厥不听，人乃训之，乃变乱先王之正刑，至于小大。民否则厥心违怨，否则厥口诅祝。"

孔颖达疏于其下，曰①：

> 诅祝，谓告神明令加殃咎也。以言告神谓之祝，请神加殃谓之诅。
> 又《尚书·汤誓》亦云②：
> 〔汤〕王曰："……今汝其曰：'夏罪其如台（何）？'夏王率遏（止）众力，率割夏邑，有众率怠弗协，曰：'时日曷（何）丧？予及汝皆亡！'"

此文因夏桀凶德日深，百姓便欲与之俱亡，乃如此诅咒之。

又《春秋左传·襄公二十一年》亦有其记载，其云③：

> 公曰："子为晋君也！"对曰："臣为隶新，然二子者，譬于禽兽，臣食其肉，而寝处其皮矣。"

此文中的食肉、寝皮等言，则为憎恶敌人的最恶毒诅咒。④

又在《春秋左传·昭公二十年》中，记载晏子力谏于齐景公免杀祝、史之事，其云⑤：

> 〔晏子对曰：〕"民人苦病，夫妇皆诅。祝有益也，诅亦有损。

---

① （清）阮元校刻：《十三经注疏（附校勘记）》（上册），《尚书·周书》卷十六，《无逸》，第222—223页。

② （清）阮元校刻：《十三经注疏（附校勘记）》（上册），《尚书·商书》卷八，《汤誓》，第160页。

③ （清）阮元校刻：《十三经注疏（附校勘记）》（下册），《春秋左传》卷三十四，《襄公二十一年》，第1972页。

④ 许进雄：《中国古代社会——文字与人类学的透视》（修订本），第332页。

⑤ （清）阮元校刻：《十三经注疏（附校勘记）》（下册），《春秋左传》卷四十九，《昭公二十年》，第2093页。

> 聊、摄以东，姑、尤（尤）以西，其为人也多矣！虽其善祝，岂能
> 胜亿兆人之诅？君若欲诛于祝、史，修德而后可。"

故晏子认为，当时百姓向暴虐君主的诅咒，具有相当巨大的作用。[①]

此外，若视诅咒巫术的施术之例，尚有"祝移"之术，此术乃为巫者将罹祸人之灾难，转移至肇祸人身上，并使其人罹祸的巫术。又如"诅军"之术，此术不仅免除施术者一方遭遇败军之祸事，而且施以事先诅败对方为获胜免祸之手段。诅咒巫术活跃于战场的例证[②]，如《汉书·匈奴传》便有其记载，武帝征伐匈奴（前92—前89），汉军追至漠北的范夫人城，范夫人则以诅咒巫术拦阻汉军。

若视出土文献的记载，自 1979 年始，于河南省温县武德镇公社西张计大队，曾出土春秋末期（前 497）的温县盟书。此温县盟书，目前共发现 124 土坑，其中 16 土坑出土书写盟辞的大量石片。[③]

若视其中在 T1 坎 1：2182 出土的载书记录，便有诅咒巫术的内容，其文曰[④]：

> 十五年十二月乙未朔，辛酉，自今台（以）坒（往），鄪朔敢不
> 憼（歆）憼（歆）焉中（忠）心事其宔（主），而与贼为徒者，丕显
> 晋公大冢，愙（谛）㥙（亟）覛（视）女（汝），麻（灭）塦（夷）
> 非（彼）是（氏）。

---

① 除此《春秋左传·昭公二十年》的记载之外，晏子的此种多人诅咒具有相当巨大的作用的见解，如《晏子春秋·内篇谏上》中，亦可见之，其云："今自聊、摄以东，姑、尤以西者，此其人民众矣，百姓之忿怨诽谤，诅君于上帝者多矣。一国诅，两人祝，虽善祝者不能胜也。"吴则虞编《晏子春秋集释》（上册）第一卷，《内篇谏上·景公病久不愈欲诛祝、史以谢晏子谏》，中华书局 1962 年版，第 43—46 页。

② 有关战场上施行的诅咒巫术，杨宽在《战国史》书中曾提及，其云："对敌国君主诅咒的巫术：当时宋、秦等国流行在天神前咒诅敌国君主的巫术。他们雕刻或铸造敌国君主的人像，写上敌国君主的名字，一面在神前念着咒诅的言词，一面有人射击敌国君主的人像，如同过去彝族流行的风俗，在对敌战斗前，用草人写上敌人的名字，一面念咒语，一面射击草人。"杨宽《战国史》（增订本），第 542 页。

③ 河南省文物研究所：《河南温县东周盟誓遗址一号坎发掘简报》，《文物》1983 年第 3期，第 78 页。

④ 同上书，第 79—81 页。

上引盟誓辞文的大意，乃为今后忠心服侍主君，若与乱臣为友，丕显的晋国神灵，将仔细审察，便绝子绝孙。①

尤其，据"麻（灭）塁（夷）非（彼）是（氏）"之句而不难得知，此种盟书辞文，乃属于诅咒巫术之类，则不言而喻矣。

浙江大学艺术与考古博物馆入藏的战国楚简《春秋左氏传》篇中，亦有诅咒盟书辞文，其简文曰②：

> 牉（将）明（盟）……公子骓遝（级）进曰："天或（祸）郑国，吏（使）介居于二大国之闲（间）。大国不加悪（德）音，而曎（乱）㠯（以）一要之也，吏（使）〔亓（其）〕由（鬼）神不獲（获）〔歆亓（其）〕稧（禋）祀，亓（其）民人不獲（获）〔享〕亓（其）土利，夫帚（妇）辛苦敟（垫）嗌（隘），无所氏（至）告。自舍（今）日既盟之遝（后），郑国而不唯又（有）礼与弜（强）可㠯（以）疜（庇）民者是丼（从），而敢有异志者，亦如是。"

由此可知，于两周时期，便盛行盟誓诅咒巫术。

除此之外，古人将一切的疾病与灾殃，皆认为恶鬼作祟或受神灵惩罚的结果，故巫者以法术驱除缠身的恶鬼，以排难解忧且脱离其桎梏。此时巫者或用诅咒法，祓禳山川邪鬼作祟的疠疫与灾殃③，此乃属于巫者

---

① 河南省文物研究所：《河南温县东周盟誓遗址一号坎发掘简报》，《文物》1983 年第 3 期，第 79—81 页。

② 曹锦炎编：《浙江大学藏战国楚简·春秋左氏传》，第 148—150 页。此文亦可见于《春秋左传·襄公九年》之中，其云："将盟……公子骓趋进曰：'天祸郑国，使介居二大国之闲（间）。大国不加德音，而乱以要之，使其鬼神不获歆其禋祀，其民人不获享其土利，夫妇辛苦垫隘，无所底（至）告。自今日既盟之后，郑国而不唯有礼与强可以庇民者是从，而敢有异志者，亦如之。'"（清）阮元校刻：《十三经注疏（附校勘记）》（下册），《春秋左传》卷三十，《襄公九年》，第 1943 页。

③ 有关巫者用诅咒法被禳山川邪鬼作祟的事实，如《说苑·辨物》便有其记载，其云："扁鹊曰：'入言郑医秦越人能活太子。'中庶子难之曰：'吾闻上古之为医者曰：苗父。苗父之为医也，以菅为席，以刍为狗，北面而祝，发十言耳。诸扶而来者，舆而来者，皆平复如故。子之方能如此乎？'扁鹊曰：'不能。'"（前秦）刘向撰，向宗鲁校证：《说苑校证》卷十八，《辨物》，中华书局 1987 年版，第 471 页。

的一种祝诅法术之类，殆毋庸置疑矣。

　　若视出土文献的记载，此种巫者施行的诅咒法术，则不乏得见。如在 1975 年末，在云梦睡虎地 M11 号墓葬发现的秦简《日书》中，便有其记载。兹举其一二文为例，其简文曰：

　　　　〔诘（禁）:〕一室中卧者眯也，不可以居，是厉鬼居之，取桃杙（桮）椯（段）四隅中央，以牡棘（荆）刀刊其宫藩（墙），譆（呼）之曰："复疾，趣（趋）出。今日不出，以牡刀皮（剥）而衣。"则毋（无）央（殃）矣。①

　　　　行到邦门困（闉），禹步三，勉（进）壹（一）步，譆（呼）："皋，敢告曰：某行毋（无）咎，先为禹除道。"即五画地，掫（拾）其画中央土而怀之。②

　　　　〔出〕邦门，可▢行▢禹符，左行，置，右环（还），曰："▢▢▢▢。"右环（还），曰："行邦▢令行。"投符地，禹步三，曰："皋，敢告▢符，上车毋（无）顾，上▢。"③

据此不难得知，于睡虎地秦简《日书》中，便有巫者施行诅咒法术的事实。④

　　此外，日人白川静认为，《大祝禽鼎》乃为周器，故可知周代时，祝

------

①　睡虎地秦墓竹简整理小组编：《睡虎地秦墓竹简·日书甲种释文注释》，文物出版社1990 年版，第 214 页。
②　睡虎地秦墓竹简整理小组编：《睡虎地秦墓竹简·日书甲种释文注释》，第 223—224 页。
③　睡虎地秦墓竹简整理小组编：《睡虎地秦墓竹简·日书乙种释文注释》，第 240 页。
④　工藤元男著，广濑熏雄、曹峰合译：《睡虎地秦简所见秦代国家与社会·禁咒的形式》，上海古籍出版社 2010 年版，第 246—248 页。此外，此种巫者施行的诅咒法术，如在 1973 年，于长沙马王堆第 3 号汉墓中发现的马王堆帛书《五十二病方》篇中，亦屡见不鲜。兹举其一文为例，其文曰："〔魅:〕一，祝曰：'溃（喷）者（诸）魅父魅母，毋匿▢▢▢北之巫妇求若固得，▢若四膲（体），编若十指，投若▢（于）水，人殹（也）人殹（也）而比鬼。'每行▢，以采（奚）蠹为车，以敝箕为舆，乘人黑猪，行人室家，▢▢▢▢▢▢▢若，▢▢彻胜，魅▢魅▢▢▢▢所。（此文见于马王堆帛书《五十二病方》第 443 行至第 445 行）。"马王堆汉墓帛书整理小组编：《马王堆汉墓帛书·五十二病方释文注释》（肆），文物出版社 1985 年版，第 74页。

官的设置已极普遍，此时人亦深信祝诅诅咒之能①。

3. 小结

综上所述，由上述几例可知，祝诅与诅咒之术，除民间之外，亦盛行于朝廷与贵族社会之中。不仅如此，亦可证明两周时期已有祝诅与诅咒的施术。尤其，中国古代的巫者运用咒术巫术，即运用某种特殊之语言、物品、符号、符箓，乃至配合其他器物、祭祀仪式之运用，以从事诅咒对方之巫术。

（二）放蛊巫术

1. 放蛊毒人之术

两周文献中的放蛊毒人之术，如《春秋左传·昭公元年》云②：

> 赵孟曰："何谓蛊？"对曰："淫溺惑乱之所生也。于文，皿虫为蛊。谷之飞亦为蛊。在《周易》，女惑男、风落山，谓之蛊（巽下☴艮上☶）。皆同物也。"

此文之下，孔颖达疏云③：

> 以毒药药人，令人不自知者，今律谓之蛊毒。

《周易·蛊》亦云④：

---

① 陈炽彬：《左传中巫术之研究》，博士学位论文，台湾政治大学中文所，1988 年，第 94—133 页。亦可详见白川静著，范月娇、加地伸行合译《中国古代文化》，文津出版社 1983 年版，第 139—140 页。其云："兄，非'人'与'口'的会意字，上部为'廿'，祝词也，是表示向祖灵奏祝词之意。巫是以歌舞事鬼神，而兄则是司掌祈祝者，祝告的对象本是于祀家庙的诸祖灵，因此，祝的本意是祭祀祈告祖灵。因为本来是向神灵祈告，故有举行舞乐之事。……又二'廿'并列则成为'咒'，是表示激烈的祈祷之语，后转为咒诅之意。……周公的长子伯禽，在金文里有《大祝禽鼎》之器，称为'大祝'，大概是以周公家的长子身分而就周的大祝官职吧？"此文中的"大祝禽"，未必为周公的长子伯禽，即使如此，古时祝确实有咒诅之能。

② （清）阮元校刻：《十三经注疏（附校勘记）》（下册），《春秋左传》卷四十一，《昭公元年》，第 2025 页。

③ 同上。

④ （清）阮元校刻：《十三经注疏（附校勘记）》（上册），《周易》卷三，《蛊》，第 35 页。

  彖曰："蛊，刚上而柔下，巽而止，蛊。"

孔颖达疏于其下，曰[1]：

  褚氏云："蛊者，惑也。物既惑乱，终致损坏。"

由此可见，放蛊毒人之术法，渊源悠久。

  不宁唯是，对于中国古代原始毒人巫术的情形，如《论衡·言毒篇》便有其记载，其云[2]：

  夫毒，太阳之热气也，中人人毒。……太阳之地，人民促急，促急之人，口舌为毒。故楚、越之人，促急捷疾，与人谈言，口唾射人，则人脈胎，肿而为创（疮）。南郡极热之地，其人祝树树枯，唾鸟鸟坠。巫咸能以祝延（移）人之疾、愈人之祸者，生于江南，含烈气也。

此种记载未免夸大，即使如此，却充分表现秦代的社会心理。[3]

  此外，有关口舌有毒与毒人巫术的出土文献记录，于1975年末，在云梦睡虎地M11号墓葬发现的秦简《封诊式·毒言》篇中，便有其记载，其云[4]：

  爰书：某里公士甲等廿人，诣（送）里人士五（伍）丙，皆告曰："丙有宁毒言，甲等难饮食焉，来告之。"即疏书甲等名事关谍（牒）北（背）。讯丙，辞曰："外大母同里丁坐有宁毒言，以卅余岁时覃（迁）。"

---

[1] （清）阮元校刻：《十三经注疏（附校勘记）》（上册），《周易》卷三《蛊》，第35页。

[2] 黄晖撰：《论衡校释（附刘盼遂集解）》卷二三《言毒篇》，中华书局1990年版，第950页。

[3] 徐富昌：《睡虎地秦简研究》，文史哲出版社1993年版，第304—305页。

[4] 睡虎地秦墓竹简整理小组编：《睡虎地秦墓竹简·封诊式释文注释》，第162页。

此篇记载里人士伍丙口舌有毒，里人送府共同报告，且其外祖母曾因口舌有毒论罪，三十岁时处以流放。由此可知，依其判例，若有毒言之疾，于当时的法律规定上，应将之处以迁刑①。

此种放蛊毒人之方法极其为多，例如金蚕蛊、疳蛊、癫蛊、肿蛊、泥鳅蛊、石头蛊、蛇蛊、篾片蛊、蜈蚣蛊等。② 此外，亦有养鬼放鬼作害于人，以及至人于死地为莫上之乐的黑巫术等，甚为无稽，此种放蛊毒人巫术之例甚多，举不胜举。

2. 治蛊之法

就治蛊之法而言，有关巫术性治蛊之术的记录，如《周礼·翦氏》便有其记载，其云③：

> 翦氏：掌除蠹物。以攻荣攻之，以莽草熏之。凡庶蛊之事。

又《周礼·庶氏》亦云④：

> 庶氏：掌除毒蛊。以攻说襘之，〔以〕嘉草攻之。凡驱（驱）蛊，则令之比之。

其下郑玄注云⑤：

> 毒蛊，虫物而病害人者。……攻说，祈名，祈其神求去之也。嘉草，药物，其状未闻。攻之，谓熏之。

---

① 徐富昌：《睡虎地秦简研究》，第 304 页。
② 宋兆麟：《巫与巫术》，四川民族出版社 1989 年版，第 230 页。
③ （清）阮元校刻：《十三经注疏（附校勘记）》（上册），《周礼·秋官司寇》卷三十七，《翦氏》，第 889 页。
④ 同上书，《庶氏》，第 888 页。
⑤ 同上。

此文中的"嘉草"，今人胡新生认为特指治蛊的蘘荷。①

据此《周礼》的二文不难得知，巫术性治蛊之法有二，一为以"攻说"禳法祈求神灵除蛊，二为以草药"攻之"而熏虫杀蛊。② 因此，于中国两周时期，既流行放蛊毒人之术，又有巫术性治蛊之法。

除此巫术性治蛊之外，亦有劝时王禁止放蛊毒人之术的记录，如传为周初吕望（即姜太公）所撰的《六韬·上贤》篇中，便有周文王问姜太公治国之道的内容，其中则有太公回答王人者应慎重六贼、七害之事，其云③：

> 〔太公曰：〕"七害者……七曰：伪方异技，巫蛊左道，不祥之言，幻惑良民，王者必止之。"

由此可知，于王人者应慎重的六贼、七害之事中，便提及放蛊毒人之术，且劝王止之。

尤其，如《礼记·王制》便记载周代制定的治蛊之法，其云④：

> 析（巧）言破律，乱名改作，执左道以乱政，杀。……假于鬼神、时日、卜筮以疑众，杀。

其下郑玄注云："左道，若巫蛊及俗禁。"可知巫蛊"左道"与"邪门"，已列入于周代的法制之中，乃变为严厉惩治之对象。⑤

由此观之，于两周时期，随着中央王朝的逐渐确立，又基于维护统治者的利益，原始时代的宗教、政治并存的局面，已发生变化，故制定

---

① 胡新生：《中国古代巫术》，山东人民出版社 1998 年版，第 444—445 页。

② 邓启耀：《中国巫蛊考察》，上海文艺出版社 1999 年版，第 48 页。亦可参见詹鄞鑫《心智的误区——巫术与中国巫术文化》，第 641—642 页。

③ （周）吕望撰：《六韬》卷一，《文韬·上贤》，文渊阁《四库全书》本。亦可见于曹胜高、安娜译注《六韬·鬼谷子》（重印本），《文韬·上贤》，中华书局 2007 年版，第 36—38 页。

④ （清）阮元校刻：《十三经注疏（附校勘记）》（上册），《礼记》卷十三，《王制》，第 1344 页。

⑤ 邓启耀：《中国巫蛊考察》，第 306—307 页。

各种措施，以防范危害社会的行为。①

四　结语

巫者职司交通鬼神，其本身虽不具超乎自然的力量，但古人相信巫者可借鬼神之力以成就诸多事。古代巫者其主要的活动类型，则可分为交通鬼神、医疗巫术、救灾巫术、生产巫术、求子生育、建筑巫术、丧葬巫术、祝诅放蛊、神明裁判九项。

祝诅放蛊之事，因古人相信巫者能为祝诅放蛊之事，遂成为巫者从事之重要职事。巫者不仅能解除人之灾祸，尚且能以其术害人，学术术语称为"黑巫术""凶巫术"，于制敌、制人、作弄敌对者时，便施行此法。

古人对于祝诅放蛊的巫术十分注意，此事由商代甲骨卜辞的记录、先秦传统文献与出土文献的记载、考古学的报告等不难得知，古时巫者曾担任祝诅放蛊巫术的职责，则从事祝诅盟誓、诅咒巫术，以及放蛊毒人之术、治蛊之法等的巫术活动。

（中国人民大学历史学院，出土文献与中国古代文明研究协同创新中心）

---

① 邓启耀：《中国巫蛊考察》，第 307 页。

论秦汉时期户籍概念与
户籍实体的对应关系①

韩树峰

以汉魏简牍、北朝隋唐文书为中心，结合传世文献，探讨中古时期的户籍制度，是汉唐学术界的一个重要研究领域。敦煌、吐鲁番文书问世较早，有关户籍的内容亦远较汉吴简牍丰富，因此，利用敦、吐文书研究唐代户籍，早在 20 世纪 20 年代就已经开始，迄今为止，已经有了比较丰厚的学术积淀。受资料的限制，中国学术界对汉魏户籍的研究起步相当之晚，据笔者所见，20 世纪 70 年代末始有专题论文出现，一直到 20 世纪末，研究论文仍屈指可数，而且相关研究多属对户籍制度粗线条的描述，分析细致、探讨深入者较少②。20 世纪末叶以来，一大批与汉魏户

① 中国人民大学科学研究基金（中央高校基本科研业务费专项资金资助）项目成果（项目批准号：15XN1007），发表于《国学学刊》2015 年第 4 期。

② 据笔者所见，本阶段探讨秦汉魏晋南北朝户籍制度的论著主要有：韩连琪《汉代的户籍和上计制度》，《先秦两汉史论丛》，齐鲁书社 1986 年版，第 378—396 页；高敏《关于东晋时期黄、白籍的几个问题》，《魏晋南北朝社会经史探讨》，人民出版社 1987 年版，第 162—185 页；高敏《秦汉的户籍制度》，《秦汉史探讨》，中州古籍出版社 1998 年版，第 156—173 页；郑欣《魏晋南北朝时期的户籍制度》，《郑州大学学报》1987 年第 1 期；傅克辉《魏晋南朝黄籍之研究》，《山东大学学报》1989 年第 1 期；孙筱《秦汉户籍制度考》，《中国史研究》1992 年第 4 期；张金光《秦制研究》，上海古籍出版社 2004 年版，第 774—832 页。论证较为周详，予人启发较大者，为傅、张二氏论文，其中前者对魏晋南北朝户籍更为系统的探讨见氏著《魏晋南北朝籍账研究》，齐鲁书社 2001 年版。另外，学界利用建初籍、大统计帐文书研究北朝籍制度的主要成果有：陈垣《跋西凉户籍残卷》，《陈垣学术论文集》（第二集），中华书局 1982 年版，第 431—440 页；杨际平《敦煌吐鲁番出土经济文书杂考（三题）》，《中国社会经济史研究》1987 年第 1 期。20 世纪日本史学界对汉魏户籍制度研究的代表性成果为［日］池田温著，龚泽铣译：《中国古代籍帐研究》（中华书局 2007 年版，第 22—83 页）。该书引证了日本学者的多种相关研究成果，读者可以参看。

口关系密切的简牍、文书数据先后问世，引发了学界探讨汉魏户籍制度的热潮，相关成果层出不穷。不夸张地说，十余年来的研究成就完全超越了 20 世纪的几十年，但长足的进步依然无法掩盖与唐代相关研究的差距，这种差距并非体现在对户籍制度的细节探讨上，而恰恰表现在对基础性问题的研究方面。基础性研究出现偏差，或者基础性问题没有探讨清楚，对汉魏户籍制度的细节研究不可能取得实质性的进展。

所谓户籍制度的基础性问题，在笔者看来，主要包括户籍概念指向的实体以及户籍的内容、性质、判断标准等。这几个问题既有各自独立的内涵，互相之间又存在着密切的关系。例如，明确了户籍的性质，可以在某种程度上了解户籍指向的实体、著录内容及判断标准；明确了户籍的内容，既可以了解户籍指向的实体，也可以确定户籍的性质。其中户籍概念指向的实体，又是重中之重，这一问题既牵涉户籍著录的内容，又牵涉对户籍文书的认定，还牵涉对户籍性质的评价，可以说是探讨汉魏户籍制度的支点。魏晋南北朝户籍概念与实体的对应关系，笔者将另文撰述，在此拟对秦汉学术界关于这一问题的论述进行检讨，并略陈己见。需要说明的是，本文所谓"户籍"，既非现代意义上的户籍概念，亦非如某些研究者那样自行确定的户籍概念，而是文献数据和出土数据中的户籍概念，唯有如此，对户籍制度的讨论方具备对话的平台。所谓"户籍概念指向的实体"，并非指户籍与何种具体实体相对应，而是指户籍与一种还是数种实体相对应。至于户籍与何种实体对应，由于数据的局限，得出充分的结论尚有待时日，本文对这一问题的探讨，只是聊备学界参考而已。

一　汉魏户籍概称论与特称论的对立及其存在的问题

迄今为止，秦汉魏晋南北朝现有数据均未对户籍进行过界定——哪怕是比较模糊的界定，也没有提供一份可以肯定为户籍的样本或实例。近年来，不少与户口密切相关的简牍、文书陆续问世，似乎为研究汉魏户籍制度提供了较大的空间，但这些户口资料多属零篇残简，即使稍微完整者，或未有题名，或题名并非户籍。据此不仅不足以描述这一时期户籍的全貌，甚至尚不足以概括出户籍的基本要素。因此，众多户口资料的出土，从某种角度而言，反而为学界正确认识汉魏户籍增加了混乱，最突出的问题表现为：户籍仅与一种实体相对应，还是与数种实体相对应？换而言之，户籍是一种簿籍的特称，还是数种簿籍的概称？

早在大批地下户口资料问世之前，虽然没有发生户籍是特称还是概称的争论，但实际上两种不同的看法已初现端倪。作为研究中国古代户口问题的先行者，梁方仲对汉唐户籍进行过概括性描述："自汉迄唐，八、九百年间，政府最看重的是户籍的编制。户籍是当时的基本册籍。关于土地的情况，只是作为附带项目而登记于户籍册中。当时的户籍实具有地籍和税册的作用。"① 按这一表述，汉唐户籍包括人口、土地和赋税等内容。② 尽管著录要素繁多复杂，但它们却著录在同一份簿籍中，这种簿籍就是户籍。所以，梁方仲实际上持户籍特称论。与梁方仲相对具体的解释不同，于豪亮对户籍的界定较为笼统模糊："中国历代政府为掌握户口数量而设置的一种簿籍登记制度。"③ 根据近年来出土的数据，我们知道，记载户口数量的簿籍绝非一种。按于豪亮的定义，户籍必然与多种簿籍对应。具体到汉代户籍，于豪亮将其与名籍等同，认为当时的户籍包括每户男女人口、姓名、年龄、籍贯、身份、相貌情况等项目。④ 如上所言，可以肯定为汉代户籍实例的数据迄今尚未出现，于豪亮对汉代户籍内容的概括，显然是以汉简中各类名籍登记的项目为依据的，因此，于豪亮是一位户籍概称论者。陈直与于豪亮的看法大体相同。他虽然没有明确指出户籍是多种簿籍的概称，但考察一下他在《居延汉简综论》"名籍制度"条中的叙述，是不难认识到这一点的："两汉统治阶级，最注重名籍……在两汉时称之为名数。《汉书·高祖纪》五年诏云：'民前或相聚保山泽，不书名数。'颜师古注：'名数户籍也。'"然后依次列

① 梁方仲：《中国历代户口、田地、田赋统计》"总序"，上海人民出版社1980年版，第10页。

② 这一看法是存在问题的，自汉迄唐，户籍著录内容并非固定不变，田地固然是唐代户籍的著录要素，但汉代的户籍并不著录田地。关于这一问题，笔者已有讨论，可参韩树峰《论汉魏时期户籍文书的著录内容》，《简帛研究 二〇一四》，广西师范大学出版社2014年版，第248—264页。

③ 《中国大百科全书·中国历史（缩印本）》，中国大百科全书出版社1994年版，第247页。

④ 同上。

举居延汉简中的官吏、戍卒、骑士、弛刑徒四种名籍，而每类名籍又分数种不同的记载方式。本条最后又云："管理户籍之官吏，史无明文，与管理爵政，有连带关系，在郡国属于上计吏，应总属于大鸿胪。"① 在陈直看来，名籍即名数，名数即户籍，而名籍又有多种类型。按这样的思路推论，陈直所说的户籍，必然指向多种簿籍实体。

也许是由于数据的局限，梁方仲、于豪亮、陈直等人关于户籍与簿籍对应关系的不同看法，在 20 世纪并未引起足够的重视。21 世纪以来，大量秦汉户口数据的出土，似乎为解决这一问题提供了很大的空间，学界对汉魏户籍的含义及其对应的实体讨论逐渐增多，在这些探讨中，户籍概称论占据了绝对优势。

就秦汉户籍而论，邢义田是户籍概称论的代表性学者。他根据陆续问世的考古资料，对当时的户籍进行了如下表述："里耶户籍内容十分简单，但不可因此以为秦代户籍登记仅止如此。……所谓户籍只是一个总的概念和名称，实际上包含多种内容和名称不同的簿籍。"② 户籍作为一个总的概念和名称，具体包含哪些簿籍，作者没有一一列举，但按他的论述，广义户籍包括年细籍、田比地籍、田租籍、田合籍③，甚至包括这些簿籍以外的其他某些簿籍。杨振红亦认为汉初户籍并非指某一种簿籍，且将当时的户籍明确为宅园户籍、年细籍、田比地籍、田合籍、田租籍五个子簿籍。④ 张荣强、王彦辉同样从狭、广二义讨论汉代户籍，前者认为狭义的户籍指宅园户籍；广义的户籍则还包括年细籍在内，并将这一看法一直贯穿到孙吴时期；王彦辉赞成狭义户籍即宅园户籍之说，但认为广义户籍包括宅园户

① 陈直：《居延汉简研究·居延汉简综论》"名籍制度"条，天津古籍出版社 1986 年版，第 47—51 页。

② 邢义田：《从出土资料看秦汉聚落形态和乡里行政》，《治国安邦：法制、行政和军事》，中华书局 2011 年版，第 299—300 页。

③ 邢文所引"田命籍"，系依据最早的释文。"命"为"合"之误释（可参见彭浩、陈伟、工藤元男主编《二年律令与奏谳书——张家山二四七号汉墓出土法律文献释读》，上海古籍出版社 2004 年版，第 224 页。下文简称彭浩等主编：《二年律令与奏谳书》），今径改。后文所引诸家论文中的"田命籍"亦径改为"田合籍"，不另注。

④ 杨振红：《龙岗秦简"田"、"租"简释义补正》，卜宪群、杨振红主编《简帛研究　二○○四》，广西师范大学出版社 2006 年版，第 85 页。

籍、年细籍、田比地籍、田合籍、田租籍等。① 以上诸人看法并不完全相同，但异中有同的是，均认为当时的户籍并非仅对应于一种簿籍，而将田比地籍、田合籍、田地籍纳入户籍的范畴，则完全突破了陈、于两人的户籍即名籍说，可以视为是对陈、于户籍概称论的进一步发扬光大。

关于孙吴户籍，持户籍概称论者也相当普遍。王素等人在《长沙走马楼简牍整理的新收获》一文中，较早流露出了这种倾向。该文在"户口簿籍面面观"一节中，列举了民籍、吏籍、师佐籍等数种簿籍，并将民籍分为两种类型。② 不过，作者没有直接将这些簿籍称为"户籍"，而是代之以较为笼统的"户口簿籍"，所以，严格来说，尚不能将其归入户籍概称论者。最早认为孙吴户籍包含多种簿籍的，是汪小烜。在《走马楼吴简户籍初论》一文中，他明确指出："据吴简来看，户籍的种类应该很多。具体的说其中有一份作根本凭证的户籍外，而根据不同的需要又编制不同的名籍，它们也是户籍。"③ 李均明就走马楼吴简户籍简的书写要素进行探讨，他以"户人簿籍"④ 为主要依据，认为孙吴户籍登记的项目主要有：登记年份，居住地，户主爵位、姓名、年龄，家庭成员姓名、年龄及与户主的关系，健康状况，交纳算赋指标及户訾，家庭人口小计。同时，作者又根据"吏简"的记载，指出职业也是孙吴户籍的要素之一。⑤ "户人簿籍"的结句简有以下数种不同类型："一家合若干人"；"右某家口食合若干人"；"凡口若干事若干算若干事若干訾若干"；"右某（户主名）家口食若干人 +（其若干男若干女）+（算若干）+（訾若干）"；⑥ "吏简"代表的"吏民人名年纪口食簿"，又不同于"户人簿

① 张荣强：《〈前秦建元二十年籍〉与汉唐间籍帐制度的变化》，《汉唐籍帐制度研究》，商务印书馆 2010 年版，第 257—264 页；王彦辉：《出土秦汉户籍简的类别及登记内容的演变》，《史学集刊》2013 年第 3 期。

② 王素、宋少华、罗新：《长沙走马楼简牍整理的新收获》，《文物》1999 年第 5 期。

③ 汪小烜：《走马楼吴简户籍初论》，北京吴简研讨班编《吴简研究》（第一辑），崇文书局 2004 年版，第 154 页。

④ "户人簿籍"系笔者为论述方便，对吴简中以"户人"起首的簿籍的简称。下文"吏简"亦为简称，对应以"吏某"起首的简，如："尚书吏刘露，年廿八。"

⑤ 李均明：《走马楼吴简人口管理初探》，《简帛研究 二〇〇六》，广西师范大学出版社 2008 年版，第 264—267 页。

⑥ 可参见王素、宋少华、罗新《长沙走马楼简牍整理的新收获》，《文物》1999 年第 5 期；汪小烜《走马楼吴简户籍初论》，北京吴简研讨班编《吴简研究》（第一辑），第 145—150 页。

籍"（关于这一问题，笔者将另文讨论）。所以，按李均明所论，孙吴户籍必然包含多种簿籍。沈刚从编制程序的角度区分吴简户口数据，摆脱了此前仅就内容论户籍的简单做法。不过，他仍然认为结句简有异的"户人簿籍"均为户籍文书，区别仅在于有的系里编制，有的系乡编制。① 同时，他把本属于"吏民人名年纪口食簿"的"定应役民廿户"简与"户人簿籍"放在一起讨论，并视为户籍文书的组成部分，等于间接认可"口食簿"与"户人簿籍"一样，同为户籍的一种表现形式。②

　　持户籍特称论的学者，据笔者所见，仅胡平生一人。他最早在《从走马楼简"荆（创）"字的释读谈到户籍的认定》一文中表达了初步意见："《新收获》在'户口簿籍'一节所举例简大部分都不是户籍，这样归类是错误的。"③ 以后他进一步申述了这一看法，对王素、邢义田、汪小烜等人的观点提出质疑，认为户籍系专称，而非数种簿籍的概称："张家山汉简《二年律令·户律》明文规定乡的主管官吏啬夫与乡吏、令史共同负责案查户口，制成户籍，而以副本报送县廷。因此，我们认为'户籍'乃是一专称，是实实在在的某一种名籍。……倘若将'户口簿籍'一语当做'一个总的概念和名称'来理解，我们是赞成的，但不能同意把'户籍'看作是'包含多种内容和名称不同的簿籍'，我们就只认定那'一份作根本凭证的户籍'才是'户籍'，其他都应叫做'户口簿籍'或'户口类簿籍'。……'户籍'是乡级官吏通过人口登记调查制作而成民户人口名籍，你或许可以认为与户籍相关的名籍还有不少，但户籍却不是'一个总的概念和名称'，它应该是有一种叫做'户籍'的实体的。""1999年发表的《长沙走马楼简牍整理的新收获》一文，便将各种名籍都装进'户籍'这个大筐，那是很不科学的。"④

① 沈刚：《吴简户籍文书的编制方式与格式复原新解》，《人文杂志》2010年第2期。
② 贺双非、罗威比较汉吴户籍的异同，对孙吴户籍的概括性描述，同样是以多种簿籍为依据的，见其《从走马楼吴简看汉、吴户籍制度的异同》，《湖南城市学院学报》2003年第5期。另外，并非专题讨论孙吴户籍的论文在涉及竹简中的户口资料时，也多笼统地称为户籍，文繁不备举。
③ 胡平生：《从走马楼简"荆（创）"字的释读谈到户籍的认定》，《中国历史文物》2002年第2期。
④ 胡平生：《新出汉简户口簿籍研究》，《出土文献研究》第十辑，中华书局2011年版，第264、271页。

从以上表述不难看出，胡平生对户籍概称论是坚决反对的。但如果按其论述的孙吴户籍标准格式，似乎仍可以推断出户籍包含数种簿籍的结论："户籍记户主及妻儿、子女、姓名、年龄、疾病、伤残等情况，奴婢附于户下，记名字、身高，每户有一简作户口合计。"① 尽管他强调，"各种专项的赋税统计登记的簿籍，都不应当列入户籍中"，但并没有对何谓"专项赋税统计"加以说明。"户人簿籍"结句简含有"算""訾"者是否属于"专项赋税统计"？如果不属于"专项赋税统计"，那么，其所对应的两种簿籍，均具有胡文描述的户籍内容；如果属于"专项赋税统计"，结句简中仍有两类与赋税无关，那么，它们对应的簿籍列入户籍大概是没有问题了。实际上，胡平生推定的户籍标准格式，仍然是以"户人簿籍"为主要依据的，这与李均明没有本质区别。但是，"户人簿籍"有多种类型，不详加区分，不仅得不出户籍是特称的结论，而且必然遭受户籍概括论者的质疑。

户籍概称论与特称论发生分歧的一个重要原因，在于缺少了对话的平台。他们按照各自的标准讨论问题，表述着各自的观点。胡平生讨论的户籍，是在每个历史阶段所存在的被称为"户籍"的那种实体，但某些户籍概称论者讨论的，似乎并非此种户籍。以于豪亮而言，他讨论的户籍是"政府为掌握户口数量而设置的一种簿籍"。毫无疑问，历史上各阶段的户籍均必须登录人口，但阶段不同，户籍内容有异，比如汉魏户籍可能就不同于唐代。所以，这一界定并非对历史上各阶段户籍的实质性描述，而只是对古今户籍最一般共性的归纳。按照这一标准考察，登录人口的各种数据被归入户籍范畴之内，是必然的结果。陈直、汪小烜、李均明等人没有对户籍进行界定，但他们直接将汉代的名籍、吴简中的"户人簿籍""口食簿"视为户籍，显然也是基于"户籍是登录人口的簿籍"这一基本认识做出的判断。邢义田提出了"广义户籍"这一概念。"广义户籍"的标准是什么？与之相对的"狭义户籍"是否仅对应一种簿籍？这是作者未加阐述，但又必须面对的两个问题。如果广、狭之别与特定历史阶段的户籍无关，而是作者自己所做的分类，那么，认为广义

---

① 胡平生：《从走马楼简"荆（创）"字的释读谈到户籍的认定》，《中国历史文物》2002年第 2 期，第 37 页。

户籍包含多种簿籍，也就不足为奇了，因为在这种情况下，论者完全可以按照自己心目中认可的户籍标准，将多种簿籍归入户籍的范畴之内。

讨论对象不同，结论自然有异。因此，选择同一户籍作为研究对象，是所论问题获得突破性进展的首要条件。那么，选择哪一种户籍作为研究对象更有讨论价值呢？不言而喻，应该是胡平生所说的历史上各个阶段确实存在过的那种户籍概念或户籍实体。户籍概称论者所讨论的户籍，严格来说，是不太科学的。比如，将户籍视为登录人口的簿籍，标准固然统一，但这种过于宽泛的理解，很可能模糊各阶段真正的户籍与其他各种登录人口的簿籍的本质区别，而不同历史阶段的户籍的独特性在这种研究视角下是很难得到体现的。至于所谓"广义户籍"，如果其标准由研究者自定，必然是言人人殊，以此为出发点探讨汉魏户籍，学术价值更是大打折扣。

如果回归到历史上的户籍，那么，汉魏户籍只能指一种簿籍，不可能是多种簿籍的概称。所以，胡平生对户籍内容的界定尽管值得商榷，但其对户籍概念与户籍实体对应关系的概括论述是正确的；而户籍概称论者所持证据，或系对史料的误读，或不具备说服力，无法支撑户籍与多种簿籍对应这一结论。

二 传世文献中的"书年""版" "十三数"与户籍的关系

"户籍"一词在秦汉传世文献中很少出现，其作为名词使用，最早见于《史记·秦始皇本纪》："献公立七年，初行为市。十年，为户籍相伍。"[1] 与"为户籍"存在一定关系的，是同本纪秦始皇十六年（前231）所载："初令男子书年。"[2] 学界一般认为，"令男子书年"即要求在户籍中著录男子年龄，但日本学者佐藤武敏对此表达了不同看法。他认为"为户籍"和"令男子书年"是两件事，分别进行，前者的目的在于设定

---

① 《史记》卷六《秦始皇本纪》，中华书局2011年版，第289页。
② 同上书，第232页。

五人组织和征收人头税，后者的目的在于徭役之征。① 佐藤氏的看法是有
道理的，因为早在秦孝公时期，商鞅就指出国家强盛的前提是"知十三
数"，其中之一为"壮男壮女之数"，他要求"四境之内，丈夫女子皆有
名于上，[生] 者著，死者削"②。到秦始皇十六年"为户籍"，不可能弃
女子于不顾。因此，"令男子书年"与"为户籍"没有关系，其所对应的
是另一种簿籍。如上所述，户籍概称论者将年细籍、田比地籍、田租籍、
田合籍等簿籍视为广义的户籍，其中只有年细籍与人密切相关，依"书
年"制作的簿籍，形式上与年细籍相近，既然秦户籍不包括这种簿籍，
那么我们就没有理由将其他种类的簿籍列入户籍范畴之内。也许户籍概
称论者可以辩解，"为户籍相伍"之"户籍"属狭义户籍，不排除秦存在
广义户籍的可能性，与"书年"对应的簿籍仍可能是广义户籍的组成部
分。但这只是推测，没有任何史料可以证明秦存在广、狭两种户籍。

与秦汉户籍相关的其他四条文献数据集中于《周礼》二郑注。郑众
注《天官·小宰》"听闾里以版图"："版，户籍。"郑玄注《秋官·司
民》"司民掌登万民之数，自生齿以上，皆书于版"亦云："版，今户籍
也。"③ 根据这两条注解，版即户籍。郑众注《天官·宫伯》"掌王宫之
士庶子凡在版者"："版，名籍也，以版为之。今时乡户籍谓之户版。"注
《春官·大胥》"大胥掌学士之版。以待致诸子"："版，籍也，今时乡户
籍，世谓之户版。"④ 按这两条注解，版指名籍或籍。两相结合，可以说
籍和名籍可以称为户籍。我们知道，籍和名籍均为泛称，与多种簿籍对
应，由此推论，户籍亦与多种簿籍对应，这似乎证明户籍确系概称而非
特称。但从郑众的注解看，其对"版"的理解并不统一。他有时将"版"
释为户籍，有时又释为籍，并特别强调"今时乡户籍谓之户版""今时乡
户籍，世谓之户版"。按后一种注释，"乡户版"（即户籍）为名籍之一，

① [日] 佐藤武敏：《汉代的户口调查》，中国社会科学院历史研究所战国秦汉史研究室
编：《简牍研究译丛》第二辑，中国社会科学出版社 1987 年版，第 303—304 页。
② 蒋礼鸿：《商君书锥指》卷一《去强》、卷五《境内》，中华书局 1986 年版，第 34、114
页。
③ （清）孙诒让撰：《周礼正义》卷五《天官·小宰》、卷六八《秋官·司民》，中华书局
1987 年版，第 167、2833 页。
④ （清）孙诒让撰：《周礼正义》卷六《天官·宫伯》、卷四四《春官·大胥》，第 229、
1814 页。

据此，户籍是一种特定的簿籍。对两种不同的注释该如何理解呢？笔者认为，二郑注《周礼》并非学术考证，只求疏通大意，对同一概念的解释有笼统与细致之别在情理之中。户籍既然是名籍之一，如果只求大意，将版释为户籍虽有欠准确，但亦无大错，这大概是二郑释"版"为户籍的主要原因。如果追求较为精确的说法，自然以后一种解释为准。许慎《说文解字》将"版"释为"判"，段玉裁将"判"改为"片"，两者实际无本质区别，指木头劈成的木片，因其主要用来书写文字，即成为"籍"，所以，以"籍"释"版"更贴近"版"之本义。另一经学家孔安国注《论语》"负版者"为："持邦国之图籍。"① 关于图籍，清代经学家惠士奇解释为用红笔书写土地、户口、车服、礼器等。这也证明，户籍不过是版对应的众多簿籍中的一种，即所谓"户版"。版或籍、名籍固然是概称，但户籍或户版却是特称。

邢义田论证秦汉存在广义户籍的一个重要依据是，商鞅强调强国"知十三数"。十三数分别指境内仓口之数、壮男壮女之数、老弱之数、官士之数、以言说取食者之数、利民之数、马牛刍稿之数。② 政府既要知马牛刍稿，就不可不知百姓财产，因此必皆有籍，这些都是广义户籍的一部分。③ 除"仓口之数""马牛刍稿之数"外，其余八数指各类人口数量，将这些簿籍视为户籍可备一说。另外，不少论者认为秦汉户籍著录财产、赋役，将作为财产、赋税的马牛、刍稿之数视为户籍，亦勉强可通。成问题的是"仓口之数""仓口"义不可解，陶鸿庆认为"仓"乃"食"字之误。蒋礼鸿怀疑，"口"可能是"府"，"盖府字烂脱，校者以空围（空围即口）记之，因误作口也"。此说较陶说更有说服力，因为"人之口数，则下文壮男、壮女至利民之数当之"，此前不应出现"食口之数"。"仓府"是国家收藏粮食和财物之所，将"仓府之数"视为广义

---

① 程树德撰，程俊英、蒋见元点校：《论语集释》，中华书局1990年版，第726页。《世说新语·文学篇》注引《论语》"式负版者"郑注："版，谓邦国籍也。"郑玄注《论语》无此注，系刘孝标误以孔安国注为郑玄注所致。对此余嘉锡有所说明，可参其《世说新语笺疏·文学篇》，中华书局2007年版，第321、322页。

② 蒋礼鸿：《商君书锥指》卷一《去强》，第34页。

③ 邢义田：《从出土资料看秦汉聚落形态和乡里行政》，《治国安邦：法制、行政和军事》，第299—300页。

户籍的一部分，显然是不正确的。邢义田将"十三数"视为广义户籍的一部分，也许是受到了"数"的误导。《二年律令·户律》规定百姓迁移手续时曾提及"数"："有移徙者，辄移户及年籍、爵绁徙所，并封。留弗移，移不并封，及实不徙数盈十日，皆罚金四两；数在所正、典弗告，与同罪。"①《史记》《汉书》中又常见"名数"一词，《户律》中的"数"大概就是名数。颜师古注《汉书》，将"名数"一律释为"户籍"，这样，"十三数"作为广义户籍的一部分，似乎是题中应有之义。但是，按《户律》，"数"包括户籍和年籍、爵绁三种簿籍，谓"数"为簿籍是正确的，将其视为户籍，则值得商榷。问题的关键在于对"名数"的理解。按下文所论，名数本义指人、物的名称与数量，政府要控制这些资源，必须建立与之相应的各种簿籍，"名数"因此具有了簿籍的含义。"十三数"之"数"可以解释为人、物的数量，也可以解释为与之对应的各类簿籍，但却不可以解释成户籍。"数"不仅不是广义户籍的一部分，恰恰相反，秦汉户籍作为一种特称，是"数"的一个组成部分。

以上对传世文献与户籍有关的资料进行了考察，我们的结论是，在可供分析的样本中，户籍仅与一种而不是数种簿籍相对应，也就是说，传世文献中的户籍是特称而不是概称。

三　简牍中的"年籍""宅园户籍""数"与户籍的关系

上引《二年律令·户律》中出现了"户籍"一词："恒以八月令乡部啬夫、吏、令史相杂案户籍，副臧（藏）其廷。有移徙者，辄移户及年籍、爵绁徙所，并封。"这是迄今为止户籍出现在法律条文中的最早记载。作为法条中的一个概念，户籍自应有其明确特定的含义，以利于受众执行。如果像论者所说，户籍有广、狭二义，乡部啬夫、吏、令史等

① 彭浩等主编：《二年律令与奏谳书》，第 222 页。"年籍、爵绁"原释文作"年籍爵绁"，陈剑认为，"细"可能为"绁"之误释，"绁"与籍意思相类，年籍、爵绁属于两种不同的簿籍（陈剑：《读秦汉简札记三篇》，《出土文献与古文字研究》第四辑，上海古籍出版社 2011 年版，第358—366页），此处释文即采纳陈说。下引《户律》"年细籍"释为"年绁籍"，亦采纳陈说，不另出注。

官吏在执行这一规定时，首先面临的问题是，他们必须弄清此处的户籍是广义还是狭义；其次，如果指广义户籍，还必须弄清包含哪几种簿籍。事实上，以邢义田列举的广义户籍而论，"仓府之数"是绝对不会委托乡官编制的，"官士之数"是否由乡编制，也大成疑问。从这一角度说，政府不会无的放矢，规定乡吏审查并非由其制作的户籍，并命令其将副本上缴县廷。合理的解释是，法条中的户籍特指一种簿籍，这样，乡啬夫等人才能明白无误地按此法条执行。法条将户籍与年籍、爵绁并列，也明确反映，年籍、爵绁是另外的两种簿籍，与户籍无关。倘若二者是广义户籍的组成部分，法条径直规定"有移徙者，辄移户籍徙所，封"即可，特别提出年籍、爵绁，不仅有画蛇添足之嫌，而且将给执行者带来很大的困惑。

对这一条文中户籍与年籍、爵绁的不同，王彦辉已经进行过考察，他是从户籍有广、狭区分的角度来看待这一问题的，即此处的户籍系狭义户籍，也就是下文所论的"宅园户籍"，年籍爵绁（王文以原释文为据）即年细籍属广义户籍，自然与此处户籍有别。[①] 问题是，既然是为了与年籍爵绁这类广义的户籍区别开来，法条为何不直接书为代表狭义户籍内涵的"宅园户籍"，反而代之以较为笼统模糊、容易令人误解为广义户籍的"户籍"呢？与此形成鲜明对照的是《户律》中的如下条文："民宅园户籍、年细籍、田比地籍、田合籍、田租籍，谨副上县廷，皆以篋若匣匮盛，缄闭，以令若丞、官啬夫印封，独别为府，封府户。"该条文与上述条文前后相接，按论者所说，年细籍即年籍爵绁，而田比地籍、田合籍、田租籍与年细籍一样，同属广义户籍的范畴，但是，此处却径书为"宅园户籍"而不是"户籍"。对于这两种不同的记录，又该做何解释呢？我们的看法是，这里的户籍本来就只与一种簿籍对应，无所谓广义、狭义之分，而年籍、爵绁亦非广义户籍，因此，将其书为户籍与年籍、爵绁并列，并不会给乡啬夫、吏、令史等人执行这一规定带来歧义和困扰。

对于金关汉简中 73EJT9：35 简记载的户籍，王彦辉同样是从广、狭角度来理解的。该枚简牍内容如下："☐同成朔甲午，北乡啬夫汉光敢言

---

① 王彦辉：《出土秦汉户籍简的类别及登记内容的演变》，《史学集刊》2013 年第 3 期。

之：直廷里许方自言□谨案：户籍臧乡官者，方毋官狱征事，非亡人，命□长广移肩水金关，往来毋苟留止，如律令。"① 在王彦辉看来，至迟到汉武帝以后，宅园户籍和年细籍就已经合二为一了，合并后的户籍省却成了"宅园"字样，此件文书中的"户籍"即为合并后的户籍，是狭义的户籍。② 我们认为，此处"户籍"仅指向一种簿籍的判断是正确的，但"狭义户籍"的说法值得再考虑。除此件文书外，金关汉简、居延汉简中尚有数枚记载"户籍藏乡""户籍在官"的文书。这些文书多有残缺，但综合来看，性质相同，均系乡吏为百姓通关发放的过所。《户律》规定，百姓迁徙，乡吏必须为其办理"移户及年籍、爵细徙所"的手续。百姓外出经办事务不同于移籍，通关过所证明其是国家的编户齐民而非逃户即可，因此，乡吏为其开具证明时，只需说明该人户籍藏乡，以证明其身份的合法性，而不必涉及迁移户籍所需的年籍、爵细。所以，过所中提及的户籍与徙籍时提及的户籍是同一种户籍，前者仅言户籍，后者户籍与年籍、爵细并提，是经办事务性质不同所致，与户籍广、狭之分没有关系。

在宅园户籍等簿籍"谨副上县廷"的条文之后，是有关先令券令的规定："民欲先令相分田宅、奴婢、财物，乡部啬夫身听其令，皆参辨券书之，辄上如户籍。"对于"上如户籍"，王彦辉解释为，把先令券书如户籍一样呈报到县廷，而且这个"户籍"包括了宅园户籍、年细籍、田比地籍、田合籍、田租籍等簿籍，也就是广义上的户籍。笔者认为，"如户籍一样呈报到县廷"的解释是正确的，但这里的"户籍"并非指宅园户籍等簿籍，而是指前引文乡部啬夫、吏、令史杂案的"户籍"，因为后者的副本同样要求藏于县廷。因此，"上如户籍"的"户籍"同样没有广、狭之分，与乡吏等杂案的"户籍"指向同一种户籍实体。

我们认为当时代表户籍的，只有"户籍"这一概念，且仅与一种实体对应，并不存在广义户籍与狭义户籍之分，那么，又该如何看待与"户籍"同时出现的"宅园户籍"这一概念呢？毕竟两个概念至少在字面

① 甘肃简牍保护研究中心等编：《肩水金关汉简（贰）》（下册），中西书局2011年版，第104页。
② 王彦辉：《出土秦汉户籍简的类别及登记内容的演变》，《史学集刊》2013年第3期。

上表明，其所对应的是两种不同的簿籍，这似乎为户籍有广、狭之说提供了一定的证据。宅园户籍在传世文献和出土资料中除此以外别无意见，这无疑增加了研究者正确诠释其含义的难度，迄今为止，诸家虽有多种解释，但多给人以扞格难通之感。

高敏、朱绍侯认为是每户所授田地、住宅以及园圃的总数籍或登记簿，臧知非认为是住宅园圃的综合登记簿。① 两种观点虽有区别，但相同的是，均认为宅园户籍与户口没有关系，这意味着汉代存在一种不登载任何户口信息仅著录田宅、园圃的簿籍。这种簿籍不仅称为"宅园籍"，还将其与户口联系，称为"宅园户籍"，未免令人不可思议。张荣强意识到这些解释的不妥，对之加以修正，认为汉代户籍既登记户口，也登记田宅，而古代的宅一般有园，所以，称为"宅园户籍"是应有之义。② 但所谓"应有之义"仍有值得质疑之处。首先，汉代户籍未必登记田宅；其次，户籍即使登记田宅，其重点仍在人口信息部分，特别强调"宅园"，并将之称为"宅园户籍"，似无必要，如唐代户籍记载土地的信息十分详细，但不称为"宅园户籍"。最后，即使户籍登记田宅，为何不命名为"田宅户籍"？在《二年律令》中，"田宅"一词相当普遍，"宅园"则绝无一见，而且园在宅中，举宅即涵盖园，其重要性亦远不及田，这种户籍称为"宅园户籍"而不称为"田宅户籍"，岂非有名不符实之嫌？③ 王彦辉认为，当时实行国家授田制，没有在法律上把土地视为百姓的私产，国家对土地买卖限制较多，田、宅分别登录于不同的簿籍，田入地籍，宅入户籍，因此产生了"宅园户籍"这一概念。与以上诸说相较，这种看法较为符合宅园户籍的字面之义，但细思之下，仍有值得商榷之处：第一，当时政府对田、宅是一体看待的，无论收授、继承、析产，无不"田宅"并称，并与奴婢、马牛羊、财物对举，特别是授田宅，

---

① 观点出处可参见彭浩等主编《二年律令与奏谳书》，第224页校释及注释。

② 张荣强：《〈前秦建元二十年籍〉与汉唐间籍帐制度的变化》，《汉唐籍帐制度研究》，第255页。

③ 张金光认为"宅园户籍"之"园"即"园田"，亦即"田"，"宅园户籍"即"宅田户籍"，亦即"田宅户籍"（《秦制研究》，第786页）。此说先将"园"延伸为"园田"，然后弃"园"字不顾，将"园田"等同于"田"，从而将"宅园户籍"演化为"宅田户籍"，最后又将"宅田户籍"解释成"田宅户籍"，以使其与《二年律令》中经常出现的"田宅"概念相合。这种解释牵强附会、迂回曲折，其不足为据是显而易见的。

法律明确规定均以立户为前提，更明确反映田、宅作为不动产，政府不分彼此，同等看待。不仅是汉代，即使到北朝隋唐时期，如西魏大统十三年记账文书及唐代户籍文书所示，田、宅也基本著录于同一种簿籍。考虑到汉代的现实以及田、宅在以后历朝历代的著录情况，田入田籍、宅入户籍的可能性相当之低。第二，即使户籍仅著录房屋，不著录田地，这种户籍仍以户口信息为核心，政府没有必要以并非著录重点的"宅园"来命名户籍，如上所举，唐代户籍有田有宅，但并不称为"宅园户籍"。

"宅园"与"户籍"组合成一个概念，既未见先例，其后亦不见踪迹，这种奇怪的组合使人怀疑这一概念在历史上存在的真实性。按图版，竹简中的"园"在中间位置纵向有残缺，对此，彭浩做出了新的解释，认为"园"系"图"字之误释。[①] 陈剑指出，所谓"宅图"即"住宅之图"，是"将更大范围内（如以'里'为单位）的若干住宅一并绘出、以确定其各自大小和相对位置之图"，与"户籍"系并列关系，而不是对户籍的界定。[②] 两人的解释令人耳目一新，当然，如陈剑所言，"'宅图'迄今尚未出土过实物，也不见于古书和其它出土文献记载"，将其观点视为定论未必十分妥当，但两人从图版字形及文字学角度做出的解释，较诸以上诸家的推测之词更有说服力。如果这一解释不误，那么，《户律》中的户籍并无所谓"户籍"与"宅园户籍"之分，无论与年细籍等籍一并"副上县廷"的"户籍"，还是"上如户籍"的户籍以及乡吏等案查的"户籍"，都是同一种户籍，也是当时仅有的一种户籍，其所指向的，也只有一种户籍实体。

《二年律令》中有可能令人与户籍发生联想的另一个概念是"数"。《二年律令·户律》规定："有移徙者，辄移户及年籍、爵细徙所，并封。留弗移，移不并封，及实不徙数盈十日，皆罚金四两；数在所正、典弗

---

① 彭浩：《数学与汉代的国土管理》，[韩]中国古中世史学会编：《中国古中世史研究》第二十一辑，2009 年，第 156—157 页。

② 陈剑：《读秦汉简札记三篇》，复旦大学出土文献与古文字研究中心网，http://www.gwz.fudan.edu.cn/SrcShow.asp? Src_ID = 1518，2011 年 6 月 4 日。陈文关于"宅园户籍"的讨论，因彭文发表在前，正式出版后已删（见陈剑《读秦汉简札记三篇》，《出土文献与古文字研究》第四辑，第 358—380 页）。在笔者看来，陈剑原文的解释更为详尽，可以在一定程度上补充彭文之说。

告，与同罪。"《史》《汉》屡见"名数"一词，有人认为，"数"即名数，是汉代史籍对户籍更常用的称谓，相对于宅园户籍，"数"是广义的户籍，包括了户籍与年细籍两种簿籍。[1] "数"是名数，包含户籍、年细籍的看法也许没有多大疑问，问题的关键在于，数、名数是否就是户籍的常用称谓？

首先可以肯定的是，汉代的"数"并非专指户籍。孔家坡汉简告地书内容如下："二年正月壬子朔甲辰，都乡燕佐戎敢言之：库啬夫辟与奴宜马、取、宜之、益众，婢益夫、末众，车一乘，马三匹。正月壬子，桃侯国丞万移地下丞，受数毋报定手。"[2] 桃侯国丞将燕、戎所报之"数"移交地下丞，并告诉对方接受后无须回报。这里的"数"显然不是指户籍，而是指人口数量及车一乘、马三匹。又江陵毛家园1号汉墓告地书："十二年八月壬寅朔己未，建乡畴敢告地下主，□阳关内侯寡大女精死，自言以家属、马牛徙。今牒书所与徙者七十三牒移。此家复不事。可令吏受数以从事，它如律令。敢告主。"[3] 该告地书中，吏所受之"数"，系指大女精死后迁往阴间的73件牒书。近年谢家桥1号汉墓出土三枚简牍，记载一位名叫昌的母亲去世后，"以衣器、葬具及从者子、妇、偏下妻、奴婢、马牛物、人一牒，牒百九十七枚"前往阴间报到，第二简记载："江陵丞虒移地下丞，可令吏以从事。"[4] 该告地书形式、内容与孔家坡告地书极为相似，只是前者的"受数毋报"在这封告书中被"可令吏以从事"取代。孙闻博指出，这两种表述均是"可令吏受数以从事（毋报）"的省略。[5] 此封告地书中，地下丞接受的"数"即牒书多达

① 张荣强：《〈前秦建元二十年籍〉与汉唐间籍帐制度的变化》，《汉唐籍帐制度研究》，第257页。在另一篇文章中，作者的看法与此有所不同，认为前一个"数"指宅园户籍及年细籍，后一个"数"指家口、户口（《湖南里耶所出"秦代迁陵县南阳里户版"》，同书第21页）。

② 湖北省文物考古研究所、随州考古队编：《随州孔家坡汉墓简牍》，文物出版社2006年版，释文第197页。

③ 刘国胜：《江陵毛家园一号汉墓〈告地书〉牍补议》，简帛网，http：//www. bsm. org. cn/show_ article. php？id = 890，2008年10月27日。

④ 荆州博物馆：《湖北荆州谢家桥一号汉墓发掘简报》，《文物》2009年第4期；刘国胜：《谢家桥一号汉墓〈告地书〉牍的初步考察》，《江汉考古》2009年第3期；胡平生：《谢家桥汉简〈告地书〉释解》，简帛网，http：//www. bsm. org. cn/show_ article. php？id = 1025，2009年4月15日。

⑤ 孙闻博：《"户籍臧乡"与"副上县廷"——秦汉户籍的管理和使用》，未刊稿。

197 件。后两封告地书中的牒书数量如此庞大，无论如何不可能都是户籍。特别是第三封告地书，明确记载从者子、妇、偏下妻、奴婢、马牛物、人各为一牒①，这些登录单人、单物的牒书显然不是户籍。综合三封告地书，可以说汉代的"数"既可以指人、物的数量，也可以指簿籍、牒书，《户律》中的"数"之所以涵盖户籍和年籍，原因即在于此。

将名数视为户籍，最早出自颜师古，他在《汉书》中将与人口有关的名数无一例外地释为户籍。在他注释的所有史料中，以户籍代替名数，语意上确实畅通无阻，这无疑给后人留下名数与户籍等同的深刻印象。自此，名数即户籍、户籍即名数成为学界定案。但是，颜师古的看法未必可靠。同样作为唐人，李贤对名数的理解即与颜师古有别："无名数谓无文簿也。"② 另一位唐人张守节对名数的解释也不同于颜师古，其注《史记·仓公列传》"移名数左右"："以名籍属左右之人。"③ "文簿""名籍"可以包含户籍，但不仅限于户籍。

实际上，颜师古本人对名数的理解也不仅限于户籍，如其注秦"黄金以溢为名"："改周一斤之制，更以溢为金之名数也。"注"雍地九臣、十四臣之星"："九臣、十四臣不见名数所出。"注"六郡良家子"之"六郡"："此名数正与《地理志》同也。"④ 显然，这三例名数不能解释成户籍。当然也可以质疑，这些名数可能是唐代的概念，含义不同于汉代并不奇怪。不过，史籍中有一条数据可以证明，汉人对名数的理解同样超越了户籍的范畴，《三辅黄图》卷四"苑囿·上林苑"条引卫宏《旧仪》："上林有令有尉，禽兽簿记其名数。"⑤ 禽兽簿记录的名数自然是禽兽的名称和数量，与户口无关。上林苑禽兽无数，所以建簿辨其名称、数量，以便管理。魏晋南北朝时期，名数亦并非仅指户籍，《南齐

---

① 该告地书先记死者家属、奴婢，中记马牛物，后复记"人一牒"，令人费解。但每人一牒、每物一牒，大概没有问题，否则不会多达 197 牒。

② 《后汉书》卷二《明帝纪》，中华书局 2011 年版，第 97 页。

③ 《史记》卷一〇五《仓公列传》，第 2814 页。按：点校本"左右"断于下句，与《正义》不合，今酌改。

④ 《汉书》卷二四《食货志》、卷二五《郊祀志》、卷六九《赵充国传》，中华书局 2011 年版，第 1152、1207、2971 页。

⑤ 何清谷校注：《三辅黄图校注》，三秦出版社 2006 年版，第 279 页。

书·百官志》："司徒府领天下州郡名数户口簿籍。"① 司徒府所领"州郡名数"，可以指州郡的名称和数量，也可以指记载州郡的簿籍，特别是将其与"户口簿籍"并举，证明其绝不是户籍。

名数表示名称、数量，在颜师古生活的唐代更为普遍，《唐六典》中的名数不仅指人，类似马牛杂畜、车服舆乘、兵杖器械、寺庙道观、宫藏宝货等，无不涵盖在名数范围内，名数可谓无所不包。② 从《唐六典》可以看出，唐代省、寺、监等行政、事务机构在管理方面几乎无不涉及名数，执掌名数成为各机构的一项重要甚至是主要的职能。道理很简单，人有名称、有数量，物亦有名称、有数量，管理机构要掌握人、物，必须辨其名称和数量，也就是名数。这一工作需要通过建立相应的人、物簿籍来完成，如辨禽兽，要立禽兽簿，辨军械器杖，要立军械器杖簿，辨天子衣、食，要立衣、食簿，甚至辨礼仪，也要立礼仪簿，而辨户口，就要立户口簿或户籍，上举数据中名数经常与簿、籍共同出现，原因即在于此。

正是在上述意义上，名数取得了名籍的含义。许多情况下，名数可以解释成与其相对应的名籍，居延汉简中的各种名籍，实际也就是各种名数。由于《汉书》中涉及的名数，多与人有关，所以，颜师古将其解为户籍，语意自然顺畅，并不给人以圆枘方凿之感。不过，这一解释仍然不够正确，在名数是名籍的情况下，正确的说法应该是：户籍是名数的一个组成部分，但名数不是户籍，它涵盖了以人、物、制度的名称与数量为内容建立的各种簿籍，从这个角度说，李贤释名数为文簿、张守节释名数为名籍，均较颜师古释为户籍确切。既然名数无所不包，与名数等同的"数"包括户籍、年细籍两种簿籍，就十分自然。所以，即使"数"在某种情况下包括户籍，也不能证明当时户籍有广、狭之分；同样，无论其对应多少类簿籍，也不能证明户籍对应着相同的簿籍。

---

① 《南齐书》卷一六《百官志》，中华书局 2011 年版，第 312 页。

② 可参韩树峰《名籍、名数、民数与户籍》，《田余庆先生九十华诞颂寿论文集》，中华书局 2014 年版，第 171 页。

四 秦户籍实体蠡测

秦汉简牍中，记载户口的簿籍为数相当之多，遗憾的是，这些簿籍或未有题名，或题名与"户籍"不合，为我们确定户籍实体带来了很大的困难。如果允许推测，我们认为，出土于里耶古城北护城壕中段底部凹坑中（编号 K11）的簿籍可能是秦户籍实体的真实反映，户籍实体的内容可以简 K27 为例：第一栏：南阳户人荆不更蛮强。第二栏：妻曰嗛。第三栏：子小上造□。第四栏：子小女子驼。第五栏：臣曰聚　伍长。[①]簿籍主要记载户主及家庭成员的一般状况，另有伍长之类的备注，内容简洁之极。这种简洁的内容，正是我们判定其作为秦唯一户籍实体的主要依据。

邢义田不否认这份簿籍是户籍的实体，但他认为这份簿籍并非秦唯一的户籍实体，除此之外，秦尚有其他类别的户籍。之所以做出这种判断，有如下根据：第一，这份簿籍的内容过于简单，而大部分沿袭秦律而来的《二年律令》中有宅园户籍、年细籍、田比地籍、田租籍、田合籍，这些簿籍均为户籍的组成部分。第二，《商君书·去强》说"强国知十三数"，十三数包括男女之少壮、老弱、生死和职业身份，而里耶简并不包括这些内容。但是，对这两个根据我们可以有如下质疑：为何秦代户籍不可以像里耶户籍那样简单？即使《二年律令》大部分沿袭秦律，宅园户籍等簿籍就一定自秦律而来吗？即使《户律》沿袭秦律，将宅园户籍特别是田比地籍、田租籍、田合籍等簿籍归入户籍有何依据？如彭浩、陈剑所论，"宅园户籍"很可能是"宅图户籍"的误释，宅图、户籍系两种簿籍，而年细籍同样与户籍有别。田比地籍、田租籍、田合籍三种簿籍从名称上看，与户口关系不大，在没有任何证据的情况下，将其视为户籍，未免有武断之嫌。至于因里耶簿籍内容简单，根据"十三数"推测秦代户籍内容不止如此，也存在问题。"十三数"固然较里耶簿籍复杂，但毕竟不是户籍实体，而且商鞅只是论述"十三数"对强国的重要性，并没有将其与户籍联系在一起。相反，如上所论，"十三数"中的某

---

① 湖南省文物考古研究所编著：《里耶发掘报告》，岳麓书社 2003 年版，第 203 页。

些项目肯定在户籍著录范围之外，以其推定秦户籍内容不止像里耶簿籍那样简单，显然是不妥当的。另外，《商君书》仅为传世文献，而且在战国末期已经流传很广①，其成书年代理应更早，而里耶户籍却是实物，其年代当在《商君书》成书之后。既然不能依据后者确定秦户籍的内容，又如何可以根据前者证明秦存在多种形式的户籍？相反，如果史料不足，我们可以根据里耶簿籍推测，商鞅时代的户籍甚至包括秦有户籍以来，内容可能就是如此简单，里耶户籍不过是对此前户籍的继承和沿袭而已。

我们认定秦户籍的内容比较简单，除里耶户籍这一实体有所体现外，并无史料依据，但是我们可以从古人对人口重要性的认识及簿籍的功能方面加以分析。一定数量的户口是国家、政权存在的基础，治国首重户口是必然的选择。早在西周时期，周宣王就有"料民于太原"之举；《商君书·去强》论强国知十三数，其中有八个数目指向人数；《周礼》言"及大比，登民数……以制国用"；郑玄云"人数定而九赋可知，国用乃可制"。凡此种种，说明古人早已认识到，"民数"即人口数量是治理国家的前提。古人对人口重要性的认识和议论，比较素朴、直观，虽然谈不上深刻，但确实触及了治国的要害，因此，建立人口簿籍，掌握民众的基本信息，就成为古代政权的首要之举。这种以户为单位，著录民众最基本信息的簿籍就是户籍。土地、赋役以及其他事项对政府而言当然不是无足轻重，但对这种重要性的认识，是以户口为基础的，而不是先于户口而存在。基于这种因果关系，必然是户籍建立在先，与户籍联系密切的其他簿籍建立在后。当然，这不意味着在户籍产生之前，政府没有关于土地、赋役方面的簿籍，但这些簿籍未必以户为单位。

簿籍对治理国家的重要性，古人自然有一定的认识和体会，但完善各类簿籍，并将其结合起来，发挥相应的功能，是一个较为漫长的过程，早期阶段建立的各类簿籍不可能过于复杂，时间越早，簿籍应该越简洁。在这方面，户籍亦不会例外，在初始阶段不可能包含相当复杂的内容，作为编制其他簿籍的基础，其所登录的，只能是最基本的人口信息。依

---

① 高亨：《商鞅与商君书略论》，《商君书注释》，中华书局1974年版，第1页。

据这些户口信息,政府可以编制类似年细籍、田比地籍、田合籍、田租籍[①]、免老簿、新傅簿、罢癃簿、算簿等簿籍。敦煌、吐鲁番出土的唐代文书种类繁多,但却未见这些簿籍,推其原因,当与唐代户籍内容复杂丰富,这些簿籍的功能为户籍所涵盖有关。所以,上述诸种簿籍的存在,间接反映了秦汉户籍内容的简洁。也许在户籍概称论者看来,免老簿等未必不可以视为另一种形式的户籍,但是,这些簿籍的题名已经说明,它们并非户籍。另外,就户籍概念和户籍实体的关系而言,应该是实体建立在先,概念产生在后,这决定了户籍概念仅与一种实体对应。以后在户籍基础之上建立的各种簿籍,政府没有必要再以户籍命名。

当然,秦户籍实体内容的简单,并不代表此后不发生变化。相对而言,时间愈后,可能添加的项目愈多,如年龄,不见于秦户籍,但却是此后户籍的必备要素,同时也不排除某些内容随时代的变化而被剔除,如爵位,秦爵退出历史舞台后,自然在以后的户籍中不会出现。但是,无论如何发展变化,户籍作为立国的基础,作为编制其他簿籍的根本凭证,在魏晋以前均以人口的基本信息为主要内容,脱离这一特点的簿籍,均不是户籍;历经魏晋南北朝几百年的发展,唐代户籍内容日益丰富,可以发挥秦汉多种簿籍的功能,因此不再是编制其他簿籍的根本凭证,相反,由于内容过于复杂,手实、籍帐成为编制户籍的基础,但即使如此,当时的户籍也只有一种实体。因此,户籍概念仅与一种簿籍实体对应的关系,不仅限于秦汉,而是贯穿于魏晋隋唐乃至整个中国古代的历史中。

(中国人民大学历史学院,出土文献与中国古代文明研究协同创新中心)

---

① 从名称看,田比地籍、田合籍、田租籍应该是土地、赋税方面的簿籍,但这些簿籍不会不涉及人口,如田比地籍,可能需要记载户主,所以,这些簿籍的制作,必须以户籍为据。

二十等爵确立与秦汉爵制分层的发展[①]

孙闻博

  商鞅变法以来逐步形成的二十等爵，是秦汉最有特色的制度之一。它以军功为拜爵依据，打破依宗法身份获取爵位的传统，通过细密的位阶将悬隔的贵族、平民两阶层沟通起来，为下层民众提供了一条上升通路。爵制研究中，结构与分层是基础问题，前人已有很多工作。[②] 这里尝试在秦汉"爵—秩体制"的官僚品位结构下做新的思考，[③] 主要关注：二十等爵确立的结构特征；侯卿大夫士分层的演进及其特点；秦汉爵制与曹魏爵制改革及晋初复五等爵的联系。

---

① 国家社科基金重大项目"秦统一及其历史意义再研究"（项目批准号：14ZDB028）成果。

② 主要有廖伯源《汉代爵位制度试释》，《新亚学报》10—1（下）、12，1973 年、1977年；高敏《秦的赐爵制度试探》《论两汉赐爵制度的历史演变》，均收入所著《秦汉史论集》，中州书画社 1982 年版，第 1—57 页；朱绍侯《军功爵制考论》，商务印书馆 2008 年版；柳春藩《秦汉封国食邑赐爵制》，辽宁人民出版社 1984 年版；杜正胜《编户齐民——传统政治社会结构之形成》，联经出版事业公司 1990 年版，第 317—372 页；阎步克《品位与职位——秦汉魏晋南北朝官阶制度研究》，中华书局 2002 年版，第 72—122 页，《从爵本位到官本位——秦汉官僚品位结构研究》，生活·读书·新知三联书店 2009 年版，第 33—87 页；李均明《张家山汉简所反映的二十等爵制》，《中国史研究》2002 年第 2 期；顾江龙《汉唐间的爵位、勋官与散官——品位结构与等级特权视角的研究》，博士学位论文，北京大学历史学系，2007 年；杨振红《秦汉官僚体系中的公卿大夫士爵位系统及其意义》，《文史哲》2008 年第 5 期；凌文超《汉初爵制结构的演变与官、民爵的形成》，《中国史研究》2012 年第 1 期。日本学界探讨较早，镰田重雄、栗原朋信、守屋美都雄启端，西嶋定生提出二十等爵制理论，影响深远。睡虎地秦简公布后，古贺登、杣山明、冨谷至对之前研究多有检讨与反思。张家山汉简发表后，石冈浩、宫宅洁、椎名一雄等复多有推进。

③ 参见阎步克《从爵本位到官本位——秦汉官僚品位结构研究》，第 45—87 页。

一 从商鞅爵制到二十等爵:
秦汉爵制结构的再思考

学界之前对二十等爵制的构成,意见基本一致:作为对世卿世禄制的革命,二十等爵与周五等爵对立,而深受"内爵称"影响。[①] 所谓内、外爵,是战国秦汉人为方便对周代等级结构理解所做的一种划分,内爵系统指公卿大夫士,外爵系统指公侯伯子男五等爵,[②]"至迟在战国中后期已形成公侯伯子男的外爵和公卿大夫士的内爵两套体系"[③]。秦爵在商鞅创制之始,"明尊卑爵秩等级,各以差次名田宅,臣妾衣服以家次。有功者显荣,无功者虽富无所芬华"[④]。而加强王权、全面调动社会成员的初衷,也自然强调垂直的等级设计。然而,秦汉爵制并非一次形成。商鞅创制初始的这一结构特征,并不能完全代表二十等爵。

商鞅时爵制大体有卿、大夫、士三个分层,[⑤] 而二十等爵不仅有驷车庶长等卿爵,还出现了关内侯、列侯。后者的晚出,自然与商鞅时君主尚且称公有关。但按内爵称,卿爵上应该是公爵的。但我们熟知的刘劭《爵制》却说:

> 自一爵以上至不更四等,皆士也。大夫以上至五大夫五等,比大夫也。九等,依九命之义也。自左庶长以上至大庶长,九卿之义也。关内侯者,依古圻内子男之义也。秦都山西,以关内为王畿,故曰关内侯也。列侯者,依古列国诸侯之义也。[⑥]

---

① 也有学者更强调"秦爵是在周爵的基础上发展而来的,它的特点是同军制结合更紧"。李学勤:《东周与秦代文明》,上海人民出版社 2007 年版,第 162 页。

② 阎步克:《从爵本位到官本位——秦汉官僚品位结构研究》,第 34—35 页。外爵五等在西周春秋是否皆存虽尚有争议,但内、外爵概念可以涵盖相应内容,且它对王畿内官爵等级与分封诸侯等级的区分也大体合适,有助于分析的展开。

③ 杨振红:《秦汉官僚体系中的公卿大夫士爵位系统及其意义》,第 89 页。

④ 《史记》卷六八《商君列传》,中华书局 1959 年版,第 2230 页。

⑤ 李学勤:《东周与秦代文明》,第 162 页。关于《秦本纪》"封鞅为列侯"条辨析,又参见朱绍侯《军功爵制考论》,第 35、181—182 页。

⑥ 《续汉书·百官志五》注引。《后汉书》,中华书局 1965 年版,第 3631 页。

在"皆士""比大夫""九卿之义"之后，提到关内侯、列侯是"依古圻内子男之义""列国诸侯之义"，实际认为相关称谓是比附古诸侯的。而古诸侯对应的是外爵称。因而，这里有必要进一步追溯侯爵的出现。

商鞅曾以"法之不行，自于贵戚"，对太子犯禁亦无回避，"宗室多怨鞅"，以至孝公殁后，即被告以谋反，而遭车裂之诛。我们习知，"惠王即位，秦法未败也"。但商鞅被处死这一事件本身，却是由秦国宗室、贵戚发动，并得到惠文王支持的。故后者即位后的政策当会有所变化。按秦至惠文王始称王，而爵制序列并没有在卿爵上进而出现公爵。惠文王后九年（前316），司马错灭蜀，"贬蜀王更号为侯，而使陈庄相蜀"①。侯称号的使用，值得注意。后十一年（前314），"公子通封于蜀"②，后复封公子辉、公子绾为蜀侯。③ 蜀侯的相由中央任命，而故蜀部分地区改设为郡，另置郡守。昭襄王时，又有"魏公子劲、韩公子长为诸侯"，④及"封公子市宛，公子悝邓，魏冉陶，为诸侯"等。⑤ 这些均与商鞅爵制的拜赐原则有异，而多是因亲封君传统的恢复与体现。⑥ 此后，范雎、吕不韦等因军功也得封侯。功臣侯的出现显示，爵制序列向上开始与侯衔接起来。爵制上端开始出现列侯、关内侯等侯爵。两类群体的重新并重，成为后来秦政的常态：

> 孝文王元年（前250），赦罪人，修先王功臣，褒厚亲戚，弛苑囿。

---

① 《史记》卷七〇《张仪列传》，第2284页。

② 《史记》卷五《秦本纪》，第207页。《史记》卷一五《六国年表》"通"作"繇通"，第733页。（晋）常璩著，任乃强校注：《华阳国志校补图注》卷三《蜀志》"通"又作"通国"，上海古籍出版社1987年版，第128页。

③ 《史记》卷五《秦本纪》，第210页。《华阳国志校补图注》卷三《蜀志》"辉"作"恽"，第128—129页。

④ 《史记》卷五《秦本纪》《索隐》曰"别封之邑，比之诸侯，犹商君、赵长安君然"，第210页。详细讨论参见杨宽《战国史料编年辑证》卷一三，第665—666页。

⑤ 《史记》卷五《秦本纪》，第212页；同书卷七二《穰侯列传》作"乃封魏冉于穰，复益封陶，号曰穰侯"，第2325页。

⑥ 汉初增设诸侯王，与列侯为二等，主要是与列侯中王子侯、外戚恩泽侯构成序列；二十等爵序列中的卿爵向上对应的主要是功臣侯。

庄襄王元年（前249），大赦罪人，修先王功臣，施德厚骨肉而布惠于民。①

秦统一后，李斯廷议且有"今海内赖陛下神灵一统，皆为郡县，诸子功臣以公赋税重赏赐之"语。② 秦惠文王已降，"先王功臣"与"亲戚""骨肉""诸子"往往连称并举，同时获得重视与强调。此看似平常，然循商鞅爵制之演进脉络言之，实有深意在焉。

列侯与关内侯所构成的侯爵，可以世袭，享受"世禄"，仍带有一定的传统贵族色彩。它们与源自内爵的卿、大夫、士爵不同，最初是由外爵系统发展而来。从这个意义上说，军功爵创制之初，针对五等爵而具有明显的内爵性质；但进一步形成的二十等爵，在卿大夫士爵秩序列上迭加侯爵，③ 则实际糅合了内爵、外爵两套系统。在强调功绩制的同时，上端则保留了"世爵"世禄的特征。对爵制结构的这一定位，有助于我们探讨爵制分层的演进与后来五等爵的复兴。

二 秦及汉初"侯卿大夫士"爵制分层考辨

以往研究秦汉爵制，多采刘劭《爵制》侯、卿、大夫、士四分层。但自张家山汉简《二年律令》公布后，学界略有调整：公大夫、官大夫、大夫被划入士一层，大夫一层只保留了五大夫、公乘两级。这里从基础材料入手，观察秦至汉初相关爵制分层的特征。

公乘（8）—公大夫（7）。将大夫、士分层调整至此处，主要据《二年律令·户律》依爵位名田宅时，公乘与公大夫间存在较明显级差。然而，除此规定外，附丽于爵位的赋役、刑罚、置后等，分界多非在此；且《傅律》"公乘、公大夫子二人为上造，它子为公士"，尚对公乘、公大夫不为后者所传爵位做了合并性规定。

---

① 《史记》卷五《秦本纪》，第219页。
② 《史记》卷六《秦始皇本纪》，第239页。
③ 西汉成帝迄东汉，国家有封赐周朝后裔、孔子子孙为"公"的传统。然此属后世以示宾敬的"二王三恪"之制，与秦汉二十等爵性质有别。这里不纳入讨论。

大夫（5）—不更（4）。秦爵中，不更与大夫"之间是一大门坎，不是轻易可以跨越的"①。而在汉初，附丽于爵位的权益要素除名田宅外，尚涉及傅籍、睆老、免老、置后等多项，《二年律令》所涉分层实际多在大夫处，如：

> 其斩一人若爵过大夫及不当搑（拜）爵者，皆购之如律。（《捕律》一四九）
>
> □□□□令不更以下更宿门。（《户律》三〇九）
>
> 大夫以上【年】九十，不更九十一，簪裹九十二，上造九十三，公士九十四，公卒、士五（伍）九十五以上者，禀鬻米月一石。（《傅律》三五四）
>
> 大夫以上年七十，不更七十一，簪裹七十二，上造七十三，公士七十四，公卒、士五（伍）七十五，皆受仗（杖）。（《傅律》三五五）
>
> 大夫以上年五十八，不更六十二，簪裹六十三，上造六十四，公士六十五，公卒以下六十六，皆为免老。（《傅律》三五六）
>
> 不更年五十八，簪裹五十九，上造六十，公士六十一，公卒、士五（伍）六十二，皆为睆老。（《傅律》三五七）
>
> 不更以下子年廿岁，大夫以上至五大夫子及小爵不更以下至上造年廿二岁，卿以上子及小爵大夫以上年廿四岁，皆傅之。（《傅律》三六四）

简一四九针对捕斩盗贼的军功拜爵，明确提到"爵过大夫""购之如律"。简三〇九提到的"更宿门"，属与正役相对的地方杂役。"不更以下更宿门"，实与简三五七"睆老"年龄依爵而定且仅言及不更，可以对应。即不更以下才有"睆老"，需服半役；大夫以上是不用的。大夫实为服半役

---

① 高敏：《秦的赐爵制度试探》，《秦汉史论集》，第20—21页；杜正胜：《编户齐民——传统政治社会结构之形成》，第335—339页。

与否的重要分界。① 前引《户律》涉及受稟鬻米、受杖、免老、傅籍，分界亦在大夫处。

无论秦代，还是汉初，大夫、士爵分界仍应以大夫、不更处为宜。② 力役之征，与爵制关系密切。当时徭役分派，相当程度是从属于爵位的。此外，当时爵制还存在细部分层，如大夫爵内的公大夫、官大夫；士爵内的不更与上造，上造与公士间。公卒、士伍等无爵者与司寇、隐官又构成爵制下端的衔接外延。③ 秦汉帝国的"爵—秩体制""含有一种'二元性'"，"爵、秩疏离，依爵不能起家，爵、秩间缺乏一体性和可比性"④。秦及汉初在重爵取向下，侯卿大夫士分层占据主道，更为突出。

三　附丽爵制之要素脱离与爵层分界的变化

西汉政治转入守成后，爵制运作有新变化：国家开始多次赐官、吏、民爵。⑤ 相对于功绩制性质，爵制所体现的身份管理色彩更为突出。⑥ 那么，爵制的"侯卿大夫士"分层又发生了怎样的变化呢？这里从附丽于爵制各经济要素来考虑。秦及汉初，相关权益有：1. 土地（名田宅、置后）；2. 赋役（傅籍、免老、睆老等）。

秦及汉初曾存在以"户人"爵位高低向国家申报占有相应等级田宅的制度。规定本身具有限制名田逾制，保障各有爵者经济利益的作用。

---

① 参见拙文《秦及汉初"徭"的内涵及组织管理——兼论"月为更卒"的性质》，《中国经济史研究》2015 年第 5 期。
② 名田宅规定上公乘处的变化，邢义田视作上大夫、下大夫间的分界。邢义田：《张家山汉简〈二年律令〉读记》，收入所著《地不爱宝：汉代的简牍》，中华书局 2011 年版，第 178 页。
③ 里耶秦简还出现有"小上造"等小爵，"大夫寡""上造寡""大夫子"等户人身份，显示当时爵制纵向延伸同时，相关功能还存在一定的横向扩展。
④ 阎步克：《从爵本位到官本位——秦汉官僚品位结构研究》，第 86 页。
⑤ 《汉官旧仪》"汉承秦爵二十等，以赐天下"以下，具体胪列所"赐爵"为公士至五大夫诸种。卫宏撰，纪昀等辑：《汉官旧仪》，孙星衍等辑：《汉官六种》，周天游点校，中华书局 1990 年版，第 51—52 页。而西嶋定生进一步将民爵中"特授与吏者，称吏爵"，实际细化做官、吏、民爵。《中国古代帝国的形成与结构——二十等爵制研究》第一章第三节，武尚清译，中华书局 2004 年版，第 88 页。
⑥ 阎步克：《从爵本位到官本位——秦汉官僚品位结构研究》，第 63—69 页。

而此制式微，前辈学人有武帝对外战争结束以后，[①] 武帝凸显而元、成时期终遭破坏，[②] 及文帝时期[③]等不同认识。西汉哀帝时，师丹上书曾追述：

> 孝文皇帝承亡周乱秦兵革之后，天下空虚，故务劝农桑，帅以节俭。民始充实，未有并兼之害，故不为民田及奴婢为限。[④]

"不为民田及奴婢为限"，即指对民众名田宅已不设等级限制。晁错在文帝时又曾建议入粟拜爵，其中谈道："令民入粟受爵至五大夫以上，乃复一人耳，此其与骑马之功相去远矣。爵者，上之所擅，出于口而亡穷；粟者，民之所种，生于地而不乏。"[⑤] 《通鉴》系此事于文帝前十二年（前168）。[⑥] 汉初可得食邑的五大夫，此时权益变为"乃复一人"。景帝三年（前154），吴王濞反叛，"遗诸侯书"又写道：

> 其小吏皆以差次受爵金。佗封赐皆倍军法。其有故爵邑者，更益勿因。愿诸王明以令士大夫，弗敢欺也。[⑦]

此属吴王颁布的军功爵赏令，因功拜爵同样不及田宅赐予，而以金钱代之。[⑧] 又，西汉赐予卿爵者不少，[⑨] 但如卜式事例：

---

① 朱绍侯：《军功爵制考论》，商务印书馆2008年版，第254、295—300、311—320页。

② 于振波：《张家山汉简中的名田制及其在汉代的实施情况》，《中国史研究》2004年第1期，第29、38—39页。

③ 杨振红：《出土简牍与秦汉社会》，广西师范大学出版社2009年版，第156—157页；张金光：《普遍授田制的终结与私有地权的形成——张家山汉简与秦简比较研究之一》，《历史研究》2007年第5期，第49、65页。

④ 《汉书》卷二四上《食货志上》，第1142页。

⑤ 同上书，第1134页。

⑥ 《资治通鉴》卷一五《汉纪七》"文帝前十二年（前168）"，中华书局1956年版，第494页。

⑦ 《史记》卷一○六《吴王濞列传》，第2829页。

⑧ 李开元：《汉帝国的建立与刘邦集团：军功受益阶层研究》，生活·读书·新知三联书店2000年版，第50页。

⑨ 《汉律摭遗》卷一一"夺爵为士伍"条，沈家本：《历代刑法考》，邓经元、骈宇骞点校，中华书局1985年版，第1582页。

天子乃思卜式之言，召拜式为中郎，爵左庶长，赐田十顷，布告天下，使明知之。①

赐爵时兼及赐田则很少见，且"赐田十顷"与《二年律令·户律》"左庶长七十四顷"（三一一）相较，数量较为悬殊。由上推之，文帝以降或不再推行名田宅。

《二年律令》中傅、免老均与爵制有关。先说傅籍。秦汉兵役与徭役的役龄段一致，"傅"成为国家起征徭役、兵役的双重依据。②《二年律令·傅律》对有爵、无爵者、司寇、隐官后子傅籍及子不为后者傅籍的年龄，均有具体规定。傅龄直接取决于爵级高低。而至景帝时，始傅年龄出现调整：

二年春，封故相国萧何孙系为武陵侯。男子二十而得傅。③

此记两事。我们所关注的，乃是后者。《汉书》卷五《景帝纪》时间作"二年冬十二月"。④据《傅律》，"卿以上子及小爵大夫以上" 24 岁傅，"大夫以上至五大夫子及小爵不更以下至上造" 22 岁傅，"不更以下子" 20 岁傅。而"公士、公卒及士五（伍）、司寇、隐官子，皆为士五（伍）"，可能亦 20 岁而傅。⑤景帝这一统一傅龄的诏令，实际使原本附丽于爵制的要素从中脱离。《盐铁论》卷四《未通》御史曰：

今陛下哀怜百姓，宽力役之政，二十三始赋，五十六而免，所以辅耆壮而息老艾也。⑥

---

① 《史记》卷三〇《平准书》，第 1431 页。

② 张荣强：《汉唐籍帐制度研究》，商务印书馆 2010 年版，第 37—42 页。

③ 《史记》卷一一《孝景本纪》，第 439 页；《汉书》卷五《景帝纪》时间作"二年冬十二月"，第 141 页。

④ 《汉书》卷五《景帝纪》，第 141 页。

⑤ 张荣强：《汉唐籍帐制度研究》，第 46 页。

⑥ 王利器校注：《盐铁论校注》卷三，中华书局 1992 年版，第 192 页。

昭帝始元年间宽力役之征，始有《汉旧仪》径以为西汉通制的 23 岁始傅。汉初卿爵后子为公乘，"卿以上子"，即公乘 24 岁始傅，昭帝调整后的傅籍年龄则较此为低。①

一般来说，傅籍不受爵位影响而统一规定，当是民爵泛授，爵位轻滥的自然发展。景帝"二十始傅"新规选取的是依爵傅籍的最低年龄标准，值得注意。但倘若当时授爵已至轻滥，统一标准当就高不就低才是。故当时编户民仍应以低爵、无爵者为主。②

至于役龄另一端的免老、睆老，虎溪山汉简记：

> 不更五十九人，其二人免老，一人睆老，十三人罢癃（癃）。（M1T：43—100）③

"睆老"即睆老。该墓下葬于文帝后元二年（前 162），免役、睆老尚据爵位。昭帝时，睆老年龄统一调整至 56 岁，免老 60 岁，此要素同样从爵制脱离。傅、免老、睆老规定变化的另一面，是较为独立的赋役制度建立。这与土地制度的变化虽缘由异趣，但对爵制分层的影响却是相同的。

随着国家授田寝废，新赋役制度建立，名田宅、傅、免老、睆老、受禀鬻米、受杖等要素逐渐从爵制脱离，爵制的实际功能下降。除侯爵因外爵属性而与卿爵分层得以保存外，卿、大夫、士爵间的分界日渐模糊。

四　东汉爵制分层的继续发展与五等爵复兴

列侯在东汉划分更为具体。除县、乡、亭侯外，依位次礼遇又有特

---

① 《傅律》为后者以"不更至上造子为公卒"（三六〇），而景帝的傅籍调整，则使公卒在爵制下延的位阶意义丧失。这一身份在之后的文献中也很少出现了。

② 细按汉初"赐民爵"记录，高祖后惠帝 2 次，高后 1 次，文帝 2 次，景帝则至 8 次。而二年诏颁布时，景帝只赐爵 1 次。故频繁赐爵，实在统一规定做出之后。

③ 湖南省文物考古研究所等：《沅陵虎溪山一号汉墓发掘简报》，《文物》2003 年第 1 期，第 50 页。

进、朝侯、侍祀侯、隈诸侯之别。① 一般认为，东汉列侯食邑的特权要更大些，绍封者的待遇也有提高。② 然从整体着眼，东汉列侯地位似较西汉降低。至于关内侯，《二年律令·户律》"自五大夫以下，比地为伍，以辨券为信，居处相察，出入相司"（三〇五）的状况，至昭帝时，已变为"故今自阙内侯以下，比地于伍，居家相察，出入相司"③。"阙"，四部丛刊景明嘉靖本作"关"。如所记不误，昭帝后仅有爵号者已被纳入民伍。哀帝时限占奴婢，要求"诸侯王奴婢二百人，列侯、公主百人，关内侯、吏民三十人"，④ 关内侯就与吏民同一标准。不过，关内侯除大臣因功受封外，两汉尤其东汉多来自外戚、功臣子弟绍封及列侯因罪削爵，地位仍相对较高。安、桓、灵帝鬻卖爵、官，关内侯就名列其首。

而卿爵状况有所不同。卿爵包括左庶长至大庶长九级爵位，占二十等爵几近一半，作为酬奖的高爵所在，原设计作用当十分重要。然自汉初以来，此爵层即呈现出某种"早衰"特征。《二年律令》中涉爵规定多言具体爵位，唯卿爵以"卿"的统称面目出现。《置后律》后子袭爵，"卿侯〈后〉子为公乘"（三六七）。卿爵作为整体而降两等继承，这与其它爵层明显不同。《傅律》"卿以上子"24岁傅，不为后而傅者，"卿子二人为不更，它子为上造"的规定同样反映这点。卿爵内各爵位的分等作用不明显。而《户律》依爵名田宅时，卿爵各爵少见地被逐一罗列。以名田为例（名宅数量值与此同）：

大庶长九十顷，驷车庶长八十八顷，大上造八十六顷，少上造

---

① 《后汉书》卷一六《邓禹传》李贤注引《汉官仪》"诸侯功德优盛，朝廷所敬者，位特进，在三公下；其次朝侯，在九卿下；其次侍祀侯；其次下土小国侯，以肺腑亲公主子孙，奉坟墓于京师，亦随时朝见，是为隈诸侯也"（第607页），虽似在"侍祀侯""隈诸侯"间出现"下土小国侯"。然《续汉书·百官志五》"列侯"条"中兴以来，唯以功德赐位特进者，次车骑将军；赐位朝侯，次五校尉；赐位侍祀侯，次大夫。其余以肺附及公主子孙奉坟墓于京都者，亦随时见会，位在博士、议郎下"（《后汉书》，第3630页），实未言及。细按上引，"下土小国侯"恐当从下读，即指"隈诸侯"。中华书局点校本句读可取，且正呈现这一认识。
② 柳春藩：《秦汉封国食邑赐爵制》，第167—186页。有关东汉列侯内部等级分层问题，还可看尤佳《东汉列侯爵位制度》，云南大学出版社2015年版。
③ 王利器校注：《盐铁论校注》，第584页。
④ 《汉书》卷二四上《食货志上》，第1143页。

八十四顷，右更八十二顷，中更八十顷，左更七十八顷，右庶长七十六顷，左庶长七十四顷。五大夫廿五顷，公乘廿顷，公大夫九顷，官大夫七顷，大夫五顷，不更四顷，簪褭三顷，上造二顷，公士一顷半顷，公卒、士五（伍）、庶人各一顷，司寇、隐官各五十亩。（三一〇至三一二）

卿爵内部由高到低依次递减 2 顷、2 宅。联系五大夫至公乘在 25 顷、25 宅基础上递减 5 个单位，公大夫至司寇、隐官，在 9 顷、9 宅基础上递减 2—0.5 个单位，卿爵在 90 顷、90 宅基础上仅依次递减 2 个单位，分等作用仍不突出，激励意味不明显。参以秦及汉初的赐爵情况，这或与它获得者有限，应用场合不多有关。由于卿爵实为官、民爵中的官爵主体，则官爵序列的衰落早于吏、民爵。[①]

当然，武帝以来多次"赐官爵"，爵位相关权益至少还有免役一项。前言惠帝时，六百石以上官吏"家唯给军赋，他无有所与"，附丽于职位的权益已能满足所需。但禄秩从属于职位，免役亦然；而爵位是跟人走的，故官员一旦离职、致仕，可凭爵位保障相应权益。相对赐吏、民爵只言级数多少，赐官爵则多提及具体爵位。这再次显示：官爵层内的位阶序列丧失走在了民爵的前面。东汉以降，列侯、关内侯以下的官爵，功能进一步式微。赐民爵同时，国家不再行赐官爵，卿爵逐步退出历史舞台。[②]

西汉"赐民爵"言及级数，且"赐吏爵"特意较"赐民爵"多赐 1 级，[③] 则民爵的位阶序列尚有功能。至于当时爵位的分布，《汉书》宣帝元康四年（前 62）"诏复家"材料可供参考。宣帝曾恢复文、景及武帝

① 《汉书》卷九七上《外戚传上》记后宫女官称号，提到元帝时相对于官员、爵制的视秩、比爵情形。西嶋定生已注意到"视秩的次序虽然完备，在比爵的场合则十四级的右更、第十七级的驷车庶长、第十八级的大庶长都是空缺""在汉代，几乎检索不出驷车庶长、大上造、少上造、右更等之爵称的实例"。《中国古代帝国的形成与结构——二十等爵制研究》第一章第三节，第 93 页。

② 官爵中五大夫作为分界爵位在东汉尚存，参见罗新《试论曹操的爵制改革》，《文史》2007 年第四辑。

③ 专门性"赐吏爵"目前见于宣帝、元帝时期，有 7 次。《汉书》卷八《宣帝纪》，第 254—255、257—259 页；《汉书》卷七《元帝纪》，第 287—288 页。

时失去"列侯"的功臣贵族的后代身份。① 这一群体在"复家"前的爵称情况如下：

表1 　　　　　　　　　西汉宣帝"诏复家"群体旧有爵位

公士	上造	簪袅	不更	大夫	官大夫	公大夫	公乘	五大夫	官首	秉铎	士伍	小计
31	13	12	9	20	2	3	29	1	1	1	2	124

资料来源：西嶋定生：《中国古代帝国的形成与结构——二十等爵制研究》，武尚清译，第277页。

上述共124例。其中，士伍2例，民爵从公士至公乘各级皆有，而以公士、大夫、公乘居多，官爵的五大夫尚有一例。另外，还出现了武功爵第5、6级的"官首""秉铎"。按"千夫如五大夫"，② 亦属低爵序列。联系里耶秦简、张家山汉简《奏谳书》出现的民爵状况，西汉后期的赐爵或许尚未至轻滥失控状态。

进入东汉，不再有针对性的赐吏爵。赐民爵一次给予数级，又特别强调"爵过公乘，得移与子若同产、同产子"。此时吏爵衰落，亦意味着民爵功能的式微。爵位的身份意义开始出现较大变化。而吏、民爵主要对应二十等爵的大夫、士级爵。换言之，吏民一体化同时，"大夫、士"爵向等齐化发展。③

由上而言，二十等爵分层在西汉至东汉的演进中，卿爵逐渐衰落，吏、民爵主要对应的大夫、士爵日益等齐化，只有列侯、关内侯仍在发挥作用。《续汉书·百官志五》记东汉爵制只言及列侯、关内侯，值得注意。因为列侯、关内侯是侯卿大夫士分层中的侯爵，在二十等爵中属外

---

① 王子今：《西汉长安居民的生存空间》，《人文杂志》2007年第2期；王子今：《论元康四年"诏复家"事兼及西汉中期长安及诸陵人口构成》，井上彻、杨振红编：《中日学者论中国古代城市社会》，三秦出版社2007年版，第68—94页。

② 《史记》卷三〇《平准书》，第1423页。

③ 秦汉爵位继承在傅籍之时，故有爵者即已傅者，这为国家征发徭役、兵役实际提供了参考。而走马楼吴简"吏民簿"所见只有公乘与士伍。其中，拥有公乘爵位者在各年龄分层中均有存在，特别是9岁以下（57例）、10—14岁（54例）、15—19岁（43例）年龄段内的大量存在［统计见永田拓治《长沙吴简にみえる公乘·士伍について》，《长沙吴简研究报告》（2008年特刊），2009年，第33页］，说明孙吴时期民爵在上述层面的意义也在丧失。

爵系统，具有贵族色彩。东汉民爵分等作用渐失下，属外爵的侯爵功能仅存。这使爵制所呈现的分层开始从官、民向贵族、平民的方向发展，承秦之制正为法周之统所盖过。而这又能为认识魏晋官僚贵族化提供某些参考。曹魏爵制改革，以侯爵为基础，建立新的六等爵，而晋初则在列侯上增设五等爵。"司马昭的五等爵本质上仍然是皇权体制下的赐爵，绝不是西周宗法体制下的封建"①，但爵制结构这一向外爵称发展的转向，却不宜忽视。秦汉爵制的构成与分层演进正揭示了这一历史轨迹。

说明：文章完成后，承阎步克先生提出宝贵意见，深致谢忱。本文原刊《中国人民大学学报》2016 年第 1 期，第 131—137 页。今收入论文集，恢复部分删节文字。

（中国人民大学国学院，出土文献与中国古代文明研究协同创新中心）

---

① 罗新：《试论曹操的爵制改革》，第 61 页。

《汉书·景帝纪》"訾算十"
"訾算四"新诠

——关于西汉前期一条经济史料的辩证

石 洋

一 旧说概观

《汉书·景帝纪》记载，汉景帝后元二年（前142）五月颁诏曰：

> 今訾算十以上乃得宦，廉士算不必众。有市籍不得宦，无訾又不得宦，朕甚愍之。訾算四得宦，亡令廉士久失职，贪夫长利。①

命令将"得宦"的财产标准由"算十"下调到"算四"。关于此处的"訾算十""訾算四"，东汉后期服虔认为：

> 訾万钱，算百二十七也。②

---

① 《汉书》卷五，中华书局1957年版，第152页。下划线为笔者所加，下同。另，下文服虔、应劭的解释皆出同页"今訾算十以上乃得宦"条颜师古注。
② "算百二十七也"，马非百先生认为"七"是"钱"字之误，见《秦汉经济史资料（七）租税制度》，《食货半月刊》1936年第3卷第9期，第16页；日本平中苓次先生认为"七"是"也"字之讹，后又衍"也"字，见《居延汉简と汉代の财产税》，原载《立命馆大学人文科学研究所纪要》第1号，此据氏著《中国古代の田制と税法——秦汉经济史研究》，京都东洋史研究会1967年版，第221页。总之，两氏皆以"算百二十"为正，该意见获得多数学者认同，不备引。

汉末应劭则说：

> 古者疾吏之贪，衣食足知荣辱，限赀十算乃得为吏。<u>十算，十万也</u>。贾人有财不得为吏，廉士无赀又不得宦，故减赀四算得宦矣。

两家最主要异同在于：服虔以"算"为赀税（财产税）的征收单位；而应劭注则稍显模棱，存在两种理解可能——（A）应氏亦将"算"视为赀税单位，所谓"十算，十万也"乃是强调"十算"赀税所对应的财产数。[1]（B）应氏径将"算"视作"赀"（财产）的计算单位，不涉及赀税问题。[2]

虽则应劭注的理解有歧，长期以来学界多认同服虔注，将《景帝纪》"赀算"视作西汉前期存在税率为万分之百二十之财产税的主要证据。平中苓次还分析道：诏书倘欲表示资产总额，"赀算若干"不及换用"赀（或产）若干金"更恰当，故"算"为财产计算单位之说难以成立。[3]

与上述意见相反，也有学者对服虔说提出异议，特别是自 20 世纪 70 年代末以降，论述渐趋丰满而成为颇具影响力的观点。[4] 诸家举证有重复，本文以最晚出的王彦辉先生文为基础，[5] 归纳并补充如下：

---

① 此项理解承陈伟教授提示，谨谢。如黄今言先生说"服虔、应劭二说，皆以有赀一万，征税一算"，见《汉代的赀算》，原载《中国社会经济史研究》1984 年第 1 期，此据氏《秦汉经济史论考》，中国社会科学出版社 2000 年版，第 279 页。又，高敏、马大英两先生也认为二者皆围绕财产税而言，分别见高敏《秦汉赋税制度考释》，收入氏《秦汉史论集》，中州书画社 1982 年版，第 96—97 页；马大英《汉代财政史》，中国财政经济出版社 1983 年版，第 75—76 页。

② 持该主张者可以平中苓次为代表，见《居延汉简と汉代の财产税》，第 219—221 页；另需指出，不少学者虽未直接讨论应劭的本意，但行文中专引服注，或也意识到应劭注存在歧解。如［日］吉田虎雄《两汉租税の研究》，东京大安出版 1966 年版，第 48—49 页；马怡《汉代的诸赋与军费》，《中国史研究》2001 年第 3 期。

③ ［日］平中苓次：《居延汉简と汉代の财产税》，第 219—220 页。

④ ［日］山田胜芳：《汉代の算と役》，《东北大学教养部纪要》第 28 号，1978 年 2 月；又，氏《秦汉财政收入の研究》第三章《算赋及び算缗・告缗》，汲古书院 1993 年版；好并隆司：《四川郫县犀浦出土の东汉残碑をめぐって——汉代财产税の检讨》，《史学研究》第 142 号，1978 年 12 月；［日］重近启树：《秦汉税役体系の研究》第三章《算赋制の起源と展开》，汲古书院 1999 年版。田泽滨：《汉代的"更赋"、"赀算"与"户赋"》，《东北师大学报》（哲学社会科学版）1984 年第 6 期；王彦辉：《论汉代的"赀算"与"以赀征赋"》，《中国史研究》2012 年第 1 期。

⑤ 参见王彦辉《论汉代的"赀算"与"以赀征赋"》，第 58—63 页。补充之说另注明。

（1）传世及出土文献所示秦及汉初诸税种中不存在财产税。

（2）已知秦及汉初的法律文献和国家优免政策中未见财产税之名。

（3）江陵凤凰山 10 号汉墓简牍、居延汉简显示，"算"不仅是赋税的计征单位，还被用作吏员考核的计量单位，依此推知，"訾算若干"之"算"应为名词而非动词。凤凰山简显示市阳里二至六月所征税赋合每"算"227 钱，[①] 也与服虔说"百二十"钱不符。

（4）以财产税多寡表示财产数量很不自然。[②]

结论认为，应劭注 B 理解妥当，即景帝后元二年诏中"算"与财产税无关，一算等同一万钱。

二　关于"算"的辩证

王彦辉等先生的批判大抵就服虔注展开，而对"一算 = 一万钱"之理解的可信性则缺乏系统辨析，本文拟从该点入手讨论。

在汉代史料中，"算"可以表示高下不同的税额，但尚未见直接等于若干财产之例，而且所示税额皆未逾 500 钱，若以"一算"为一万钱就不能不感到突兀。另外，比照《汉仪注》"訾五百万得为常侍郎"的表述方式，[③] 倘景帝诏书果真以"算十""算四"指代十万、四万钱，则不如径写钱额更为简明，也难以理解用"算"字代替一万钱的意义。总之，"十算 = 十万钱"一说颇觉牵强。

新近公布的岳麓秦简《为狱等状四种》案例七《识劫婉案》为解读"訾算若干"提供了重要信息：

---

① "二至六月"，王彦辉文原作"一至六月"，第 59 页，误，今依裘锡圭《湖北江陵凤凰山十号汉墓出土简牍考释》径改，原载《文物》1974 年第 7 期，此据氏《古文字论集》，中华书局 1993 年版，第 542 页。

② ［日］重近启树：《秦汉税役体系の研究》，第 109 页。

③ 《史记》卷一〇二《张释之列传》"以訾为骑郎"条《集解》引如淳曰，中华书局 1982 年版，第 2751 页。案，"常侍郎"始设于汉武帝中叶，见严耕望《秦汉郎吏制度考》，原载《"中央"研究院历史语言研究所集刊》第 23 本上册，1951 年 12 月，此据氏《严耕望史学论文选集》，中华书局 2006 年版，第 287 页。故"訾五百万得为常侍郎"制度之出现不得在此前，但确切时间不详。

十八年八月丙戌，大女子婐自告曰：七月为子小走马羛（义）占家訾。羛（义）当□大夫建、公卒昌、士五（伍）觳、喜、遗钱六万八千三百，有券，婐匿不占吏为訾。婐有市布肆一、舍客室一。公士识劫婐曰：① 以肆、室鼠（予）识。不鼠（予）识，识且告婐匿訾。婐恐，即以肆、室鼠（予）识；为建等折弃券，弗责。先自告，告识劫婐。……● 建、昌、觳、喜、遗曰：故为沛舍人。【沛】织（贷）建等钱，以市贩，共分赢。市折，建负七百，昌三万三千，觳六千六百，喜二万二千，遗六千。券责建等，建等未赏（偿）。……● 问：匿訾税及室、肆，臧（赃）直（值）各过六百六十钱。……● 鞠之：……婐匿訾，税直（值）过六百六十钱。(108—132)②

案例言秦王政十八年（前 229）七月，大女子婐在申报家訾时隐瞒了大夫建等欠下的 68300 钱借款，这部分财产应缴"訾税"超过 660 钱，故为旧日的家隶识所要挟。说明战国末期秦国已存在按财产多寡征收的赋税。③ 由此推考，秦帝国及主要制度继承于秦的汉王朝前期也应有类似"訾税"。

视线返回《景帝纪》"訾算若干"。学者业已指出，汉初《二年律令》中"算"能表示"计征徭、赋的方式和单位"，④ 文帝末、景帝初的

---

① 识曾为婐之夫沛的家隶，与同居，后沛为识娶妻，又为买室、分予财产，令其从沛家分出。不久，识从军，其间沛去世。识归来后即以婐匿藏訾产向其要挟财物。

② 编号及释文据朱汉民、陈松长主编《岳麓书院藏秦简（叁）》，上海辞书出版社 2013 年版。岳麓秦简非由正规考古发掘所得，其真伪颇受质疑，但从简背划线、所见制度可与入藏后公布的考古发掘秦简相参证来看，伪造可能性很低，见游逸飞《战国至汉初的郡制变革》（电子版），台湾大学文学院历史学系 2014 年博士学位论文，第 6 页。

③ 需要指出，案例中"訾税"究竟指针对所有资产的征税，抑或专门就钱款等某种财物抽税尚不明朗。《管子·八观》说："六畜有征，闭货之门"，见黎翔凤撰，梁运华整理《管子校注》卷五，中华书局 2004 年版，第 259 页，也许是针对"六畜有征"的主张或现象所做的批评。但如所周知，东汉人追述汉武帝衰克民财时常说他"筭至舟车，货及六畜"，见《后汉书》卷八八《西域传》载安帝延光二年（123）尚书陈忠上疏，中华书局 1965 年版，第 2912 页，《汉书》卷九六下《西域传下》赞语，第 3929 页略同；另，成帝时翟方进秉政，曾一度"算马牛羊"，后被"议者"及皇帝看作非正常税敛，见《汉书》卷八四《翟方进传》，第 3422—3423 页。从这些材料观察，汉武帝以前似乎又未对六畜等资产恒常性征税。

④ 详见杨振红《从出土"算"、"事"简看两汉三国吴时期的赋役结构——"算赋"非单一税目辨》，《中华文史论丛》2011 年第 1 期。

凤凰山记算钱木牍中"算"还专作征税单位;① 其外，史籍中将"算"用为动词者也不鲜其例;② 至于"以财产税多寡表示财产量不自然"的主张，虽未见直接反证，但汉人常以"算"代表能负担税役的人口,③ 准此模拟，官方用所缴财产税数额指代资产量也不甚捍格。综合考虑，把"訾算若干"的"算"解作财产税征收单位，"算"后面数字视为该单位的计量额度更合理。

尽管如此，目前尚无法信从服虔注中的财产税率（即万分之百二十或百二十七）即景帝末年情形。虽然岳麓秦简《识劫婠案》说 68300 钱应纳訾税超过 660 钱，税率在万分之九十六以上，接近服虔注，可惜案例未明示确数，况复秦汉间币制数度改易，税率能否维持恒定很难判断，用以左证服注恐有危险。另外学者已指出，至凤凰山汉简时代尚无一算代表 120 钱税额的定制,④ 也加深了我们对景帝时"訾万钱，算百二十（七）"的疑虑。既有研究中存在两种推测，一是山田胜芳先生，认为服虔注可能受到他所生活时代的影响，渊源于 120 钱之人头税额;⑤ 二是贾丽英先生，认为服注税率是东汉末年的情况。⑥ 困于目下无史料可资求

---

① 裘锡圭先生认为，这批简的年代大多属于景帝初年，至早当不过文帝晚年，见《湖北江陵凤凰山十号汉墓出土简牍考释》，第 549—550 页；木牍释文见同文 542—543 页。

② 除注 13 所举"筹至舟车""算马牛羊"外，尚有"初算缗钱"，见《汉书》卷六《武帝纪》，第 178 页，"八月筭人"，见《后汉书》卷一〇上《皇后纪上》，第 400 页等。

③ 如《九章算术》卷三《衰分》："今有北乡算八千七百五十八，西乡算七千二百三十六，南乡算八千三百五十六，凡三乡发徭三百七十八人。欲以算数多少衰出之，问：各几何？"据郭书春译注《九章算术译注》，上海古籍出版社 2009 年版，第 100 页。

④ 裘锡圭：《湖北江陵凤凰山十号汉墓出土简牍考释》，第 556 页。

⑤ ［日］山田胜芳：《秦汉财政收入的研究》，第 210—211 页。

⑥ 贾丽英：《吴简中的"訾"与"户品出钱"——兼论秦汉至三国吴的赀产税》，《第十四届秦汉史年会论文汇编》（电子版），2014 年 8 月，第 604—609 页。关于贾文，有两点需要辨明：（一）贾先生根据服虔注，认为自汉初开始编民财产即以万钱为单位计数征税。今案，除服虔、应劭注外，未见其他证据显示汉景帝时有此制度，类比而言，如武帝时算缗钱"二千而一算""四千一算"（见《史记》卷三〇《平准书》，第 1430 页），皆非以万钱计。故"以万钱为单位计数"之制是否适用于西汉前期似应存疑。（二）贾先生主张东牌楼东汉简、走马楼吴简中的"訾五十"即"訾算五十"，又以服虔注为东汉末年税率，遂推算"訾五十"的家产为 50 万钱。今案，如贾文所言，"訾五十"的家庭占走马楼吴简壹至肆所见庶民总数的 89.1%（记有"訾五十"简共 544 枚），之上还有"訾一百"（35 枚）、"訾二百"（17 枚）、"訾三百"（1 枚）、"訾一千"（3 枚）、"訾一千一百"（1 枚）、"訾一千二百"（1 枚）、"訾五千"（2 枚）诸等级，若类推其家产，最高可达 5000 万钱。该结论很难与既知的编民经济水平相协调，恐难成立。笔者认为，服虔所谓"訾万钱，算百二十（七）"即便反映了东汉末年的财产税率，也不宜直接同简牍中"訾五十"等记录加以关联。

证，暂不申论。

三 从"訾税若干钱"到"訾算若干"

不难发现，秦简和《汉书·景帝纪》对财产税的表述有差异——前者径言"訾税若干钱"，而后者则用"訾算若干"，关键区别于是否以"算"为单位。①

"算"在汉代传世文献中频见，出土史料里例证亦多，仅汉初即有《二年律令·具律》"毋筭（算）事其身"（124）、②《徭律》"勿筭（算）繇（徭）赋"（278），虎溪山1号墓"黄簿"之"复算"（M1T：43—98），③荆州高台文帝前元七年（前173）木牍之"不算不愿（繇）"（M18：35—丙），④以及凤凰山记算钱木牍、B类竹简等。⑤ 这些"算"皆与赋役制度有关，其中多数偏指赋税。相形之下，已公开的秦简可称丰富，却很难见到同类的"算"。

缘此，有必要重新审视《汉书·高帝纪上》的一条记载：

（汉四年，前203）八月，*初为算赋*。⑥

时值楚汉战争末季，刘氏行将御宇。因《汉书·晁错传》《后汉书·南蛮

---

① 贾丽英先生也注意到了该异同，认为财产税"至汉以后以'算'为征收单位"，但未作解释，见贾丽英《吴简中的"訾"与"户品出钱"——兼论秦汉至三国吴的赀产税》，第604、609页。

② 释文及编号据彭浩、陈伟、工藤元男主编《二年律令与奏谳书：张家山二四七号汉墓出土法律文献释读》，上海古籍出版社2007年版。

③ 墓主吴阳为长沙王吴臣之子，第一代沅陵侯，吕后元年（前187）受封，文帝后元二年（前162）卒，见湖南省文物考古研究所、怀化市文物处、沅陵县博物馆《沅陵虎溪山一号汉墓发掘简报》，《文物》2003年第1期，第50、55页。

④ 湖北省荆州博物馆编著：《荆州高台秦汉墓：宜黄公路荆州段田野考古报告之一》，科学出版社2000年版，第223—224页。"愿"，原释文作"颜"，据胡平生《新出汉简户口簿籍研究》改，《出土文献研究》第10辑，中华书局2011年版，278页。

⑤ 凤凰山B类竹简释文见裘锡圭《湖北江陵凤凰山十号汉墓出土简牍考释》，第545—546页。

⑥ 《汉书》卷一上《高帝纪上》，第46页。

列传》都提及秦时存在以算为征收单位的人头税，① 故学界常将《高帝纪上》该条理解作灭秦后汉廷重征人头税之始。② 可是，《汉书》对继承自秦的汉家制度往往不特书初行时间，③ 且《汉书》记制度时使用的"初"多含"初创""初设"之意，④ 若视该条为汉廷重征人头税的开端于例有乖。杨振红先生认为，汉代的"算赋"并非人头税等具体税目之名，而是指以"算"为单位征税，⑤ 将此主张结合秦、汉两代出土文献中"算"字出现频率的差异观察，则"初为算赋"或意味着首次以"算"为单位征行税役。那么，典籍中关于秦时期"算"的记录就是汉人依汉制所做的模拟，从"訾税若干钱"到"訾算若干"之演变也很可能是以"初为算赋"为契机发生的了。

二〇一四年元月初稿

二〇一四年十二月改订

二〇一五年元月再订

　　附记：拙文初稿曾呈请陈伟教授拨冗审阅并教示修订意见，又蒙匿名审稿专家指出不足，谨致上诚挚的谢意。

（中国政法大学法律古籍整理研究所）

---

① 文帝时晁错说："（秦卒）死事之后不得一算之复"，见《汉书》卷四九《晁错传》，第 2284 页；传说秦昭王也曾复夷人"十妻不算"，见《后汉书》卷八六《南蛮列传·板楯蛮夷》，第 2842 页。

② 如日本加藤繁《算赋に就いての小研究》，原载《史林》第 4 卷第 4 期，1919 年 10 月，此据氏《支那经济史考证》上册，东洋文库 1952 年版，第 164 页。

③ 今举一例，据《史记》卷六《秦始皇本纪》"（秦王政十六年九月，前 231）初令男子书年"，见第 232 页，我们知道汉代籍册也多书年龄，如汉初《二年律令·户律》规定："诸（？）民皆自占年。小未能自占，而毋（无）父母、同产为占者，吏以□比定其年。自占、占子、同产年，不以实三岁以上，皆耐"（325—326），《户律》中还有可能是编户民年龄记录的"年细籍"（331）；又，《史记》卷一三〇《太史公自序》"卒三岁而迁为太史令"条《索隐》引《博物志》："太史令茂陵显武里大夫司马迁，年二十八，三年六月乙卯除，六百石"，第 3296 页，也记年龄，但《史记》《汉书》中却不见汉王朝"初令书年"的记录。

④ 杨振红：《汉代算车、船、缗钱制度新考——以〈史记·平准书〉为中心》，《文史》2007 年第四辑。

⑤ 杨振红：《从出土"算"、"事"简看两汉三国吴时期的赋役结构——"算赋"非单一税目辨》，第 46—52 页。

匈奴与拓跋鲜卑毁镜习俗之比较研究

马利清

拓跋鲜卑与匈奴在族源、人种、物质文化特征以及某些习俗上的密切联系一向为学界所关注，本文所探讨的毁镜现象未见于文献记载，但在匈奴和拓跋鲜卑墓葬出土材料中十分引人注目，为探索这两个民族的文化联系又提供了一个重要的新线索。毁镜所蕴含的文化意义、毁镜的目的、毁镜对象的选择、毁镜现象与民族、地域以及宗教或巫术或许还有性别的相关性、毁镜的起源等诸多问题，都亟待解读阐释并展开进一步深入的研究。

一 毁器与毁镜

匈奴和鲜卑是秦汉时期先后在北方草原崛起的两个古老的游牧民族。在匈奴早期历史上，一度受到东边的东胡和西边的月氏的两相辖制，"东胡强而月氏盛"，东胡王曾不断向冒顿单于勒索宝马、财物、妇女甚至土地，后来冒顿单于一举"大破东胡王，而虏其民人及畜产"，使东胡分裂为鲜卑和乌桓两部，他们一度依附和隶属于匈奴政权，沦为匈奴的附庸，向匈奴交纳牛、马、羊皮张和"皮布税"以获得保护，若过时不交则使其妻子没为奴婢。东汉以后，随着匈奴的衰落，南北匈奴分裂，北匈奴西迁、南匈奴南下，鲜卑之北部大种——拓跋鲜卑趁机崛起，尽占匈奴故地，并收编匈奴残部十余万落，遂成为草原上的新霸主。匈奴与鲜卑在争霸草原的博弈与妥协中紧紧联系在一起。由于二者的生存环境和生计方式相似，彼此的交往频繁密切，所以在文化特征上相互影响渗透并存在诸多相似性，从现已考古发现的陶器造型、装饰手法，铜铁马具、鸣镝、青铜饰牌、带扣、铜铃、环、鍑和骨镞、弓弭以及耳饰、串珠等诸多遗物中都可找到相似甚至相同之处。特别是鲜卑拓跋部的人种和遗传基因方面都与匈奴有着难以分割的联系。比如马长寿主张拓跋鲜卑是匈奴和鲜卑融合的结果。① 有学者通过对匈奴与拓跋鲜卑遗存的人骨进行比较研究，认为二者有亲缘关系，很可能是"鲜卑父胡母"②。更有人认为拓跋鲜卑为匈奴自号"鲜卑者"，其源于匈奴，后改号鲜卑③。杨宪益先生认为"鲜卑"即匈奴贵种"须卜"氏，鲜卑姓"呼延"者即匈奴大姓"呼衍"④。在历史上的北方各民族中，只有鲜卑首领与匈奴一样称为"单于"。近年来，越来越多的拓跋鲜卑墓葬被发掘并进行了科学的人骨鉴定，如内蒙古乌兰察布盟三道湾墓地⑤、赤峰市巴林左旗南杨家营子墓地⑥、察右中旗七郎山墓地⑦、商都县东大井⑧等拓跋鲜卑遗址，包括辽宁朝阳双塔区和十二台乡慕容鲜卑墓葬⑨的人骨鉴定，都表明鲜卑人种属北亚蒙古人种或蒙古人种古西伯利亚类型，这与匈奴主体民族在人种上是一致的。故有蒙古国学者提出东胡族系与匈奴同宗的观点，认为东胡与匈奴的区分仅因其地理分布上在"胡（匈奴）"之东，故称为"东胡"，如此则不难解释他们在物质文化和宗教信仰、风俗习惯等各方面的共性。正因为此，在考古学上识别匈奴、鲜卑和乌桓的文化至今仍存在很大困难，常常发生判断错误，甚至难以判别其族属。如东胜市补洞沟、

① 马长寿：《乌桓与鲜卑》，广西师范大学出版社 2006 年版，第 3、26、230—231 页。

② 于长春、谢力、张小、周慧、朱泓：《拓跋鲜卑和匈奴之间亲缘关系的遗传学分析》，《遗传》2007 年第 10 期。

③ 孙进己：《鲜卑源流考》，《黑龙江文物丛刊》1982 年第 3 期。

④ 杨宪益：《须卜即鲜卑说》，《中国杂志》，1947 年创刊号。

⑤ 乌兰察布博物馆：《察右后期三道湾墓地》，《内蒙古文物考古文集》第一辑，中国大百科全书出版社 1994 年版。

⑥ 中国科学院考古研究所内蒙古工作队：《内蒙古巴林左旗南杨家营子的遗址和墓葬》，《考古》1964 年第 1 期；宿白：《东北、内蒙古地区的鲜卑遗迹》，《文物》1977 年第 5 期。

⑦ 王新宇、魏坚：《察右中旗七郎山墓地》，参见魏坚主编《内蒙古地区鲜卑墓葬的发现与研究》，科学出版社 2004 年版。

⑧ 魏坚、李兴盛：《商都县东大井墓地》，参见魏坚主编《内蒙古地区鲜卑墓葬的发现与研究》，科学出版社 2004 年版。

⑨ 田立坤：《鲜卑文化源流的考古学考察》，《青果集——吉林大学考古专业成立二十周年考古论文集》，知识出版社 1993 年版。

准格尔旗大饭铺等匈奴遗址一度都被当作鲜卑墓地，而察右后旗赵家房村鲜卑墓地、西沟畔墓地 M9 等最初都被误认为是匈奴墓地，完工、南杨家营子等墓地的族属仍有争议，辽宁西丰西岔沟遗址则至今难以断定其到底属于匈奴还是鲜卑抑或属于乌桓。

　　本文所谈"毁镜"习俗也是匈奴和拓跋鲜卑共有的一种特殊的丧葬习俗。有趣的是，这种现象在拓跋鲜卑的早期和晚期建立北魏政权后都几乎不见，亦未见于鲜卑的其他部族，只在公元 2 世纪下半叶到 3 世纪上半叶这一特定的时段盛行于拓跋鲜卑中，而这一时期恰恰是拓跋鲜卑占据匈奴故地以后。随着南匈奴的附汉，这一习俗在匈奴人中消失，同样在拓跋鲜卑入主中原后，随着汉化日深，这一习俗在鲜卑人中也不见。通过毁镜习俗的研究，不仅可以一窥拓跋鲜卑的某些文化渊源、其与匈奴、汉之间的文化交流与影响，抑或对于探索拓跋鲜卑与东部鲜卑的区分以及是否同源的问题也有一定的启发。

　　事实上，在中国古人丧葬活动的下葬过程中毁坏器物的现象非常普遍，中原地区至今尚有此遗风，其起源甚至可以追溯到新石器时代。这种习俗在古代北方民族中也并不鲜见，毁器的对象常常见有陶罐、陶瓶、青铜兵器等多种，而匈奴墓葬最突出的则是随葬故意砸毁的铜镜残片，鲜卑墓葬中常见的陶器口沿有碴口陈旧的缺损现象，偶见金属牌饰[①]。辽金元时期，北方契丹、女真和蒙古民族在祭祀和丧葬中盛行的"烧饭抛盏"也是一种毁器行为，酒食、服御、玩好包括"衣、弓矢、鞍勒、图画、马驼、仪卫"等物皆燔之，墓内外的随葬品常见有被毁坏和打碎的现象。俄罗斯科尔萨科沃女真墓地"墓中出土的武器大部分都已残毁。如 19 号墓出土的铁制长刀已经断成三截，三截叠在一起。这清楚地表明，乃是有意弄断的。破刃断尖的刀和矛，打掉底的陶器，以及墓葬常见的碎成两块或更多块的玉石垂饰，也可以说是出于有意弄坏"[②]。

　　毁器的对象十分多样，铜镜只是众多被毁对象之一，而毁镜现象未

---

　　① 王新宇、魏坚：《察右中旗七郎山墓地》，参见魏坚主编《内蒙古地区鲜卑墓葬的发现与研究》，科学出版社 2004 年版；孙危：《鲜卑毁器葬俗研究》，参见《边疆考古》第 8 辑，科学出版社 2009 年版，第 139—147 页。
　　② B. B. 叶夫休科夫等：《从考古资料看女真族文化》，参见王承礼主编《辽金契丹女真史译文集》，吉林文史出版社 1990 年版，第 203 页。

见于文献记载，仅在匈奴和拓跋鲜卑占据匈奴故地这一特定时段的墓葬材料中最引人注目，在同一时期的东部鲜卑墓葬中则看不到毁镜现象，甚至这一文化中随葬铜镜的现象亦属凤毛麟角，在其后的考古材料中也似乎鲜有记录，可见二者的相互影响渗透之深。

二　匈奴墓葬出土铜镜及研究

蒙古人民共和国和俄罗斯外贝加尔地区匈奴已发掘墓葬近千座，其时代主要为公元前 2 世纪—公元 1 世纪。蒙古人民共和国境内的诺音乌拉 M6 甬道内、M25 椁室东北角都分别出土 1 件铜镜残片[1]，乌兰巴托西南约 120 公里的莫林·托勒盖匈奴墓棺底出土 1 片四神规矩镜残片[2]；呼尼河畔的高勒毛都墓地 M1、M20、M25 各出土一件铜镜残片，后 2 件为规矩镜[3]；额金河流域 I 号墓地出土铜镜残片 6 片，为四乳四虺、连弧纹镜、规矩镜、日光连弧纹镜、连弧铭带纹镜，残破严重无法拼接[4]；塔米尔墓地出土的 3 件，其中一件为连弧纹镜残片，M100 出土 1 规矩镜和 M160 出土的 1 件制作轻薄简陋的乳四虺纹镜均为完整器[5]；台布希乌拉墓地[6]、昌德曼乌拉墓地[7]、和硕柴达木墓地[8]也发现随葬汉代铜镜残片。俄罗斯出土的铜镜资料主要有：伊利莫瓦谷地匈奴墓 M3、M38、M51 出

---

① ［俄］斯·伊·鲁金科：《匈奴文化与诺彦乌拉巨冢》，孙危译，中华书局 2012 年版。

② 韩国国立中央博物馆、蒙古国立历史博物馆和蒙古科学院历史研究所：《蒙古莫林·托勒盖古墓》，2001 年，转引自李学勤《蒙古新发掘匈奴墓所出汉镜》，中国文物信息网考古发现 2003. 11. 04. http：//www. ccrnews. com. cn/displaynews. asp？id = 3580。

③ 马健：《匈奴葬仪的考古学探索——兼论欧亚草原东部文化交流》，兰州大学出版社 2011 年版，第 57 页。

④ 谬瑞等：《考古出土的匈奴人下颌骨》，《古代》，2001 年，（第 74 册）第 285 号；马健：《匈奴葬仪的考古学探索——兼论欧亚草原东部文化交流》，兰州大学出版社 2011 年版，第 83 页。

⑤ 马健：《匈奴葬仪的考古学探索——检论欧亚草原东部文化交流》，兰州大学出版社 2011 年版，第 66 页。

⑥ ［俄］科诺瓦洛夫：《外贝加尔的匈奴》，乌兰乌德，1976 年；［俄］策温道尔吉：《匈奴考古的新资料》，《蒙古古代文化》，诺沃西比尔斯克，1985 年。

⑦ 策温道尔吉：《匈奴考古的新资料》，《蒙古古代文化》，比尔斯克，1985 年。

⑧ ［俄］诺古多娃：《古代历史问题与考古发现》，《世界社会科学》，1977 年。

土日光连弧纹镜、四乳四虺纹镜以及四乳四神纹镜、昭明镜等残片①；切列姆霍夫墓地 M2、M12、M15 出土多片不同的规矩镜残片，未发现完整器②；德列斯图依墓地出土规矩镜残片③；查拉姆墓地 M7 漆盒中置放 1 件铜镜残片，填土中出土四乳四虺纹铜镜残片④；伊沃尔加城址是目前所知分布最北的匈奴遗存，城内发现 8 片战国晚期——西汉中期的铜镜残片，包括 1 片典型的秦式弦纹镜残片以及西汉的连弧纹镜、草叶纹镜残片。该城址的主要遗存在西汉中晚期，发掘者达维多娃认为其年代最早可至公元前 3 世纪末。⑤ 两地匈奴墓出土铜镜总数有 40 余片⑥，仅见塔米尔墓地 2 件完整器，其中之一被认为属于匈奴人仿汉镜在当地制作的 1 件粗劣的四乳四虺纹镜，十分轻薄，反而没有故意打碎，也许具有某种特殊的意义，或许恰恰可以说明毁镜的对象是有选择性的。

中国境内发现的匈奴人墓葬也同样存在这种毁镜现象，如新疆哈密市东庙尔沟墓地出土的铜镜残片为铜锡铅合金制成，含锡量和中国内地战国后期的铜镜合金成分相似。石砌墓在哈密的出现似在西汉时期（公元前 2—1 世纪），与匈奴向西域的扩张密切相关⑦。伊盟东胜市补洞沟墓地出土的半面四神规矩镜⑧，准格尔旗大饭铺墓地附近采集到的 3 片铜镜

---

① ［俄］塔里克－格林采维奇：《伊利莫瓦谷地苏吉史前墓地》，《俄罗斯地理协会阿穆尔分部特罗依茨克—萨夫斯克分会著作集》1898 年第 1、2 期；［俄］索斯诺夫斯基：《伊利莫瓦谷地的发掘》，《苏联考古学》1946 年第 8 期；［俄］米尼亚耶夫：《德列斯图依墓地》，圣彼得堡，1998 年，第 74 页。

② ［俄］马莫洛娃、图古多夫：《切列姆霍夫山谷的匈奴墓地的发掘》，《考古学集刊》，乌兰乌德，1959 年；［俄］哈姆吉纳：《布里亚特考古遗迹》，诺沃西比尔斯克，1982 年；［俄］克诺瓦洛夫：《外贝加尔的匈奴》，乌兰乌德，1976 年；［俄］达维多娃：《伊沃尔加遗址群（城址和墓地）——外贝加尔匈奴遗存》，列宁格勒，1985 年。

③ ［俄］米尼亚耶夫：《德列斯图依墓地》，圣彼得堡，1998 年；［俄］斯·伊·鲁金科：《匈奴文化与诺彦乌拉巨冢》，孙危译，中华书局 2012 年版，第 78—84 页。

④ 马健：《匈奴葬仪的考古学探索——检论欧亚草原东部文化交流》，兰州大学出版社 2011 年版，第 161—164 页。

⑤ ［俄］达维多娃：《伊沃尔加城》，圣彼得堡，1995 年，第 59—62 页。

⑥ 马利清：《匈奴墓葬出土铜镜及毁镜习俗源流考》，《中央民族大学学报》2009 年第 6 期。

⑦ 刘国瑞等：《哈密文物志》，新疆人民出版社 1993 年版；梅建军、刘国瑞、常喜恩：《新疆东部地区出土早期铜器的初步分析和研究》，《西域研究》2002 年第 2 期。

⑧ 伊盟文物工作站：《伊克昭盟补洞沟匈奴墓地清理简报》，《内蒙古文物考古》，1981 年创刊号。

残片①，新疆和静县察吾乎沟口三号墓地出土的规矩纹铜镜残片，均属于东汉前期②；青海大通上孙家寨墓地乙区 M1 出土有 1 件完好的连弧纹铜镜和一片残镜，年代为公元 2 世纪，即东汉末期③。

笔者曾对匈奴以及同时期秦汉墓葬中的毁镜习俗著文进行了一些初步研究④，匈奴毁镜习俗中使用的铜镜很可能是经过选择的，应该都是来自中原地区的铜镜，其中最早的一片属于战国到秦代的典型秦式弦纹镜，其余基本上都是来自汉王朝的典型汉镜，种类有弦纹镜、联弧纹、四叶纹、星云纹、凤鸟纹、草叶纹、规矩镜、四乳四螭纹、四乳禽兽纹、日光镜、日有熹镜等，以两汉时期流行的铜镜为主。而伊沃尔加城出土的 1 片战国晚期至秦代中原流行的凸弦纹镜是迄今所知匈奴境内出土的最早的铜镜，被毁铜镜均来自中原地区。与同时期的中原铜镜相比，匈奴墓随葬铜镜者在墓葬总数中所占比例很小，千余座墓葬中出土铜镜残片者只有 40 余件，铜镜对于匈奴人应属十分珍贵的奢侈之物，但却不仅仅限于贵族墓，普通的平民墓也有出土，说明这种习俗具有广泛的社会性，无论贫富贵贱均对此有认同感。来自中原之物不外乎贵族获得的赏赐、进贡之物，或普通牧民所得的战利品或作为商品买卖的奢侈品。绝大多数情况下匈奴并不自铸铜镜，或许正因为铜镜的弥足珍贵，才故意打碎，每个死者仅可随葬一部分，大多数仅仅是小小的一角。有的铜镜残片出土时放在一丝绸套中，有的与其他梳妆用具一起放置于精美的梳妆匣具中⑤，有的墓中出土 2 片不同纹饰的铜镜残片，而在巴颜一乌德勒城址还

---

① 内蒙古文物考古研究所、伊克昭盟文物工作站：《内蒙古准格尔煤田黑岱沟矿区文物普查述要》，《考古》1990 年第 1 期。

② 中国社会科学院考古研究所新疆队、新疆巴音郭楞蒙古族自治州文管所：《新疆和静县察吾乎沟三号墓地发掘简报》，《考古》1990 年第 10 期；新疆文物考古研究所王明哲主编：《新疆察吾乎》，东方出版社 1999 年版，第 253—271、408 页。

③ 青海省文物管理处考古队：《青海大通上孙家寨的匈奴墓》，《文物》1979 年第 4 期；青海省文物考古研究所：《上孙家寨汉晋墓》，文物出版社 1993 年版。

④ 马利清：《匈奴墓葬出土铜镜及毁镜习俗源流考》，《中央民族大学学报》2009 年第 6 期；马利清：《出土秦镜与秦人毁镜习俗蠡测》，《郑州大学学报》2009 年第 6 期；马利清：《西安尤家庄出土铜镜初步研究》，《考古与文物》2010 年第 1 期。

⑤ ［俄］斯塔姆布里尼克：《图瓦匈奴——萨尔马泰时期的新遗迹》，《欧亚草原的古代文化》，列宁格勒，1983 年。

曾发现 1 件铜镜当中刺有一把金属利器①，显然是用来毁坏铜镜的用具。毫无疑问，这种毁镜是下葬前故意的人为毁坏，同时很可能还伴随着某种特殊的宗教或巫术仪式。有学者认为铜镜本身就是常常在宗教仪式上使用的法器，很可能既是护身符，保护墓主人的尸骨免受恶鬼的侵袭，又是通灵的媒介，使墓主人能和上天保持沟通。今天民族学资料中尚存有大量萨满教使用铜镜作为法器和萨满服饰的活的化石，照容的功能并不占主要地位，铜镜作为宗教用具的被选择，最原始和最外在直观的原因恐怕还在于镜的形状及其反光性能及其与人的密切关系和被珍视的程度。铜镜本身的特点——圆形和发光的性能都可以使人联想到太阳，因此"朝出营拜日，夕拜月"的匈奴人出于对太阳的原始崇拜而赋予铜镜特殊的象征意义而被带入阴间世界。有学者依据匈奴毁镜的对象都是来自中原的外来物品的认识，提出毁镜的意图可能与瓜分战利品有关，本土仿制的质地粗略的铜镜保存完整似可证实这一点，如塔米尔匈奴墓所出的 1 件质地十分粗劣的直径 7 厘米的小铜镜，出土时保存完整。

　　但是我们注意到在匈奴墓葬中对于中原以外的具柄镜却多见完整器，此类具柄镜流行于西亚、中亚和西伯利亚地区，通过阿尔泰地区的游牧人的传播在草原地区广泛流行，不仅匈奴人毁镜选择汉镜而不毁具柄镜，巴泽雷克文化（公元前 8—3 世纪）墓葬中也发现了相似的选择性毁镜现象，出土的战国中期楚式山字纹镜是残片，而出土的具柄镜（或称镜形饰）却多完整。而后者不能排除是获自中亚其他族群的战利品，故毁镜与瓜分战利品有关的说法尚不能自圆其说。还有学者根据毁镜对象都是来自秦汉王朝的铜镜，推测毁镜习俗是与作为奢侈品引进的铜镜一起由中原引进的礼俗，具体地说就是效法汉朝②。的确，铜镜在匈奴境内从一开始出现即与毁镜现象相伴随，毁镜的对象也都无一例外来自中原，似乎是引进中原铜镜的同时也引进了毁镜的做法。但是，一个重要的事实恰恰是匈奴毁镜最盛时期基本上是在统治漠北草原的帝国时期，随着匈

---

　　① ［俄］I. V. 菲利波娃：《铜镜在匈奴宗教仪式中的作用》，郑文译，《文博》2007 年第 2 期。

　　② ［俄］斯·伊·鲁金科：《匈奴文化与诺彦乌拉巨冢》，孙危译，中华书局 2012 年版。

奴的南北分裂，西迁的北匈奴到达新疆仍然沿袭这一习俗，而东汉以后中国境内的南匈奴墓中仅见补洞沟和上孙家寨两处墓葬出土的铜镜，西安北郊岗寨村 M13 东汉中晚期墓葬出土的铁镜①，更多的南匈奴墓葬中则不出镜子。而其中东汉晚期的上孙家寨南匈奴墓出土的 2 件铜镜中，一件为残片，另一件则完好无损，似乎匈奴中十分流行的毁镜习俗到南匈奴归汉以后随着与汉文化的融合而逐渐松动，到公元 2 世纪以后，毁镜习俗在南匈奴中衰落，直至完全被摒弃。这也从侧面证实汉人中并不流行这一习俗。之后这种习俗随着鲜卑人占据匈奴故地，在公元 2 世纪下半叶到 3 世纪的鲜卑墓葬中继续流行，可见鲜卑的毁镜习俗是源自匈奴人的习俗。公元 4 世纪以后，也随着鲜卑人的入主中原而消失。

三　拓跋鲜卑墓葬中的出土铜镜及其研究

可确证的拓跋鲜卑墓葬出土铜镜的材料主要有：额尔古纳尤其是拉布达林鲜卑墓葬出土 1 件昭明镜、1 件博局镜，均残，时代为一期（公元前 1 世纪末到公元 1 世纪末即西汉末至东汉初）②；满洲里扎赉诺尔出土铜镜 2 件，1 件为博局镜残，另一件钮柄素面镜完整，镜缘上的钮孔还留有一段皮带残片，原报告称为"护具"，应放置于墓主人的腰部③，这件特别的铜镜显然不同于其他汉式铜镜；察右后旗三道湾墓地出土铜镜的 11 件无一完整，包括博局镜 1 件、四乳四禽镜 3 件、长宜子孙镜 3 件、连弧纹镜 1 件、变形四叶纹镜 2 件、素面镜 1 件，均属于二期（公元 2 世纪初到 2 世纪下半叶即东汉早中期）④；同时期还有商都县东大井墓地出

---

① 陕西省考古研究所：《西安北郊一号工程Ⅲ区 13 号墓发掘简报》，《考古与文物》2002 年第 1 期。

② 内蒙古考古研究所：《额尔古纳右旗拉布达林鲜卑墓葬发掘简报》，参见《内蒙古文物考古文集》第一辑，中国大百科全书出版社 1994 年版，第 4 页。

③ 内蒙古文物工作队：《内蒙古扎赉诺尔古墓群发掘简报》，《考古》1961 年第 12 期；内蒙古文物考古研究所：《扎赉诺尔墓群 1986 年清理发掘报告》，《内蒙古文物考古文集》第一辑，中国大百科全书出版社 1994 年版，第 369—383 页。

④ 乌兰察布博物馆：《察右后期三道湾墓地》，《内蒙古文物考古文集》第一辑，中国大百科全书出版社 1994 年版。

土铜镜 4 件，四乳四禽镜 2 件、长宜子孙镜 2 件，其中 3 件残、1 件完好①；托克托县皮条沟墓葬出土 1 件完好的长宜子孙镜，属于三期（公元2 世纪末到 3 世纪末即东汉中晚期）②；察右后旗赵家房村墓葬出土铜镜 5件，为日光镜 1 件、四乳四禽镜和长宜子孙镜各 2 件，其中 3 件残，属于三期（东汉中晚期）③；卓资县石家沟墓群出土铜镜 5 件，四乳四禽镜 1件、长宜子孙镜 2 件、连弧纹镜 1 件、变形四叶纹镜 1 件，其中 3 件破损，均属于三期（东汉中晚期）④；在已发掘的 400 余座拓跋鲜卑墓葬中⑤出土铜镜约 30 件⑥，主要是两汉时期流行的连弧纹、星云纹、草叶纹、规矩纹和四神纹镜等。

拓跋鲜卑墓葬随葬铜镜者占同期清理发掘的墓葬比例并不高，铜镜在鲜卑日常生活中似乎亦不普及。但残损率却较高，共有 23 件，占出土铜镜总数的 76.7%；这些铜镜在时间上主要集中在公元 2 世纪下半叶到公元 3 世纪末，正是拓跋鲜卑占据匈奴故地的时期，也即"毁镜"现象的高峰，被认为是拓跋鲜卑和汉族两个民族积极融合的证据。三期以后完好的铜镜比例增大，毁镜现象有所减少，尤其是拓跋部迁都平城和洛阳以后，毁镜现象迅速衰落以至最终消失。在考古发现中，在北魏墓葬中几乎不随葬铜镜，大同南郊北魏墓群在已清理的 200 余座墓葬中仅出土2 件残铜镜。⑦

从其中一些墓葬随葬铜镜的位置和残损情况看，拓跋鲜卑部落一些墓葬中同样存在毁镜习俗，但较之匈奴人比例要小。墓葬中绝大多数铜镜置于墓主人的头部、腰部或肩部，明显是有意识如此安置的。皮条沟

---

① 魏坚、李兴盛：《商都县东大井墓地》，参见魏坚主编《内蒙古地区鲜卑墓葬的发现与研究》，科学出版社 2004 年版。

② 金学山：《内蒙古托克托县皮条沟发现三座鲜卑墓》，《考古》1991 年第 5 期。

③ 盖山林：《内蒙古察右后旗赵家房村发现匈奴墓群》，《考古》1977 年第 2 期。

④ 内蒙古博物馆：《卓资县石家沟墓群出土资料》，《内蒙古文物考古》1998 年第 2 期。

⑤ 孙危：《鲜卑考古学文化研究》，科学出版社 2007 年版。

⑥ 这一统计数据中不包含辽宁西岔沟墓地出土的 77 面铜镜（其中残片占大多数），该墓地的族属一直存在争议，有匈奴、鲜卑、乌桓等不同观点。参见孙守道《"匈奴西岔沟文化"古墓群的发掘》，《文物》1960 年第 8、9 期合刊；曾庸《辽宁西丰西岔沟古墓群为乌桓文化遗迹论》，《考古》1961 年第 6 期。

⑦ 山西大学历史文化学院、陕西省考古研究所等：《大同南郊北魏墓群》，科学出版社2006 年版。

墓地 M1 死者为单人仰身直肢葬，在人骨架肩部右上角放有 1 面"长宜子孙"连弧纹镜；商都县东大井墓地 M12 死者为单人仰身直肢葬，头部左侧肩部放置 1 面"长宜子孙"连弧纹镜；三道湾墓地 M113 的人骨仰身屈肢，头向右偏，紧挨头骨处放置 1 件四乳四禽镜。在不同地点的墓葬中铜镜的摆放如此惊人的相似，应不是一种偶然现象。三道湾墓地 M104 死者尸骨基本保存完好，唯不见头骨，而在头骨部位放置 1 面连弧纹镜，很显然有以铜镜代替和象征人头的含义。大多数铜镜残片的断面比较平直，不是因为自然原因破裂，亦可排除盗掘等原因，应属于人为的损毁，如拉布达林 M6 在头骨右上方置放一陶罐，陶罐下面横架有两根约 1 厘米的小木条，木条及土的表面撒有谷粒，铜镜残片则放在木条之下，很明显铜镜是在棺椁下葬时就已经被人为打破、精心放置。可以进一步佐证这一结论的是 1964 年在河北定县北魏太和五年修筑的佛塔基址出土了一个石函，根据石函上的铭文和遗址现存情况来看，石函应为当时建塔时埋置在塔基下面。石函内的文物共 5657 件，其中有五块铜镜残片，分属于五面不同纹饰的铜镜，其中三片为连弧纹镜片、一片为有铭文的镜片（字迹已经模糊）、一片为四叶纹钮座。[①] 由此可知，铜镜在放入石函之前就已经被人为打破了。从考古资料中可知，北魏时期墓葬中的毁镜现象已经基本不见，在塔基中的这一发现或可理解为这种习俗的残留和异化，证明拓跋鲜卑墓葬中的毁镜是一种有意识的行为。

四 毁镜现象的渊源及其文化解读

世界上最早的铜镜出土于西亚地区伊拉克的基什遗址（约公元前 2900—前 2700 年）、伊朗的苏撒遗址（公元前 2300—前 2200 年），均为具柄镜。埃及十一王朝（公元前 2000 年）的古棺浮雕上也出现有妇人持具柄镜妆饰的形象。[②] 阿尔泰地区斯基泰和萨尔马泰时期就已出现了铜镜残片，巴泽雷克文化（公元前 8—前 3 世纪）墓葬中还出土过战国中期楚式山字纹镜残片。俄罗斯学者 I. V. 菲利波娃所著《铜镜在匈奴宗教仪式

---

① 河北省文物工作队：《河北定县出土北魏石函》，《考古》1966 年第 5 期。

② 李泽奉、刘如仲：《铜镜鉴赏与收藏》，吉林科学技术出版社 1994 年版，第 6 页。

中的作用》一文中提到在阿尔泰聿斯泰德墓葬中发现有被修补或人为损坏的铜镜，即"在聿斯泰德、乌兰德瑞和萨尔马泰以及中亚的一些墓葬中都发现放置在束口的毡袋中的被人为打破的铜镜"①。在公元前 2 世纪—公元 5 世纪的图瓦扩科尔墓葬中，"也发现了许多铜镜碎片，有明显的磨损和穿孔的痕迹，大多放置在靠近尸体头部的位置，也有被放置在木盒中的"②。这些文化遗存有的早于匈奴，有的晚至与匈奴文化同时期，铜镜作为随葬品已比较普及，毁镜现象也早已出现，且广泛存在于中亚地区的游牧民族中。他们曾对匈奴文化产生过深远的影响，可能亦曾对匈奴的毁镜习俗产生过影响。问题是匈奴人所毁的铜镜似乎都是来自中原的铜镜，未见有来自阿尔泰等地的实物；在蒙古人民共和国匈奴墓葬和内蒙古地区早期匈奴文化遗存中所见的类似阿尔泰地区的具柄铜镜形饰，它们或被当作圆形饰牌或被当作马面饰具，大多完整，匈奴的毁镜对象似乎与之并无直接的关系。但以阿尔泰地区古代文化对匈奴文化的巨大影响而论，其毁镜习俗不可能不对匈奴产生影响。

　　中国所见最早的铜镜出现于新石器时代晚期距今 4000 年前后的齐家文化尕马台遗址，新疆哈密林雅墓地和小河墓地几乎在同一时期也发现了大量铜镜，为圆形板状具钮镜。目前的考古材料逐渐显示出中国境内铜镜的出现很可能是从西亚经西北地区游牧民族传播而来，西北地区是中国最早的青铜文明中心③，这些地区早期铜镜出土时往往作为墓主人的服饰品而缀饰于胸前。有的一墓中随葬大小铜镜 5 件、7 件、9 件，远远超过照容的需要，其中也不乏毁镜的现象。中原地区直到商周时期铜镜的数量还一直十分有限，远不及史前的甘青、新疆地区，到战国中晚期崇尚巫祝文化的楚国铜镜发展起来，而地处西方的秦人也逐渐发展出独具特色的弦纹镜系统。笔者曾经对战国末期到秦代秦人墓葬出土铜镜及

---

　　①　［俄］I. V. 菲利波娃:《铜镜在匈奴宗教仪式中的作用》，郑文译，《文博》2007 年第 2 期。

　　②　同上。

　　③　刘学堂、周金玲:《早期铜镜的原初功能和原形再论》，《中国文物报》2003 年 9 月 13 日;刘学堂、周金玲:《论中国早期铜镜源于西域说》，《新疆师范大学学报》1999 年第 3 期。

毁镜现象进行过详细的统计①发现，在全国范围内秦墓中出土铜镜约 201件，其中陕西地区出土 151 件，残损比例达 80% 以上，有些地区达到100%。排除劣质、盗墓和其他物理损毁的原因，人为破坏的比例相当大，且大多集中在传统的陕甘地区秦人当中，而秦人统治下的楚人等几乎不见毁镜现象。秦人的毁镜习俗是否因与西北游牧民族有过密切的接触而产生？如此则包括早期匈奴人在内的一些民族很可能曾经担任过传播铜镜及毁镜习俗的重要媒介，而随着中原地区秦人制镜技术的进步，铜镜和毁镜习俗又回传到匈奴和阿尔泰地区。事实上，匈奴墓葬中发现的最早的毁镜实物即伊沃尔加城址出土的一片秦式弦纹镜残片。在西沟畔匈奴墓葬中随葬有秦小篆记重铭文的金银饰牌和马具，秦人墓葬随葬专为匈奴制作饰牌的模具，都直接反映出双方交往的密切。而秦人对匈奴的影响之深，以致文献记载匈奴人甚至将其境内生活的包括战国时期的燕、赵、秦人和以后的汉人都一概称为"秦人"，《汉书·匈奴传》记载"卫律为单于谋：'穿井筑城，治楼以藏谷，与秦人守之'"，这段话所述之事发生在壶衍鞮单于立后二年（前 84），当时已是西汉昭帝始元三年，距离秦代已经一个多世纪，在此期间由于和亲、遣使、被掳略、俘获、逃亡以及其他各种原因到匈奴地区生活的汉人应该已为数不少。西汉中期以后，生活在匈奴地区的中原人应以汉朝人为主，匈奴单于既没必要也不太可能分得清楚秦人与汉人的差异，却固称其为秦人，可见这里所谓的"秦人"不可能是狭义的秦国和秦朝人，而更可能是一种泛称。考古发现揭示，受秦人影响深刻的匈奴人很可能在引进其铜镜的同时也接受了毁镜的习俗，并在中亚其他民族的共同影响下发展成为独特的丧葬文化。而汉代的少量毁镜现象很可能只是秦人毁镜习俗的遗留，如西北医疗设备厂 M2 为西汉早中期墓葬，未经盗扰，但铜镜出土时仅见残片；山东一些汉墓中发现打碎的两半铜镜上下叠压放置；与此可以印证的是烧沟汉墓 M38 属于夫妇合葬墓，随葬铜镜在两个棺中各半，合起来恰为一面完整的镜子。但随着汉代铜镜的普及以及人们对铜镜寄托的情

---

① 马利清：《秦镜初探》，《考古与文物》，2002 年（汉唐考古专号）；马利清：《秦镜的分布、特征与文化交流》，《内蒙古大学学报》2003 年第 1 期；马利清：《出土秦镜与秦人毁镜习俗蠡测》，《郑州大学学报》2009 年第 6 期。

感的世俗化，为"破镜重圆"而毁镜与早期原始的宗教动机或许已经完全不同，这种现象在汉墓和以后历代墓葬中都有零星的发现①，但数量屈指可数，与秦人墓中的毁器"碎镜"无法比拟，远远不能作为一种葬俗来看待。

秦人的毁镜习俗在匈奴、鲜卑人中得以保留和延续，二者的毁镜对象都是来自中原的铜镜，且主要为汉镜，但我们已经发现匈奴、鲜卑的毁镜现象不是随着他们与汉文化的接触紧密而加深，而相反是随着汉化日深而逐渐减少直到消失。鲁金科认为匈奴的毁镜习俗来源于汉，显然是无法成立的。拓跋鲜卑墓葬毁镜现象的时代特征也可说明这一习俗与模仿汉人无关，虽然所毁铜镜都是汉镜，但是毁镜习俗只流行于拓跋鲜卑占据匈奴故地的时期，早期鲜卑并没有随葬铜镜的情况，直到公元 2 世纪下半叶到 3 世纪上半叶占据匈奴故地以后，随葬铜镜并毁镜的现象才开始流行，可见匈奴十余万落的加入对鲜卑习俗的影响巨大。此后随着鲜卑的南迁，越靠近中原，毁镜的现象越少，到公元 4 世纪北魏建都盛乐以后这种毁镜习俗就鲜见了，到平城、洛阳时期几乎没有发现毁镜的情况，墓葬中几乎不再随葬铜镜，可见这一习俗不是来自汉人。匈奴和鲜卑都是在南下进入中原与汉文化交融日益密切的情况下，才放弃了毁镜的习俗。

拓跋鲜卑部族的毁镜习俗从无到有，与匈奴人的毁镜习俗有着直接的关系，但是从河北定县北魏塔基所出石函内的"毁镜"来看，其文化内涵也发生了变化，更多的可能是被赋予了佛教方面的意义。考古发现揭示，不同民族赋予铜镜的宗教意义以及毁镜所具体包含的观念意识并不一定完全相同，如上述的察右后旗三道湾 M104 是一座无头尸骨墓，在死者缺失的头颅部位代之以 1 面铜镜，此处铜镜的含义明显具有某种代替亡者头颅的象征意义。

值得注意的是拓跋鲜卑墓葬中毁镜现象似乎主要出现在女性墓葬中，在以上出土铜镜的拓跋鲜卑墓葬可进行了性别鉴定的 27 座墓葬中，据统计只有 2 座可确定为男性的独葬墓，从铜镜作为梳妆用具的功能与女性的联系这个角度不难理解，那么是否毁镜现象包括匈奴的毁镜也与女性

---

① 索德浩：《破镜考》，《四川文物》2005 年第 4 期。

相关？这又提示我们去思考毁镜或其他毁器现象，除了与民族、地域、信仰等因素外，抑或与性别也有某种关联。

对比匈奴和拓跋鲜卑墓葬中的毁镜现象，后者的产生和发展、衰落过程几乎是重演了前者由盛到衰的过程，二者最大的共同点是毁镜对象基本都是来自中原的汉镜（匈奴和鲜卑本土并不产镜），镜与毁镜现象显然都是外来的，但毁镜不包括取自西亚、中亚各地的具柄镜，不论匈奴还是拓跋鲜卑，对于中原以外的镜类有意识损毁的现象都不多见，所以这种选择性毁器应该别有含义。

（中国人民大学历史学院，出土文献与中国古代文明研究协同创新中心）

也说"伊循"

陈晓露

　　伊循是西汉时期经略西域的一个重要据点,在传世文献和出土简牍中均可见到不少记录。研究者充分肯定了伊循屯田对于汉朝经营西域的重要战略价值,并对其性质、职官、起始时间、行政隶属等问题进行了大量深入细致的研究,取得了丰硕的成果。[①] 然而,令人遗憾的是,伊循的具体位置所在,迄今仍是一个悬而未决的问题。本文不揣浅陋,拟结合文献和考古材料,提出自己的看法,求教于方家。

一

　　伊循屯田设置的缘起,是傅介子刺杀楼兰王后,汉宣帝应鄯善新王尉屠耆的请求,《汉书·西域传》原文为:"王自请天子曰:……国中有伊循城,其地肥美。"这里明确说到伊循城是在汉兵屯田之前就存在的。值得注意的是,文献中说到伊循时有两种提法,一是"伊循",二是"伊循城",一般认为两者同指一地,而后者似刻意突出伊循是一座"城"。如《汉书·冯奉世传》中"前将军增举奉世以卫侯使持节送大宛诸国客。至伊循城";悬泉汉简中"伊循城都尉大仓上书☐" (II90DXT0114④:

---

　　① 黄文弼:《罗布淖尔考古记》,国立北京大学出版部1948年版,第188页;孟凡人:《楼兰新史》,光明日报出版社1990年版,第84—85页;李炳泉:《西汉西域伊循屯田考论》,《西域研究》2003年第2期;贾丛江:《西汉伊循职官考疑》,《西域研究》2008年第4期;张德芳:《从悬泉汉简看楼兰(鄯善)同汉朝的关系》,《西域研究》2009年第4期。

349)、"七月乙丑，敦煌太守千秋、长史奉憙、守部候修仁行丞事下当用者，小府、伊循城都尉……"（V92DXT1312③：44）等。

《汉书·西域传》开篇说道："西域诸国大率土著，有城郭田畜，与匈奴、乌孙异俗，故皆役属匈奴。"这是对西域文明的总论性表述，主要基于对塔里木盆地特别是南道诸国的文化形态观察，成为后世研究者认识西域社会经济情况的基础。即，在汉文化进入之前，西域是由多个分散、定居的以城郭为中心的绿洲小国组成，兼营田畜。楼兰正是典型的这类土著城郭国家："楼兰、姑师，邑有城郭，临盐泽。"由此看来，汉军进入之前楼兰境内至少有两座城，一是楼兰城（国都），二是伊循城。

鄯善时期伊循屯田的最高长官是"都尉"，受敦煌太守节制。但伊循都尉并非与屯田同步设置。宣帝在接受尉屠耆的建议之后，先是"遣司马一人、吏士四十人，田伊循以填抚之"，隔了一段时间之后才"更置都尉"。孟凡人、李炳泉二先生认为，伊循都尉的始设时间大致在汉宣帝地节二年（前68）或三年（前67），其说甚是。《汉书·西域传》中的"伊循官置始此矣"一句正是指此后伊循的官员由汉朝任命，而此前应是楼兰土著。

关于楼兰国时期的伊循首领，文献中未曾提到。居延汉简303.8简，出土于大湾遗址即汉代肩水都尉府遗址，简文经张俊民先生考证为："诏☐伊循候章文☐曰：持楼兰王头诣敦煌。留卒十人，女译二人，留守☐"①。从简文内容来看，大多数学者赞同将它与史书所记元凤四年之事联系起来，即汉使傅介子刺杀楼兰王后，伊循候章某奉诏持王头诣敦煌，此残诏遗留了在居延。②在《居延汉简甲乙编》中，"伊循候"原被释读为"夷虏候"，后者不见于史书，张俊民先生根据较清晰的图版，认为应以《居延汉简释文合校》所释的"伊循候"为是。他粗略估算，楼兰到长安的文书往来至少需要35天，由此推断这条简文应是汉昭帝褒扬傅介子诏书的散简。张德芳先生提出，持楼兰头诣敦煌一事发生在傅介子刺

---

① 张俊民：《汉简资料中与西域关联的两条史料再检讨》，收入白云翔、于志勇主编《汉代西域考古与汉文化》，科学出版社2014年版，第208—211页。

② 劳干：《居延汉简考释之部》，"中央"研究院历史语言研究所1960年版，第23页；陈直：《居延汉简研究》，天津古籍出版社1986年版，第99页。

楼兰王后不久,"驰传诣阙,悬首北阙下"应是立竿见影之事,而彼时伊循尚未屯田,"伊循候"从何而来,颇为费解。①

在汉代职官系统中,候为低级军官。我们大胆推测,原伊循城在楼兰国时期可能就是一座军事性质的属城。楼兰与长安之间路途遥远,文书往返次数有限。宣帝在接到傅介子捷报的同时,也从尉屠耆处了解到伊循城的情况,随即依照惯例任命了这位伊循候,同时并向他下达了送楼兰王首到长安的命令。尉屠耆请求伊循屯田的初衷是"得依其威重",然而汉朝仅"遣司马一人,屯士四十人"。显然,宣帝应十分清楚,这区区数十人是难以起到威慑前王之子的作用的,而利用伊循城原来的军事力量,这一问题便可迎刃而解。值得注意的是,这位伊循候名为"章文口",似是一位汉人;但居延简文中提到送楼兰王首的队伍中有"女译二人",也有可能这位伊循候就是原伊循城的军事首领,是一位楼兰土著,因而需要翻译同行。

伊循城"更置都尉"后,依例仍设伊循候,掌军事戍守的职责。悬泉汉简中有"四月庚辰,以食伊循候傀君从者二人"。(II90DXT0215③:267)这是伊循候路过悬泉时的接待记录,大致为宣元时遗物。②据《汉书·西域传》记录,汉朝在西域都护管辖的诸小国中都设有"辅国侯",或为专司军事的职位,伊循候的性质可能与此类同。

二

新疆地区考古发现的汉代西域城址,从性质上来说,大致可分为两大类:一为土著城郭;二为汉朝建立的各类治城、屯城、军事城堡等。这两类城址在形制特点上有较大差别。一般来说,土著城郭墙垣建造方法相对较为原始,多为垛泥堆筑,规模较小,平面较多为不规则形状或圆形,形制上一定程度上受到了中亚筑城传统的影响,如圆沙古城、尼雅南方古城、营盘古城等;汉式城址墙垣均采用夯土版筑方法,平面均为方形,是中原筑城技术的产物,以居延地区汉城为典型代表。

---

① 张德芳:《从悬泉汉简看楼兰(鄯善)同汉朝的关系》,《西域研究》2009年第4期。

② 张德芳:《从悬泉汉简看两汉西域屯田及其意义》,《敦煌研究》2001年第3期。

汉朝在西北边境经营屯田，一般都会因地制宜修筑屯城。屯田策略最早为汉文帝时期晁错提出。据《汉书·爰盎晁错传》载：晁错上书"不如选常居者，家室田作，且以备之，以便为之高城深堑，具蔺石，布渠荅，复为一城其内，城间百五十步。要害之处，通川之道，调立城邑，毋下千家……臣闻古之徙远方……然后营邑立城，制里割宅，通田作之道，正阡陌之界……"明确提出屯田筑城的具体做法。这一策略虽然并未立即得以实施，但却奠定了西汉屯田的理论基础。汉武帝时期，桑弘羊上奏请在故轮台设立三校尉屯田，《汉书·西域传》载："募民壮健有累重敢徙者诣田所，就畜积为本业，益垦溉田，稍筑列亭，连城而西"，筑城与屯田密不可分。考古工作者在新疆地区发现了大量汉代城址，平面方形，采用夯土版筑技术修筑。[①] 尽管这些汉式城址具体与哪次屯田有关，尚有待于更深入的研究和更多的考古工作，但研究者一般赞同它们确是两汉不同时期修筑的屯城。

经前文讨论可知，伊循城在汉军屯田之前即已存在。因此，伊循城的最初形制应为土著城郭。不过，中原屯田将士来到后，是否又对伊循城进行了改建，文献中并未明确记载。汉宣帝首次派遣到伊循城的屯田将士仅有"司马一人、吏士四十人"，且当时的主要任务仍是平定鄯善内部政局，或许未能修筑或改建屯城。从出土简牍来看，待汉朝的控制力度逐步增强后，伊循"更置都尉"，屯田规模有了明显扩大：孟凡人推测"居卢仓的粮食储备主要靠伊循屯田供应"；冯奉世护送大宛诸国使节，伊循城是途中重要一站；伊循都尉"宋将""大仓"均为汉人，不同于其他城郭诸国内臣职官系统中的常设职官"左右都尉"；从这些情况来推测，此时作为都尉治所的伊循城必有增筑，并且应该是按照中原筑城方式来修筑的。

三

伊循城的地望所在，从斯坦因开始，一百年来已经有多位学者进行

---

① 新疆维吾尔自治区文物局编：《新疆维吾尔自治区第三次全国文物普查成果集成·新疆古城遗址》，科学出版社 2011 年版。

过深入研究。于志勇将诸家学者的观点总结为位于若羌绿洲的"南道说"和位于罗布泊西北部的"北道说"。[①]

由于伊循城的设置目的最初是保护鄯善新王尉屠耆不受前王子之威胁，其地望必然与鄯善国都扜泥城相距不远。尽管目前学术界对于楼兰国始都的位置仍存在较大争议，但较多研究者赞同楼兰更名鄯善后的国都扜泥城位于若羌的且尔乞都克古城。

且尔乞都克古城位于若羌县城南、若羌河西岸的戈壁滩上，大体呈方形，内部具体结构则尚不清楚。斯坦因、黄文弼、孟凡人等学者先后考察过这座城。由于考察时间不同，城址保存状况发生过较大变化，各位学者对城址形制的认识存在较大差异：或认为该城是内外两重城，内城为土坯城，外城为石砌基址；或认为是两座城相互毗邻。据《新唐书·地理志》载："石城镇，汉楼兰国也，亦名鄯善，在蒲昌海南三百里，康艳典为镇使以通西域者。"结合敦煌地理文书，学术界一般认为且尔乞都克的石城部分即康艳典所筑，而土坯城即汉代鄯善国都扜泥城所在，魏晋时期进行过增筑。[②]

如果且尔乞都克古城确是扜泥城，那么伊循城"南道说"较"北道说"似乎更合乎事实。王炳华先生亦从扜泥城位置、尉屠耆时期鄯善政局、《水经注》相关记载舛误、米兰绿洲垦殖条件、考古出土材料等多方面展开分析，指出伊循就在南道的米兰绿洲。[③] 楼兰国原本"民随畜牧逐水草"，对农耕较为陌生，尽管伊循"其地肥美"，但未能充分利用。尉屠耆在汉既久，了解到中原先进的农业耕作技术，因而能够提出屯田的建议，并且为了便于受到汉军保护，而将鄯善新都扜泥城迁至早已存在的伊循城附近。

"南道说"又分成两种说法，一是认为伊循城即米兰古城；二是认为伊循城在米兰古城西北。据敦煌写本《沙州都督府图经》载："石城镇，东去沙州一千五百八十里，本汉楼兰国。……屯城，西去石城镇一百八

①　于志勇：《西汉时期楼兰"伊循城"地望考》，《新疆文物》2010年第1期。
②　陈晓露：《楼兰考古》，兰州大学出版社2014年版，第159—163页。
③　王炳华：《伊循故址新论》，朱玉麒主编：《西域文史》第七辑，科学出版社2012年版，第221—233页。

十里，汉遣司马及吏士屯田伊循以镇抚之，即此城也。胡以西有鄯善大城，遂为小鄯善，今屯城也。"《新唐书·地理志》载："又一路，自沙州寿昌县西十里，至阳关故城。又西，至蒲昌海南岸千里，自蒲昌海南岸，西经七屯城，汉伊循城也。又西八十里，至石城镇，汉楼兰国也。"冯承钧、黄文弼根据这两条文献认为，"屯城"与"七屯城"均指伊循城，即米兰古城。① 林梅村则认为《沙州伊州地志》等唐代写本中提到的"在屯城西北五十步"的"古屯城"才是汉伊循城；米兰古城西北曾发现一处早于唐代的遗迹，应是伊循城所在。②

考古工作者在米兰古城之西发现有古代灌渠，干、支、斗渠布置合理，其间散布汉代陶片、五铢钱，无疑即汉代伊循开辟屯田的遗迹。③ 至于伊循城的位置，我们认为，唐人对汉城的分布情况应是比较清楚的，敦煌写本中明确记载"七屯城，汉伊循城也"，不应轻易否定；传世文献与出土简牍皆强调伊循有城，且更置都尉后，伊循城屯田规模较大，是汉朝重要经营据点，其墙垣应较为坚固，不至于破坏殆尽。如是，则米兰古城是伊循城的可能性更大一些。

米兰遗址位于若羌县米兰镇以东 7 公里，为斯坦因于 1906 年最早发现并发掘。遗址由 15 处遗迹组成，米兰古城被编号为 M. I，平面呈不规则方形，南北宽约 56 米，东西长约 70 米，城墙残高 4—9 米，墙体下层夯土版筑夹红柳枝层，上层结构不一，或砌土坯，或土坯与草泥、红柳枝混用。城四隅有角楼台基，东、北、西三面城墙各有一个马面，南城墙向外突出部分较大，有防御设施。西城墙有缺口，或为城门。从斯坦因在城内房屋中发现的吐蕃文书来看，学术界一般认为，这座古城是吐蕃占领时期的军事戍堡。④

2010 年，为配合文物保护，新疆文物考古研究所对米兰古城进行了

① 冯承钧：《西域南海史地考证论著汇辑》，中华书局 1957 年版，第 25—35 页；黄文弼：《罗布淖尔考古记》，国立北京大学出版部 1948 年版，第 28—29 页。
② 林梅村：《1992 年米兰荒漠访古记——兼论汉代伊循城》，《中国边疆史地研究》1993 年第 2 期。
③ 陈戈：《新疆米兰灌溉渠道及相关的一些问题》，《考古与文物》1986 年第 4 期；王炳华：《丝绸之路考古研究》（增订本），新疆人民出版社 2009 年版，第 275 页。
④ M. A. Stein, *Serindia: Detailed Report of Explorations in Central Asia and Westernmost China*, Vol. 1, Oxford: Clarendon Press, 1921, pp. 346–348, 450–484.

前期考古发掘。通过发掘了解到：米兰古城建在早期废弃的遗址之上；最早的墙体为夹板夯筑，夯块呈方形、边长为 1 米左右；现存东、南、系三面的夯块外侧砌有土坯，北部夯块内外两侧均有土坯；东墙外侧建有斜坡状护坡，系用土坯垒砌于早期城址的废弃堆积之上。城内房屋均为单层土坯横砌而成，大多不规则，房屋之间多有叠压打破关系，并均建筑于早期建筑废弃的堆积层上。城外东西两侧也发现有房屋遗迹，结构和建造方式与城内房屋基本相同，也叠压于早期废弃堆积之上。

从墙垣来看，米兰古城无疑经历过多次修葺。吐蕃时期是古城的最后使用阶段，城内外房屋亦属于这个时期。墙体内外侧的土坯可能是魏晋时期增筑的，因且尔乞都克古城及其邻近的孔路克阿旦古城均流行是使用土坯，年代在公元 3—4 世纪；米兰遗址其他遗迹也主要集中在这个时期，包括绘有壁画的两座佛寺。而米兰古城的年代上限或可早至汉代，即最下层夹板夯筑的墙体的建造年代，城内外房屋遗迹下可能叠压着汉代的堆积，而这与伊循城的年代范围存在重叠的可能。1989 年，王炳华在米兰古城东南不到 2 公里处，发现一处汉代居住遗址，占地约 10 万平方米，出土绳纹灰陶、西汉五铢、三角形特镞等，可能也属于伊循时期的遗存。[①]

特别的是，当地牧羊人在米兰古城附近、灌区范围内曾采集到一件鎏金铜卧鹿，同类形象多见于北方草原的早期铁器时代文化遗存中，其年代不晚于汉代。王炳华认为，这件卧鹿与鄂尔多斯战国—西汉时期铜鹿造型相近，应与匈奴在此地区的活动有关。[②]

2014 年，若羌考古工作者在米兰古城采集到一件管銎青铜斧，刃部较宽、呈新月形，斧头后部有心形镂空装饰，銎孔位于斧身中央，銎部与斧柄共同表现为一巨喙含珠的鹰首格里芬形象。[③] 乌克兰 Kherson L'vovo 的斯基泰古冢中曾出土过一件风格类似的铜斧，斧柄亦表现为鹰首格里芬，年代在公元前 5 世纪。刃部呈新月形的管銎战斧可能源于近东

---

① 国家文物局主编：《2012 中国重要考古发现》，文物出版社 2013 年版，第 136—137 页。

② 王炳华：《"丝绸之路"新疆段考古新收获》，《新疆文物》1991 年第 2 期。林梅村先生认为这件卧鹿属于吐蕃时期遗物，与匈奴无关。参见林梅村《丝绸之路十五讲》，北京大学出版社 2006 年版，第 273 页。

③ 该器物为 2015 年 2 月新疆若羌县文物局工作人员向笔者展示，谨致谢忱！

米兰古城出土鎏金铜卧鹿①

米兰古城出土管銎青铜斧②

---

① 祁小山、王博编著：《丝绸之路·新疆古代文化》，新疆人民出版社 2008 年版，第 41 页。
② 笔者拍摄。

乌克兰出土鹰首格里芬铜斧①

地区，公元前一千纪初在高加索地区的科班文化中流行。② 据希罗多德的《历史》记载，在斯基泰时期，战斧是斯基泰人的主要武器之一，称为"萨迦利斯战斧"。③ 巨喙含珠的鹰首格里芬则是阿尔泰巴泽雷克文化中流行的动物纹形象。总体上看，米兰战斧无疑反映了战国—西汉时期楼兰与北方草原文化的密切关系。

鎏金铜卧鹿和鹰首管銎铜斧的发现，进一步证明了证明米兰遗址的年代上限可早至汉代以前，甚至可能是楼兰更名鄯善之前的伊循城之遗物。当然，这仅仅是推测，确切的结论还有待于进一步的考古工作去证实。

（中国人民大学历史学院）

① 田边胜美、前田耕作：《世界美术大全集·东洋编 15·中央アジア卷》，小学馆 1999 年版，第 63 页，图 41。

② Jonathan N. Tubb, "A Crescentic Axehead from Amarna（Syria）and an Examination of Similar Axeheads from theNear East", *Iraq*, Vol. 44, No. 1（Spring, 1982）, pp. 1 - 12; Catalogue of "From the Lands of the Scythians: Ancient Treasures from the Museums of the U. S. S. R. 3000 B. C. - 100 B. C.（1973—1974）", *The Metropolitan Museum of Art Bulletin*, New Series, Vol. 32, No. 5, pp. 97 - 98.

③ 由西北大学马健先生告知，谨致谢忱！